In Nietzsche begegnen wir einem Sprachkünstler, der im philosophischen Schrifttum nicht seinesgleichen hat, einem Künstler, trunken von Intellektualität, einem Intellektuellen, der mit Gedanken komponierte.

Dieses Buch versucht, Nietzsches Kunstdenken nachzuzeichnen und auf seine Biographie zu beziehen. Inhaltlich ergibt sich diese Verbindung zwingend: Nietzsches emphatisches Bekenntnis zur Kunst und zum Leben erfordert, das Biographische in seiner Kunsthaltigkeit und die Kunst in ihrer Lebenswertigkeit zu bedenken. Die vorliegende Studie sollte den Fragen nachgehen: Inwiefern sind Nietzsches Werke durch seine Kunstphilosophie grundgelegt? Inwiefern sind sie selbst als Kunstwerk und weniger als philosophisch-wissenschaftliche Werke adäquat beschreibbar? Welche künstlerischen Verfahrenstechniken – wie Repetition, Variation, Leitmotivtechnik – wendet er an? Inwiefern erfüllen seine großen Schriften geradezu programmatisch die Funktion von Ouvertüren – ohne sich je zu Opern zu entfalten? Wie steht es um Nietzsches Verflechtung innerhalb der Künste seiner Zeit? Welche Wirkungen hatten seine Künstlerfreundschaften?

Rüdiger Görner ist diesen Fragen, die einen gehörigen Zündstoff in sich bergen, nachgegangen.

insel taschenbuch 2610
Rüdiger Görner
Nietzsches Kunst

Rüdiger Görner
Nietzsches Kunst

Annäherung an einen Denkartisten

Insel Verlag

Umschlagabbildung:
Ferdinand Hodler. Thunersee-Landschaft, um 1904

insel taschenbuch 2610
Originalausgabe
Erste Auflage 2000
© Insel Verlag Frankfurt am Main und Leipzig 2000
Nachweise und Hinweise zu dieser Ausgabe
am Schluß des Bandes
Vertrieb durch den Suhrkamp Taschenbuch Verlag
Umschlag nach Entwürfen von Willy Fleckhaus
Druck: Nomos Verlagsgesellschaft, Baden-Baden
Printed in Germany

1 2 3 4 5 6 – 05 04 03 02 01 00

AUF VERWANDLUNGEN
GEHT UNSERE TIEFSTE LUST.

Hugo von Hofmannsthal,
Erinnerung schöner Tage

Inhalt

›Nietzsche‹ ist noch immer der Name für eine geistige Versuchung, das Unerhörte zu denken. ›Nietzsche‹ bedeutet, die Existenz geistig aufs Spiel zu setzen. ›Nietzsche‹, das meint Gedankenakrobatik ohne Netz und doppelten Boden, gleichzeitig aber Denkarbeit unter Tage in den abgrundtiefen Schächten des Daseins, in den metallreichen Stollen des Lebens; was da zutage gefördert wird, Generation um Generation, seit jenem geistigen Tod in Turin, glänzt und beschwert, beschämt in seiner radikalen Substanz, befremdet nicht selten, macht frösteln zuweilen.

Das Denken hatte Nietzsche zu einem vulkanischen Ereignis werden lassen, dessen Nachbeben uns weiterhin erschüttern, bewegen, abstoßen, zumindest jedoch nicht gleichgültig lassen. In Nietzsche begegnen wir einem Sprachkünstler, der im philosophischen Schrifttum nicht seines Gleichen hat, einem Künstler, trunken von Intellektualität, einem Intellektuellen, der mit Gedanken komponierte. Was er in seiner Zeit an ›Gesetztem‹ vorfand, in der Religion, der Moral, der Art der Kunstbetrachtung, ›ent-setzte‹ er, will sagen, durch seine Art des Denkens setzte er Prämissen und Komponenten unseres Weltverständnisses in eine ungeahnte Freiheit aus.

Nietzsche zum Gegenstand eines neuerlichen Versuchs zu nehmen, ist das nicht ein läßliches Unterfangen angesichts der nicht mehr überschaubaren Flut von Veröffentlichungen über den Verfasser des »Zarathustra«? Und diese ›Annäherung‹ kann nicht einmal mit enthüllenden Neuigkeiten zur Biographie Nietzsches aufwarten. Der voyeuristisch veranlagte oder sensationshungrige Leser mag an dieser Stelle den Band getrost aus der Hand legen. Neue Aufschlüsse über Nietzsches Migräneanfälle habe ich ebensowenig zu bieten wie Detailschilderungen gewisser Freudenhaus-Intérieurs, die Nietzsche aufzusuchen sich verleiten ließ. Vielleicht findet sich auf irgendeinem Dachboden der Republik noch das Tagebuch jener Dirne, die den Studenten der klassischen Philologie, Friedrich Wilhelm Nietzsche, in Kölns oder Leipzigs zwielichtigen Kammern infiziert hatte. Das entrisse sie der Vergessenheit und brächte sie unfehlbar in die Illustrierten.

Wir guten Psychologen. Alle tatsächlichen oder nur denkbaren Verhältnisse in Nietzsches Biographie haben wir ausgespäht. Wir haben unsere Erklärungen parat, wenn wir auf ›frauenfeindliche Stellen‹ in seinen Schriften stoßen, die ihn zum Skandalon der Emanzipationsbewegung gemacht haben: Sie rührten nach dem frühen Tod des Vaters, sagt man, von seinen Erfahrungen im »Frauenhaushalt« der Naumburger Jahre her. Unendlich habe er unter dem dummdreisten Versuch seiner geistig eher beschränkten, aber tiefreligiösen bis bigotten Mutter, Franziska Nietzsche, geborene Oehler, gelitten, sich durch ihren »lieben alten Fritz« selbst zu verwirklichen, ihre Wünsche auf ihn zu projizieren, um so ihr frustrierendes Frauendasein durch ihn zu überwinden. Es hat ein Jahrhundert gedauert, bis dieses Bild korrigiert und Leben und Leistung Franziska Nietzsches differenziert betrachtet werden konnten.[1]

Daß Nietzsche mit hochintellektuellen Frauen seiner

Zeit verkehrte, mit Cosima Wagner, Malwida von Meysenbug und der jungen Lou von Salomé, diesen Umstand hat man gewöhnlich auf die Frage reduziert, ob Nietzsche in Malwida eine geistvollere Ersatzmutter gesucht, ob er Lou auf dem Heiligen Berg bei Orta geküßt, und ob er, sehnsuchtsvoll an Cosima denkend, sich selbst befriedigt habe. Vielleicht sollten wir neben unseren psychologisch-voyeuristischen ›Befunden‹ die schlichte Einsicht stellen, daß Nietzsche einen unstillbaren Hang zu lebendiger Vergeistigung hatte, daß die Essenz seines Lebens Intellektualismus war, daß sein Hunger nach ›Leben‹ stets auch eine Denkkonstruktion gewesen ist, in der er nun einmal der »Kunst«, und darauf kommt es im folgenden an, eine überragende Rolle zugewiesen hatte. Aber vielleicht übersteigt die Tiefe geistiger Liebe tatsächlich das Vorstellungsvermögen einer Zivilisation, die sich inzwischen an Lustbefriedigung qua Video und Internet gewöhnt hat.

Was wir nicht alles wissen: Zum Beispiel, daß Nietzsches Hinweise auf ›Größe‹, nicht minder sein Hang zur Vergeistigung, das Ergebnis eines vaterlosen Pubertierens gewesen sei. Womöglich. Womöglich nicht. Nachweisbar ist dieses: Der pubertierende Nietzsche hielt sich zunehmend an die Kunst, an die Musik, an Verse, an theoretische Aussagen über das »Schöne«. Auf der Hand liegt die Parallele zum jungen Hölderlin; davon wird noch ausführlicher die Rede sein, wenn wir beim siebzehnjährigen Nietzsche angekommen sein werden, der »seinen« Hölderlin entdeckte.

Nein, mit etwas Kompensationstheorie hier und etwas Narzißmus-Analyse dort kommen wir Nietzsche nur bedingt nahe. Will sagen: Dergleichen Ansätze sind eher dazu angetan, vor der eigentlichen Herausforderung, die Nietzsches Werk darstellt, auszuweichen, seiner schieren Intellektualität nämlich, seinem Willen, das, was war, und sein kann, *geistig* zu durchdringen. Bereits bei Nietzsche findet sich, und damit ist auch die Hauptthese dieses Buches ausgesprochen, die Intellektualität der Moderne in ihrer ganzen Widersprüchlichkeit auf die Spitze getrieben, aber nicht als reine Denkübung, sondern als gelebtes Denkkunstwerk. Darin liegt das Ungeheuere seines Philosophierens. Nietzsche war Analytiker mit schöpferischer Absicht. Er zergliederte, segmentierte, um neu zusammenzusetzen. Dabei zertrümmerte er weniger, als daß er haarklein abklopfte, was sich ihm an kulturellem »Bestand« darbot. Er, im Grunde ein an klassischen Vorbildern geschulter Epigrammatiker, ein Aphorist in der Tradition eines Lichtenberg, Lessing und Schopenhauer, er, der um äußerste sprachliche Präzision gerungen hat, sah sich zeitlebens einem Werk der ›langen Perioden‹ und ›ewigen Melodien‹ gegenüber, einem letzten zusammenhängenden Weltentwurf als Kunst, der Apotheose des musikdramatischen Wollens, eben dem musikdramatischen Kosmos Richard Wagners. Der übermäßige Anspruch Wagners trug fraglos zu Nietzsches ›unmäßigem‹ Philosophieren bei, was bedeutet: zu seiner Art, die Sprache seines Denkens in unbekannte Höhen zu treiben. Auch davon soll hier die Rede sein, von einem geistigen Werdegang, auf dessen diversen Stufen Nietzsche mit zunehmender Lust am ›Endspiel‹, am Wissen um das Scheitern im Absurden, den Grundproblemen der späten Moderne präludierte. Der von ihm noch verfaßte Epilog zu seiner intellektuellen Existenz, »Ecce homo«, wurde zu einem kunstvollen Widerruf, aber auch zu einem entschiedenen Rückbezug auf die eigenen Anfänge, deren geistige Physiognomie hier aus den sogenannten »Jugendschriften« nachgezeichnet werden soll. Zu fragen ist, wie die Anfänge von Nietzsches später zentraler Auseinandersetzung mit dem Nutzen und Nachteil des schönen Scheins für das Leben und der Selbst-Bestimmung der Kunst am Rande ihres Zerfalls aussahen.

Mag sein, daß verloren ist, wer Nietzsche folge, wie Thomas Mann meinte. Aber wer sich nicht einläßt auf ihn, nicht spürt, daß Nietzsche die Grenzen der kritischen Vernunft dargestellt hat, nicht fühlt, wie dieses aus Ekstase und Leiden entstandene Denken noch immer unter die Haut geht, der verschenkt eine beispiellose Denk- und Spracherfahrung. Das leiste sich, wer kann.

Nietzsche in Maßen, das gewiß, zumal im schaurigen Licht eines Jahrhunderts, das sein Werk rücksichtslos ideologisiert und zur Rechtfertigung einer mörderischen Macht- und Rassenpolitik benutzt hat. Nietzsche in Maßen, damit wir unser eigenes Maß ermitteln können. Wir postmodern Vergnügten, die wir glauben, uns einiges darauf zugute halten zu können, daß wir fröhlich mit Nietzsche Sein und Sinn dekonstruieren. Nietzsche mitten auf dem Jahrmarkt der Beliebigkeiten. Wer so denkt, dem fehlt gleichfalls das ›Maß‹. Denn bei einer solchen Bewertung Nietzsches gerät völlig außer acht, daß dieser Denker an der Leere der Wahrheit gelitten hatte, am Einbruch der Ironie in das tiefe Empfinden; daß er die Auflösung des Wahren in das freie Spiel der Metaphern (mit sich selbst und dem Denken) als Sprachgenuß *und* Pein erfuhr. Nietzsches Diagnosen schmerzen; seine Denk- und Sprachkunst verwandelte diesen Schmerz nicht; sie machte ihn quasi polyphon, aber eben auch schrill dissonant; durch sie spüren wir die Schwingungen und das Auftreffen jener Pfeile, die er wortgewaltig zu schleudern verstand – oft genug auf sich selbst. Mit jedem Buch schien er sich zu vervielfachen, wurde Dionysos, Zarathustra und Sebastian. Viele zu werden und doch unverwechselbar zu bleiben, auch das war eine wesentliche Seite von Nietzsches ›Kunst‹.

Vorspiel zu einer Biographie:
»...das Fremdeste produzieren«[1]

Nietzsche erkunden, das meint noch immer und gerade am Ende unseres Jahrhunderts: Abgründe während einer Gratwanderung ausloten.[2] »Philosophie, wie ich sie bisher verstanden und gelebt habe«, schreibt Nietzsche im Vorwort zu ›Ecce homo‹, »ist das freiwillige Leben in Eis und Hochgebirge – das Aufsuchen alles Fremden und Fragwürdigen im Dasein, alles dessen, was durch die Moral bisher in Bann gethan war.«[3] Er hat nicht nur das Denken von der bürgerlichen Schein-Moral emanzipiert, sondern die Konventionen des Denkens zerdacht.

Alles betraf ihn leidenschaftlich: Das Wetter und Wagner, zeitweise gar die »Handelsbetriebslehre«, nebst Nutzen und Nachteil der Schreibmaschine und der Pharmazie. In späteren Jahren entwickelte er seine Gedanken entweder auf langen Spaziergängen oder umgeben von Medikamenten. Bücher- und Arzneiwünsche vermischten sich in manchen seiner Briefe. Den Band »Kant und die Epigonen« etwa sollte ihm sein Freund, Franz Overbeck, aus Zürich schicken zusammen mit »ferrum phosphoricum« und »natrum sulfuricum«.[4] Was das besagt? Daß sich Nietzsche trotz aller Maßlosigkeiten seines eigenen Anspruchs auch auf Dosierungen verstand. Daß er zuweilen medikamentös dachte und sein Denken als Mittel gegen die Kulturkrankheit der »Décadence« einsetzte, die er dazu zwingen wollte, sich von ihm ärztlich behandeln zu lassen.

Nietzsche, ein Arzt für Kulturkrankheiten, der selbst infiziert war; ein Hippokrates, der alle medizinische Kunst aufbieten wollte, um sich und seine Zeit vom Pessimismus zu kurieren. Aber nicht Hygieia war seine Göttin, sondern Ariadne – mit bürgerlichem Namen Cosima Wagner, nicht Paracelsus sein Idol, sondern Dionysos oder der tanzende Sokrates, auch wenn er sich in einer Notiz vom Herbst 1881 Paracelsus vorstellt, wie diesem einst die verkörperte Wahrheit über das Leben erschienen sei.[5]

Symbolisch durchaus, daß Nietzsche ausgerechnet als Krankenpfleger seine erste und letzte patriotische Pflicht zu erfüllen bemüht war, im deutsch-französischen Krieg vor Metz und Ars-sur-Moselle im August 1870. Er hatte auf einem Rücktransport nach Karlsruhe »in einem elenden Viehwagen« Schwerverwundete zu betreuen, wobei er bei zweien »Wunddiphteritis« diagnostizierte: »Dass ich es in diesen Pestdünsten aushielt, selbst zu schlafen und zu essen vermochte, erscheint mir jetzt wie ein Zauberwerk.«[6]

Zaubermittel war, wie aus einer Notiz Nietzsches hervorgeht, Goethes »West-östlicher Divan«, genauer: das ›Buch des Paradieses‹ mit dem Gedicht ›Höheres und Höchstes‹. Darin ist vom ›einen‹ Sinn für die fünf Sinne die Rede und vom »Anschaun ewiger Liebe«, das den Betrachtenden »verschweben« lasse. Die ironische Pointe dazu: Zu eben dem Zeitpunkt, als Nietzsche selbst an Ruhr und Rachendiphterie erkrankt und in Erlangen sein Krankenlager aufgeschlagen wird, ließ sich fernab in Tribschen das ›hohe‹ und von Nietzsche vergötterte Paar, Richard und Cosima, trauen und Sohn Siegfried taufen.

Nichts wollte er lieber bleiben, als in deren Bund der dritte. Die ›Ménage à trois‹ als Phantasmagorie eines Fiebernden, als geistiges Ideal. Zwölf Jahre später versuchte Nietzsche, mit Lou von Salomé und Paul Rée eine solche »Dreieinigkeit« zu leben; man dachte an Paris als Ort dieses Lebensexperiments. Der Plan scheiterte – letztlich an ›allzumenschlicher‹ Eifersucht, an Kleinmut und an dem, was Lou später als Nietzsches »Sadomasochismus an sich selber« bezeichnen sollte.[7]

Welt der Zweideutigkeiten: Nietzsche erlernte als Krankenpfleger die Kunst des Chloroformierens und gleichzeitig als werdender Kulturkritiker die immer schonungslosere Auseinandersetzung mit der grausamen Wirklichkeit. Goethes »Divan« mochte dabei zur gelegentlichen Selbstbetäubung dienen; sein Kommentar zum Zeitgeschehen dagegen verrät, daß er sich gut auf ambivalente Symbolik verstand: »Über die deutschen Siege möchte ich kein Wort sagen: das sind Feuerzeichen an der Wand, allen Völkern verständlich.«[8] Das kann heißen: Die deutsche Sache spricht im patriotischen Sinne für sich. Oder: Jedem in der Welt müsse nun klar sein, was ›deutsch‹ bedeutet. ›Deutsch‹ ist keine reine Kulturfrage mehr, sondern ein machtpolitischer Fall.

Dieses Leben ist in keiner Weise exemplarisch oder idealtypisch verlaufen. Nietzsche ›repräsentierte‹ nichts, am wenigsten eine bürgerliche Gelehrtenexistenz. Er war Sprachartist und ›Prinz Vogelfrei‹, wollte Wagners Adlatus sein und wurde zu seinem eigenen schärfsten Kritiker; er war früh überreifer Musterschüler der Philologie und entwickelte sich zum Skandalon seiner Zunft. Er experimentierte mit autobiographischen Versuchen, kaum daß er sein ›Ich‹ entdeckt hatte, begann aber schon bald, Masken zu lieben, Verstellungen und Rollenspiele aller Art, als hätte er es darauf abgesehen gehabt, seinem Leben philosophierend zu entkommen, es neu und anders zu denken. Und dabei stellte er sich seinem Schicksal rückhaltloser als jeder andere Denker:

> Ich kenne mein Loos. Es wird sich einmal an meinen Namen die Erinnerung an etwas Un[geheu]res anknüpfen, – an eine Krisis, wie es keine auf Erden gab, an die tiefste Gewissens-Col[lision], an eine Entscheidung heraufbeschworen *gegen* – Alles, was geglaubt, gefordert, geheiligt worden war. […] wer mich kennt, hält mich für einen schlichten, vielleicht ein wenig boshaften Gelehrten, [der mit] Jedermann heiter zu sein weiß. Dies Buch giebt, wie ich hoffe, ein ganz andres Bild [als das] Bild eines Propheten, ich habe es geschrieben, um jeden Mythos über mich in der Wurzel zu zerstören […] Gott oder Hanswurst – das ist das Unfreiwillige an mir, das bin ich.[9]

Wer über dieses Leben, das Denken war, wer über dieses Denken, das er zu leben wagte, zu schreiben versucht, wird von Spannungen handeln müssen, deren Intensität ohne Beispiel (geblieben) ist. Das Eigenschaftswort ›ungeheuer‹ bietet sich nur allzu zwingend an, um sie zu charakterisieren, ›ungeheuer‹ im Sinne von (bedenklich) ›groß‹ und ›unheimlich‹, ganz so, wie es Hölderlin in seiner Übertragung der sophokleischen »Antigone« gemeint hat: »Ungeheuer ist viel. Doch nichts / Ungeheurer, als der Mensch.«[10] Denn man ermesse diese geistige Amplitude: Der Pastorensohn und leidenschaftliche »Gottessucher« Friedrich Nietzsche, »der von der Religion herkam und auf Religionsprophetie zuging«, wie Lou Andreas-Salomé früh erkannt hatte,[11] wird zuletzt zum Verfasser eines »Fluches auf das Christenthum« mit dem Titel »Der Antichrist«. Am 30. September 1888, jenem Tag, an dem er dieses Manuskript druckfertig abgeschlossen hatte, beginnt für ihn eine neue Zeitrechnung. Er erläßt als Antichrist ein ›Gesetz wider das Christentum‹, dessen sechster Paragraph anordnet, die »Worte ›Gott‹, ›Heiland‹, ›Erlöser‹, ›Heiliger‹« als Schimpfworte, als »Verbrecher-Abzeichen« zu benutzen.[12] Am Anfang und am Ende war das Wort, das Nietzsche scheinbar nur noch als fluchwürdig verstehen konnte.

Im Mittelpunkt von Nietzsches Denken blieb bis zuletzt die auf Platon sich zurückführende Spannung zwischen Kunst und Wahrheit und der Versuch, Wahres zu verkörpern, die Spannung zu leben. Wahr ist, was erlebt wurde. Das Leben denkend nachzeichnen, aber auch es zu revidieren, blieb Nietzsches Anspruch. In diesem Sinne kann eine ›Bio-Graphie‹ Nietzsches im Grunde nichts anderes sein als eine Serie von seinem Leben entnommenen Denk-Bildern.

Dabei nach dem methodischen Verfahren einer solchen ›Bio-Graphie‹ zu fragen, ist keine abstrakte Pflichtübung guter akademischer Gepflogenheit, sondern etwas Essentielles. Diese ›Annäherung‹ an Nietzsche ist an ein sehr bestimmtes Interesse geknüpft. Sie fragt nach dem Kunstdenken eines Denkkünstlers und stellt diese Frage in Bezug zu einzelnen Etappen seines Lebens. Kunstdenken und Denkkünstlertum Nietzsches bedenkt dieser Annäherungsversuch an ein inkommensurables Phänomen, soweit dies irgend möglich und sinnvoll ist, im Verhältnis zu Nietzsches gelebter und geschichtlicher Zeit. Um ein systematisches Erfassen seiner Denkkunst und seines Denkens über (oder anhand von) Kunst kann es dabei nicht gehen. Ohnehin stellt Nietzsche seine Interpreten immer wieder vor das grundsätzliche Problem, inwieweit ein betont systematischer Deutungsversuch eines bestimmten Aspekts seines Denkens überhaupt sinnvoll sein kann; denn dergleichen läuft oft genug nur darauf hinaus, Zusammenhänge dort zu rekonstruieren (oder neu herzustellen), wo Nietzsche sie emphatisch ablehnte. Andererseits kann es aufschlußreich sein, die Motive für Nietzsches Anti-Systemik zu untersuchen, was wiederum voraussetzt, daß man die von ihm ›zertrümmerten‹ Zusammenhänge zumindest aufscheinen läßt.

Es ist letztlich eine intellektuelle Geschmacksfrage, ob man sich Nietzsche systemorientiert nähert oder episodisch motivbezogen, streng analytisch oder betrachtend essayistisch. Nietzsche hat keine Schule gegründet wie etwa Kant oder Hegel; vielmehr wurde er von Schulen in Besitz genommen, von braunen Mythologen und Ideologen ebenso wie von Poststrukturalisten. Die einen bedienten sich beim übermenschhaften ›Willen zur Macht‹, ohne Nietzsches Kritik am Machtprinzip und seine Forderung nach unbedingter Selbstverantwortlichkeit des Menschen zur Kenntnis genommen zu haben. Die Postmodernen haben Nietzsche als den ersten Dekonstruktivisten gefeiert, der die Beweglichkeit der Metaphern und ihre angebliche Beliebigkeit entdeckt habe. Hat er nicht, so fragen sie weiterhin, die Sprache einem Schütteltest unterzogen und damit mit einem Kaleidoskop gleichgesetzt? Sie verkennen wiederum, daß Nietzsche an den großen Fragen der Philosophie hartnäckig festgehalten hat: Am Wahren, an der Moral jenseits der moralingesättigten Bürgerlichkeit und an dem, was Schönheit ist und bewirkt.

Über ›Nietzsches Kunst‹ zu handeln bedeutet, ein entscheidendes Denkmotiv in seiner Entwicklung zu verfolgen, dessen Spuren in seinem Leben lesen zu lernen. Daß mit einer solchen Betrachtungsweise die Gefahr verbunden sein kann, alles und jedes unter dem Blickwinkel der Kunst zu sehen, hat schon Rudolf Kassner in seiner Abhandlung über den »Dilettantismus« (1910/1923) herausgestellt: »Man affektiert den Künstler seit Nietzsche. Man will alles, was man ist, nur noch als Künstler sein: Staatsmann, Philosoph, General, Kritiker, Verbrecher, Arzt, natürlich auch Journalist und Verleger. Auch meinen diese Dilettanten, Gott habe die Welt aus Künstlertum geschaffen […] und die Religionsstifter erscheinen ihnen auch nur als Künstler begreiflich […] Sie glauben, der Mensch hätte den Zweckbegriff gestohlen, oder er trage ihn unnütz in sich wie den Blinddarm. Sie wissen nicht, daß gerade die Zweckvorstellung der wichtigste Förderer der geistigen Potenz ist.«[13] So berechtigt diese Kritik an einem schrankenlosen Ästhetizieren im Namen Nietzsches auch sein mag, Nietzsche selbst philosophierte immer auch als Künstler; ästhetische Kategorien prägten sein Schaffen. Um nun dieses betont eigentümliche Wechselverhältnis zwischen Denkkunst und Kunstdenken im Werk Nietzsches ›annähernd‹ zu verstehen, bedarf es meiner Auffassung nach weniger eines in sich schlüssigen hermeneutischen Verfahrens als vielmehr dessen, was Goethe mit einer Anschauung auf der Grundlage

›wiederholter Spiegelungen‹ gemeint hat: Ein wechselseitiges Bespiegeln von Phänomenen und (Denk-)Ansätzen, wobei diese »nicht allein lebendig erhalten, sondern sogar zu einem höheren Leben« gesteigert werden können.[14] Goethe ging davon aus, daß durch solche Spiegelungen das Gespiegelte, sei es ein Phänomen oder eine Erinnerung, »nicht etwa verbleiche«, sondern sich erst recht »entzünde«.[15]

Wiederholte Spiegelung bedeutete für Nietzsche zunehmend: Kritische Selbstbespiegelung. Das autobiographische Interesse seiner Anfänge kehrte wieder – jetzt in Gestalt des »Ecce homo«. »Friedericus Nietzsche / de vita sua. Ins Deutsche übersetzt«, lautet eine seiner Notizen im Turiner Herbst 1888.[16] Autobiographisch-philosophische Fiktion, Selbstentfremdung und neue Aneignung des Selbst in einem.

Auch Gedanken haben ihre eigene Biographie; es wird darauf ankommen, gewisse Spiegel ausfindig zu machen, um sie wiederholt dem Kunstaspekt dieses einzigartigen Lebens voller Entbehrungen und unendlich reicher Gedanken vorzuhalten. Dabei können diese Spiegel zerspringen. Man muß bei Nietzsche auf dergleichen gefaßt sein. Was bliebe, wäre immerhin ein Mosaik aus bunten oder stumpfen, schwarz geäderten, aber auch blinkenden Spiegelscherben aus dem Leben des Denkkünstlers Friedrich Nietzsche.

Anfänge oder
Porträt eines jungen Mannes als Autobiograph:
Von Röcken bis Schulpforta

Was an Nietzsche von Anbeginn auffällt, ist das Interesse an sich selbst. Schreiben heißt für ihn als Gymnasiasten und später als Verfasser von »Ecce homo« in erster Linie: über sich selbst schreiben. Zutreffend beurteilt Carl Friedrich von Weizsäcker dieses Phänomen: »Zur Philosophie im Sinne Nietzsches gehört, daß der Philosoph seine eigene Subjektivität schamhaft-schamlos selbst darstellt. Sie ist ja das Organ seiner Wahrnehmung, das Medium ›seiner Wahrheit‹.«[1] Narzißmus war das nicht, eher permanente Selbstanalyse. Als Nietzsche sich zum ersten Mal in zusammenhängender Form auf sich selbst besinnt, zählt er erst knapp vierzehn Jahre. Vom 18. August bis zum 1. September 1858 verfaßt er seine erste Autobiographie »Aus meinem Leben«.[2] An diesen Aufzeichnungen über das Leben in der thüringischen Provinz fällt auf, daß sie bemüht sind, persönliches Erleben mit zeitgeschichtlichen Begebenheiten zu verbinden. Nietzsche erinnert von der Märzrevolution 1848: »Wagen mit jubelnden Schaaren und wehender Fahnen auf der Landstraße« nach Lützen; in seinen Geburtsort Röcken drangen »diese Enthebungen« freilich nicht.[3] Hat der kleine Friedrich Wilhelm Nietzsche, der seinen Vornamen dem preußischen König und »Romantiker auf dem Thron«, Friedrich Wilhelm IV. verdankt, mit dem er seinen Geburtstag, den 15. Oktober, teilt, hat er mitbekommen, welches Entsetzen diese Ereignisse im zutiefst königstreuen Vater und Pastor von Röcken, Carl Ludwig Nietzsche, ausgelöst hatten? Hatte dieser seinem Erstgeborenen, dem »wilden Knaben«, den er mit ›christlicher Liebe‹ zu züchtigen, aber auch durch sein Musizieren zu besänftigen wußte, hatte er ihm erzählt von seiner einstigen zehnminütigen Audienz beim König, dem und dessen Thron- und-Altar-Symbiose er seine Pfarrstelle verdankte? Wie auch immer, die eigentliche ›Revolution‹ findet im Inneren dieses in sich gekehrten, aber auch widerspenstigen Kindes statt, ausgelöst durch die schwere Erkrankung des Vaters im September 1848, der er zehn Monate später mit noch nicht fünfunddreißig Jahren erlag. Der junge Nietzsche gewinnt durch diesen Schicksalsschlag eine »Idee vom Tode«, vom unwiderruflichen Abschied, aber auch eine Vorstellung von der Gewalt der Musik (vom »brausenden Orgelton« ist die Rede). Was folgte, war ein Traum, der jedoch den Schmerz nicht löste, sondern potenzierte und den Vater als eine Art Erlkönig ohne Pferd erscheinen ließ: »In der damaligen Zeit träumte mir einst, ich hörte in der Kirche Orgelton wie beim Begräbniß. Da ich sah, was die Ursache wäre, erhob sich plötzlich ein Grab und mein Vater im Sterbekleid entsteigt demselben. Er eilt in die Kirche und kommt in kurzen mit einem kleinem Kinde im Arm wieder. Der Grabhügel öffnet sich, er steigt hinein und die Decke sinkt wieder auf die Oeffnung. Sogleich schweigt der rauschende Orgelschall und ich erwache.«[4] Tags darauf, vermerkt Nietzsche, starb tatsächlich sein kleinerer Bruder. »Mein Traum war vollständig in Erfüllung gegangen.« War es, daß er einen ersten Hauch seiner eigenen Geisterhaftigkeit spürte? Wie

wichtig ihm beides gewesen war, die an seinem Dorf vor-
überziehende Weltgeschichte und der Traum, zeigt die
Tatsache, daß er darauf noch drei Jahre später in zwei
weiteren autobiographischen Entwürfen zurückkam. Wir
haben folglich Anlaß genug, diese schriftstellerischen Anfänge so ernst zu nehmen wie Nietzsche es augenscheinlich selbst getan hat.

In einer Besprechung der frühen Schriften Nietzsches
sprach George Steiner von einer unbewußten Prognostik
des Selbst, die sich in diesen Aufzeichnungen wiederholt
zutrage.[5] Was hier überdies erstmals zutage kommt, ist
Nietzsches später in der »Geburt der Tragödie« näher
ausgeführte Vorstellung, daß sich im Traumbild ›Wahrheit‹ ausspreche. Gedeihen konnte eine solche Auffassung in der Einsamkeit, von der er sagte, daß er sie von
Anbeginn gesucht und sich da am wohlsten gefühlt habe,
»wo ich mich ungestört mir selbst überlassen konnte«.[6]

Was an zeitgeschichtlichen Neuigkeiten die Idylle stört,
wird vorerst Gegenstand des Spielens. Den Krimkrieg
stellt der junge Nietzsche mit seinen (wenigen) Freunden
im Sandkasten und mit Bleisoldaten nach und faßt überdies den Plan, ein »großes militärisches Wörterbuch« zu
verfassen. Das Leben in schlichte bis kunstvolle Worte
fassen, so könnte man den Tenor von Nietzsches erster
autobiographischer Skizze nennen: »Wird doch jedes jugendliche Herz vom [sic!] großartigen Bildern angeregt,
wünscht doch jedes diese Worte, am liebsten in Verse zu
bringen.«[7]

Bemerkenswert an diesen Aufzeichnungen ist, daß
Nietzsche bereits im Konfirmationsalter den Umgang
mit der Kunst in den Mittelpunkt gestellt hat. Das betrifft

sogar die Art, in der er seine Freundschaft mit seinen Altersgenossen, Clemens Felix Gustav Krug und Eduard Wilhelm Pinder beschreibt. Mit Krug, dessen Vater mit Mendelssohn-Bartholdy befreundet war, erkundete Nietzsche die Welt der Musik; mit Pinder die »Schönheiten der Litteratur«. Man übte sich im vierhändigen Klavierspiel und im Versemachen. Bei allem Enthusiasmus verliert sich Nietzsche jedoch nicht in bloßer Schwärmerei. Es ist eben nicht nur wohlgefällige Selbstbetrachtung, die aus seinen autobiographischen Aufzeichnungen spricht, sondern ein erstaunlich selbstkritisches Vermögen. In seinen lyrischen Versuchen vermag er bereits zwischen zwei Entwicklungsphasen zu unterscheiden: »Waren meine ersten Poesien an Form und Inhalt unbeholfen und schwer, so versuchte ich in der zweiten[n] in geschmückter und strahlender Sprache zu reden. Aber aus der Zierlichkeit wurde Ziererei und die schiller[n]de Sprache zu pfrasenartiger Verblümung. Und bei diesen allen fehlte noch die Hauptsache, die Gedanken.«[8]

Nietzsche weiß zu diesem Zeitpunkt bereits, daß er noch nicht Fuß gefaßt hat in der Tiefe der Gedanken, spürt, da er noch »von Extrem zu Extrem« wankt, aber »erst in der goldenen Mittelstraße seine Ruhe« wird finden können.[9] Das ist eine Überlegung, wie sie auch der junge Kleist entwickelt hatte, und zwar in seinem Aufsatz »Über den sichern Weg des Glücks zu finden«, Kleist, dessen gesammelte Werke ein Jahr später bereits auf der Wunschliste des Pfortaer Gymnasiasten stehen werden. Ahnte Nietzsche, daß das Durchleben der Extreme und die Sehnsucht nach ›Mitte‹, nach Ausgleichung zu einem kardinalen Lebensproblem werden sollten? Schwerlich. Was sich aber in diesem ersten autobiographischen Versuch deutlich abzuzeichnen begann, ist die enge Beziehung zwischen intellektueller Entwicklung und musikalischem Erleben. Nietzsche berichtet von tiefgehenden Musikerlebnissen. In Naumburg hört er Händels »Messias« und dessen »Judas Makkabaeus« nebst der »Schöpfung« von Haydn und dem »Sommernachtstraum« von Mendelssohn (»Diese wundervolle Ouvertüre! Mir ists, als ob Elfen in mondbeglänzten Silbernacht den luftigen Reihen tanzten!10). Die Schlußfolgerung zeigt zweierlei: Die Leidenschaftlichkeit seiner Parteinahme in künstlerischen Fragen und den, wenngleich altklug bis anmaßend klingenden, aber mit allem Ernst ausgedrückten Selbstbezug: »Ich empfing [...] einen unauslöschbaren Haß gegen alle moderne Musik und alles, was nicht klassisch war. Mozart und Haidn [sic!], Schubert und Mendelsohn, Beethoven und Bach das sind die Säulen auf die sich nur deutsche Musik und ich gründete.«11

Diese Exkursion ins Musikleben gehört zu Nietzsches Schilderung seines zweiten Heimatortes, Naumburg. Nietzsche sieht seine Stadt zunächst als ästhetischen Ort. Hier ist Musik; die mittelalterliche Welt lebt noch; dem König und Landesvater bereitet man das Fest der Feste. Das sind Beschreibungen eines jungen Menschen, der seinen Sinnen traut und sich vom Instinkt leiten läßt, auch wenn er später einräumen wird, daß »das viele Neue, Kirchen, Häuser, öffentliche Plätze und Straßen [...] zuerst meine Sinne verwirrte«.12 Ohne Ziel und »ohne Straßenkenntniß« durchstreift er die Landschaft, bei einem Ausflug auch Leipzig, erfreut sich an einem »schönen

Park«, einem »freundlichen Garten« und einer Badestube. Schwimmend überläßt er sich der Strömung, der freien Natur, in der Abenddämmerung; eislaufend, glaubt er sich in »Zaubernächten«. Dabei zitiert er seine eigene »kleine Festschrift«, die er über den Sinn von Weihnachten geschrieben hat! Das Selbstzitat als Mittel der Selbstvergewisserung. Dazu gehört sein Wunsch, »ein kleines Buch zu schreiben und es dann selbst zu lesen«.[13] Zwar räumt der junge Nietzsche ein, daß es sich hierbei um eine »kleine Eitelkeit« handele, aber man darf davon ausgehen, daß dieser autobiographische Versuch eben jenem Zweck diente. Nun wäre Nietzsche nicht Nietzsche, wenn er versäumt hätte, diesen Übergang von Land zu Stadt zu reflektieren. Im Januar 1860 stellt er sich die Aufgabe, über die Frage »Ist das Leben auf dem Lande, oder das in der Stadt vorzuziehen?« einen Aufsatz zu verfassen. Der erste Satz des Fragments klärt sogleich das Wesentliche: »Es ist eine ausgemachte Wahrheit, daß sich der Stadtbewohner das Landleben zu ideell, der Landbewohner das Stadtleben zu beschränkt denkt.«[14] Für Nietzsches damalige Art, Aufsätze zu schreiben, ist dieser Anfang charakteristisch: *Medias in res* – mitten hinein in das, was er zur Sache erklärt.

Schon damals durfte für den jungen Nietzsche bei Selbstbetrachtungen ein ausführliches Wort »ueber Musik« nicht fehlen. Erheben und erschüttern solle sie die menschliche Seele; er schreibt ihr kathartische Wirkung zu und eine Eindringlichkeit, die größer sei als jene der »Poesie in Worten«. Was ihn die »moderne Musik« hassenswert erscheinen läßt, erklärt er nun auch: Die »sogenannte Zukunftsmusik eines Liszt, Berlioz« gefalle sich darin, bewußt »dunkel zu schreiben«.[15] Nun fällt aber auf, daß Nietzsche in seiner jugendlichen Autobiographie der Musik gerade nicht das letzte Wort überläßt. Vielmehr kommt er nach seinen Sentenzen »ueber Musik« wieder auf die Lyrik zu sprechen, so als wollte er sagen, daß es erst der Klärung seines Verhältnisses zur Musik bedurfte, bevor er mit der »dritten Periode« seiner poetischen Versuche beginnen konnte. Entsprechend überträgt er seine Ansichten über Musik auf die Dichtung. Dabei wirft er der gegenwärtigen Poesie, übrigens auch seiner eigenen, »Ideenleere« vor, die hinter einem »glänzenden Stil« verborgen gehalten werde: »Gleicht hierin die Poesie nicht der *Modernen* Musik?« Hier schlägt die Selbst-Kritik in kulturkritische Prophetie um: »Ebenso wird hieraus alsbald eine Zukunftspoesie werden. Man wird in den eigenthümlichsten Bildern reden; man wird wirre Gedanken mit dunkeln, aber erhaben klingenden Beweißen belegen, man wird kurzum Werke im Styl des Faust (zweiten Theil) schreiben, nur daß eben die Gedanken dieses Stücks fehlen. Dixi !!«[16] Ich habe gesprochen – war das ein erster Vorbote zarathustrischer Rhetorik? Schön sei es, resümiert Nietzsche sein Unterfangen an der Schwelle zu einem neuen Lebensabschnitt, »sich späterhin seine ersten Lebensjahre vor die Seele zu führen und die ganze Ausbildung der Seele daran zu erkennen«.[17] Er wird nicht müde zu betonen, daß er wahrheitsgetreu über sein bisheriges Leben berichtet habe: »Ein Spiegel ist das Leben. / In ihm *sich* zu erkennen, / Möcht' ich das erste nennen, / Wonach wir nur auch streben !!«[18] Der Spiegel sollte ein weiteres Schlüsselmotiv in seinem Werk werden, auf das später noch einzugehen sein wird, der Spiegel, den er kritisch einzusetzen lernte, dem er dann aber auch die Stirn zu bieten verstand, wie ein modernes Dichterwort sagt.[19]

In Nietzsche bildete sich in jener Zeit ein erstes Verständnis dessen, was Kunst sei und zu bewirken vermag. In seinem Dramenfragment »Prometheus« vom April 1859 läßt er Athene als Fürsprecherin der Künste die Rolle einer Vermittlerin zwischen Poseidon und Pluto einnehmen. Sie weiß jedoch, daß diese ›Vermittlung‹ nur unter einer Voraussetzung gelingen kann, die sie Zeus gegenüber ausspricht: »So gieb mir die Gewalt o Vater daß / Ich ihren Geist gelehrig und für Kunst / Empfänglich mache.«[20] Selbst eine damals verfaßte Farce schließt mit der Pointe, daß ein Dichter seine geistig eher bescheidenen Mitmenschen »sämmtlich zu Dichtern« macht.[21] Der Prometheus-Mythos darf als das erste eigentliche Projekt des jungen Nietzsche bezeichnet werden, was auch aus seinem Brief an seinen Naumburger Freund, Wilhelm Pinder, deutlich hervorgeht. Er beabsichtigte, eine dramatisierte Lebensgeschichte dieses ersten ›Genies‹ zu schreiben, an dessen Schicksal er den Zusammenhang von Hybris und Schöpfertum zu zeigen beabsichtigte. Der Brief an Pinder[22] erklärt den Prometheus-Stoff zu einem Gemeinschaftsprojekt. Nietzsche will sein Freundschaftsideal, das er seit den Naumburger Jahren regelrecht kultiviert hat, in einer gemeinsamen Arbeit konkretisieren und schöpferisch umsetzen. Pinder erhält den Auftrag, »aus allen Lexicis und anderen Büchern, aus Mythologien eine möglichst vollständige Darstellung« vom Leben des Prometheus zu »sammeln«. Ein Ziel der Arbeit benennt Nietzsche: »Weißheit und Dummheit«

solle »im Verhältniß zum Uebel der Welt« dargestellt werden. Bemerkenswerter noch sein Hinweis zur *Art* der Darstellung: »Wollen uns indeß nicht in einen bloßen Lehrstyl einlassen, vielmehr wollen wir so schillernd und schildernd so lebhaft, so ergreifend wie möglich schreiben, kurz[,] etwas brillant. Gedichte natürlicherweise können eingepflochten werden.«[23] In knappster Form ist damit ein stilistisches Programm umrissen, an dem Nietzsche zur maßlosen Irritation seiner künftigen Zunftkollegen festhalten wird. Zum ersten Mal redet er damit der Gleichwertigkeit von Stil und »Gedanken« das Wort.

Griechische Mythologie und spätromantische Sprachbilder gehen in den schriftstellerischen Versuchen des Gymnasiasten Friedrich Nietzsche eine eigenwillige Verbindung ein. Das Heroische und Idyllische wechseln einander ab. Früh experimentiert er mit Reim und Metrum, dichtet einmal im Stile der Genie-Hymnen Goethes, dann wieder wie ein genauer Leser der romantischen Poesie. Gleichzeitig komponiert er: Motetten, eine Ouvertüre für Streicher, nebst einem Quartett-Satz. Bach und Mendelssohn stehen Pate.

Obgleich er über eine vage Ahnung der potentiellen Größe seines Ichs verfügte, suchte Nietzsche zunächst nach geistiger Anlehnung. Ausdrücklich nahm er das Recht für sich in Anspruch, Vorbilder zu ermitteln und sie nachzuahmen. Was bei dieser Nachahmung entstand, kann man mit einem gewissen Recht »konformistische Pubertätslyrik« nennen, die in vielem den aufkeimenden Willen zur Größe »dementiert«.[24] Es finden sich jedoch neben ungezählten klischeehaften Versen Zeilen, die in ihrer Schlichtheit berühren: »Tief in des Herzens Grunde / Tönt ein gar seltsamer Klang / Wenn ich an ihn gedenke / Wirds mir so weh und bang.«[25] Hier zählt freilich weniger die poetische Qualität von Nietzsches frühen Hervorbringungen, als vielmehr die Beobachtung, daß bereits der Gymnasiast mit einer erstaunlichen literarischen Produktivität aufwarten konnte, deren Vielfalt sich aus der Absicht ergab, die mit diesen Poetereien, Reflexionen, Imitationen verbunden war: Hier wollte sich ein werdendes Ich sprachlich erweisen und ästhetisch seine natürliche und geistige Umwelt erfassen und sich anverwandeln, und zwar vollständig.

Was da in des Herzens Grunde tönte, wollte erforscht sein. Was war es, was da »seltsam klang«? Doch wohl nicht nur ein gefälliger Reim, sondern etwas, das geistig ähnliche Ausmaße gewinnen sollte wie die Entwicklung des uranfänglichen dumpfen Es-Dur-Dreiklanges im »Rheingold«. Kaum hatte der junge Nietzsche eine Vorstellung dessen gewonnen, was es heißen kann, »von Extrem zu Extrem zu wanken«, wanken zu müssen, schon arbeitete er an einer novellistischen Verarbeitung dieses Motivs, das bereits im Titel der Prosaskizze symbolisch erkennbar wird: »Capri und Helgoland«. Ein junger Mann blickt wehmutsvoll vom Bord »eines Dampfers in die Fluthen nieder«.[26] Die Szenarien, die der Schüler Nietzsche entwirft, sind gewöhnlich jene des Abschieds: Abschied von Röcken, dem Ort der frühen Kindheit und des nicht verwindbaren Verlustes des Vaters, Abschied von Naumburg und sei es nur eine Wegstunde in Richtung Kösen bis nach Pforta, Abschied überhaupt und an sich. Er erscheint dem jungen Nietzsche deswegen permanent, weil er beständig nach dem »Gedankenzug seiner Seele« fragt,[27] nach dem dauernden Vergehen im Werden.

Bei der Lektüre dieser ersten Aufzeichnungen glaubt man einen Menschen zu beobachten, der jeden Tag den Roman seiner eigenen Entwicklung weiterschreibt und weiterlebt, und das sehr bewußt. Nichts auf dem Wege seines geistigen Werdens ist ihm unwichtig; buchenswert erscheint ihm jede Gefühlsregung, jede Lesespur, jeder Fortschritt im Bereich der körperlichen Ertüchtigung, namentlich im Schwimmen. Zu dieser Lebensbuchführung gehört auch das genaue Erstellen von Wunschlisten für Geburtstag und Weihnachten. Der Pfortaer Alumnus wünscht sich, es lebe der Gegensatz, das »Requiem« von Mozart und Immermanns »Münchhausen«, Schnupftücher nebst Vorhemden und neuen »scharfen« Brillen, »Don Quixote« und den »Tristram Shandy«. Seine Mutter Franziska scheint einzig mit den autobiographischen Lügenmärchen Münchhausens nicht einverstanden gewesen zu sein. Nietzsche antwortet barsch: »Wenn ihr mit dem Immermann durchaus nicht wollt, so habe ich mir dafür anderes gewählt: Nibelungenlied und E. T. A. Hoffmanns Novellen.«[28]

Schauermärchen reizten ihn. Im Frühjahr 1861 verfaßte er ein solches in Terzinenform, einen gereimten Alptraum. Ein »wild verzerrter Mönch« bringt ihn des Nachts zum Grabe seines von ihm ermordeten Bruders. Wieder gebraucht Nietzsche das Motiv des »Klangs«, dem der Träumende gefolgt ist, »das Herz voll Bangen«.[29] Dieses »Bangen« legt sich dann aber durch die Konfrontation mit dem Grauen und verwandelt sich in Seelenstärke, die es ihm erlaubt, den Schrecken auszuhalten. Es mag die drastische Bildlichkeit dieses Gedichts gewesen sein, die ihn an jenen beklemmenden Vater-Traum erinnert hat, den er im Mai 1861 in einem neuerlichen »Lebenslauf« wiedererzählt. Im selben Monat hatte Nietzsche zwei weitere Versuche unternommen, seinen »Lebenslauf« neu abzufassen, wobei auffällt, daß er sich nun um eine philosophischere Ausdeutung der Lebensfragen bemühte, die sich ihm mit Blick auf seinen bisherigen Werdegang stellten. Der Sechzehnjährige kommt dabei zu folgendem Befund: »Denn wenn auch die Keime zu den geistigen und sittlichen Anlagen schon in uns verborgen liegen, und der Grundcharakter jedem Menschen gleichsam angeboren ist, so pflegen doch erst die äußern einwirkenden Verhältnisse, die in bunter Mannigfaltigkeit den Menschen bald tiefer, bald flüchtiger berühren, ihn so zu gestalten, wie er als Mann sowohl in sittlicher als geistiger Beziehung auftritt. Günstige Lebensverhältnisse können deßhalb, ebenso wie unglückliche, sich sowohl nützlich als schädlich zeigen, je nachdem die verschiednen Keime zu bößen und guten Neigungen dadurch geweckt werden.«[30]

Nietzsche ging von einem relativen Gleichgewicht innerer und äußerer Bedingtheiten der menschlichen Existenz aus, nicht jedoch von sozialer Determiniertheit. Um den Entwicklungsgang von »allem Geschaffenen«, aber auch der »Geisteskräfte« zu kennzeichnen, gebraucht er das Bild von »Stufenleitern«, wobei er kein eigentliches ›Ziel‹ dieser Stufen benennt. Er fragt, ob die Elemente, ob Raum und Zeit »Grenze und Ende« darstellten und antwortet emphatisch und am Beispiel des Prometheus

Maß nehmend: »Nein, über das Stoffliche, Räumliche, Zeitliche hinaus ragen die Urquellen des Lebens, sie müssen höher und geistiger sein, die Lebensfähigkeit unendlich, die Schöpferkraft unbegrenzt sein.«[31]

Im November 1859 ist es die Schiller-Centarfeier, die ihm das Schaffen eines modernen ›Prometheus‹ vor Augen führt. In Schillers Wallenstein sieht er »eine hehre Heldengestalt […], die sich kühn über die beengenden Verhältnisse des Lebens hinwegsetzt, einem Ziele nur nachstrebend, das in des Herzens tiefsten Grunde verborgen liegt und alle Handlungen lenkt und leitet«.[32] Der Pfortaer Lehrer Koberstein, der die Rolle des Wallenstein las, hatte auch die Festansprache gehalten, über die Nietzsche seiner Mutter schreibt: »Er [Koberstein, d. Verf.] hielt eine ausgezeichnete Rede worin er besonders hervorhob, daß es ein hoffnungsvolles Zeichen für Deutschlands Zukunft sei daß die Geburtstäge ihrer großen Männer immer mehr Nationalfeste würden, die Deutschland trotz seiner politischen Zerissenheit zu einem ganzen verbänden. – darauf war Festessen mit Kuchen und Gänsebraten, und – bis 3 Uhr Spaziergang.«[33] Nietzsche lernte Schiller somit als Träger der deutschen Kulturnation kennen, sein Werk als Reichsersatz. Doch der Übergang vom Erhabenen zum Trivialen bedurfte schon beim Pfortaer Schüler Nietzsche nur eines Gedankenstrichs. Auch das sollte ihm bleiben: Als Einsiedler von Sils-Maria wird er am »Zarathustra« schreiben und zwischendurch seine Mutter brieflich um warme Socken und Würste bitten. Vor die großen Prophetien hat das Leben nun einmal die kleinen Notwendigkeiten gesetzt.

Schon bald drängte es ihn jedoch zu den Quellen der

Poesie. Wie jeder gute Romantiker wollte auch der junge Nietzsche Volkslieder sammeln. Zu diesem Zweck plante er einen Ausflug ins »düstere, wilde Fichtelgebirge«,[34] er, der andererseits behauptete, fortan »nach der Anweisung des Kater Murr« (von E. T. A. Hoffmann) lateinisch zu denken.[35] Obgleich Nietzsche einerseits den »geringen Ernst unsrer Zeit« beklagte,[36] sind es Ironien dieser Art, die seine Selbst-Bildung mitbestimmten.

Die eigentlichen literarischen Entdeckungen, die in Pforta auf Nietzsche warteten, waren Sallust und Hölderlin. Sallust, nicht Plutarch, nicht Catull. Er liest die »Historiae« dieses Thukydides der Römer wohl in erster Linie als Sprachkunstwerk, erliegt dem Wortzauber dieses großen Stilisten und schult sich an dessen Vorlieben für Antithesen, knappen Perioden und chiastischer (»kreuzweiser«) Stellung von Satzteilen.[37] Sallusts Stil bedeutet für den jungen Nietzsche ein Spracherlebnis besonderer Art, das er nicht vergessen wird: »Mein Sinn für Stil, für das Epigramm als Stil erwachte fast augenblicklich bei der Berührung mit Sallust«, schreibt er noch 1888 in der »Götzendämmerung«.[38] An Sallusts Sprache fiel ihm das »Nervöse« auf, das gerade Nicht-Klassische; eben deswegen konnte sie zum Modellfall für die ›Moderne‹ werden.[39]

Im Herbst 1861 erreichte Nietzsche das, was Curt Paul Janz den »Höhepunkt seines Lernhungers« genannt hat.[40] An Sallust, in gewissem Maße auch an Livius, lernt er, den Nutzen der Geschichtsschreibung für die Stilbildung zu erkennen. Es ist ein Stil, der nicht auf Gleichmaß achtet und durch seine Eigenheiten den Geschichtsschreiber selbst zur Sprache bringt, in den Vordergrund rückt und damit zu einer ›persona‹ erklärt, die gleichberechtigt neben die ›Großen‹ des politischen Handelns tritt. Sallust ›handelte‹ kraft seines Stils. Das ist es, was Sallust für den jungen Nietzsche interessant machte: Hier hatte er es mit einem klassischen Intellektuellen zu tun, der sich durch die Art seiner Sprache zu emanzipieren verstand.

Auf ein damit verwandtes Phänomen stößt Nietzsche bei der Lektüre von Hölderlins Dichtungen. Was ihm Hölderlin bedeutet, legt er in Gestalt eines Briefes an einen Freund nieder, womit er den persönlichen Charakter seiner Würdigung hervorhebt. Sein Maßstab sind Schiller, Goethe, Kleist, in rein poetischer Hinsicht in erster Linie Platen. Eingangs zitiert er die einschlägige Kritik an Hölderlin: »Wie Hölderlin dein Lieblingsdichter sein kann, ist mir völlig unerklärlich. Auf mich wenigstens haben diese verschwommenen, halbwahnsinnigen Laute eines zerrissenen, gebrochenen Gemüthes nur einen traurigen, mitunter abstoßenden Eindruck gemacht. Unklares Gerede, mitunter Tollhäuslergedanken, heftige Ausbrüche gegen Deutschland, Vergötterung der Heidenwelt, bald Naturalismus, bald Pantheismus, bald Polytheismus, wirr durcheinander – dies alles ist seinen Gedichten aufgeprägt, allerdings in wohlgelungenen, griechischen Metren.«[41] Dem nun hält der siebzehnjährige Nietzsche die »Natürlichkeit und Ursprünglichkeit« der Hölderlinschen Verse entgegen, die selbst die »Kunst- und Formgewandtheit« eines Platen, dessen Biographie ihn nachhaltig beschäftigt hatte, hinter sich lasse, zu schweigen von der »reinsten sophokleischen Sprache«, die er Hölderlins »Empedokles«-Fragment(en) zubilligt und der »wohlklingenden Bewegung seiner Prosa« im

»Hyperion«, die er mit dem »Wellenschlag des erregten Meeres« vergleicht, obgleich ihm zum damaligen Zeitpunkt das Meer noch durchaus unbekannt war. Das wiederum bedeutet: Mit Hölderlin wird ihm selbst das noch Fremde vertraut. Bekräftigend fügt er hinzu: »In der That, diese Prosa ist Musik, weiche schmelzende Klänge, von schmerzlichen Dissonanzen unterbrochen, endlich verhauchend in düstren, unheimlichen Grabliedern.«[42] Zwar ermahnt er sich selbst im nächsten Satz, eingedenk seiner früheren Forderung, daß Gedichte gerade durch ihren Inhalt Bedeutung gewännen, über »die äußere Form« hinauszugehen und die »Gedankenfülle« Hölderlinscher Dichtungen zu würdigen. Doch was er dazu zu sagen hat, wirkt blaß, verglichen mit dem, was er an Hymnischem über die Form zu sagen wußte. Bei Hölderlin findet er wie zuvor schon bei Sallust bestätigt, daß der Stil und die sprachliche Form Teil des »Inhalts«, selbst »Stoff« werden kann.

Wichtig gerade im Hinblick auf Nietzsches spätere Entwicklung ist die Art, in der er die »heftigen Ausbrüche gegen Deutschland«, wie sie etwa im »Hyperion« zum Ausdruck kommen, erklärt. Er spricht von Hölderlins »Abscheu vor der Wirklichkeit«, die jedoch mit »der größten Vaterlandsliebe vereinbar« sei. Hölderlin habe in den Deutschen, sagt Nietzsche wie im Vorgriff auf seine »Unzeitgemäßen Betrachtungen« den »bloßen Fachmenschen, den Philister« verachtet.[43] Gegensätze komplementieren sich; das ist ein Merkmal von Nietzsches Argumentieren, das sich bis zuletzt verfolgen läßt: Deutschenschelte als patriotische Aufgabe, geistiges Weltbürgertum, und sei es mitten in der Provinz, gegen (Naum-

burger) Philisterei, die den »Geist« beim Kaffeekränz-
chen zerplaudert.

Kunst und Leben – im »Empedokles« glaubt Nietzsche zu erkennen, daß Hölderlin »seine eig'ne Natur«
preisgegeben habe – das Ideal der Selbstverwirklichung
im Kunstwerk scheint erreicht, konsequenterweise im
Fragment; denn wer kann noch »Ganzheit« verkörpern?
Ist nicht auch der »Pantheismus« Ausdruck einer modernen Sehnsucht nach ›Allheit‹, die es so nicht mehr geben
kann, wenn es sie denn je gegeben hat?

Während wir es laut Nietzsche im »Empedokles« mit
»göttlicher Hoheit« zu tun haben, spreche aus »Hyperion«
Unerfülltheit, »unbefriedigte Sehnsucht« – nach Grie-
chenland, nach in sich ruhender Idealität als dem Gegen-
pol zur modernen Zerrissenheit.

Ähnlich begeistert äußerte sich Nietzsche im Dezember 1861 über Byron. In ihm sah er den genialen Melan-
choliker und eruptiven Poeten. Wie so oft kommt auch in
dieser kleinen Abhandlung ihr erster Satz einem reinigen-
den Gewitter gleich: »Der Hauptreiz der Byronschen
Dichtungen besteht in dem Bewußtsein, daß in ihnen
die eigne Gefühls und Gedankenwelt des Lords uns entgegentritt, nicht in ruhiger, goldklarer Fassung göthischer
Poesie, sondern in dem Sturmdrang eines Feuergeistes,
eines Vulkanes, der bald glühende Lava verheerend ein-
herwälzt, bald, das Haupt umdüstert von Rauchwirbeln,
in dumpfer, unheimlicher Ruhe auf die blühenden Ge-
filde herniederschaut, die seinen Fuß umkränzen.«[44] Was
ihn faszinierte, war die kompromißlose Subjektivität dieses Dichters, aber auch der »Zauber seiner Schilderungen
und wunderbare Malerei der Worte«.[45] Mit Bezug auf

Byrons epische Dichtung »Manfred« fällt denn auch bereits jenes Wort, das durch Nietzsche eine leidige Karriere machen sollte: »Die sonderbarste Ausgeburt seines (Byrons, d. Verf.) Hirns ist jedenfalls der Manfred, der in jeder Beziehung die Grenzen des Gewöhnlichen überschreitet und beinahe ein *übermenschliches* Werk zu nennen ist.«[46] Große Kunst ist Überschreitung des Üblichen, ist ein Weg ins »Andere«, wobei Nietzsches eigene Kunstfertigkeit, sei es in der musikalischen Komposition, sei es in der Lyrik und, wenn man so sagen möchte, schulischen Essayistik einstweilen noch im »Gewöhnlichen« gefangen blieb, auch wenn er durch die Wahl seiner Themen zunehmend bemüht war, sich an ›große Stoffe‹ heranzuschreiben, insbesondere durch seine Beschäftigung mit dem Nibelungenlied, und an ihnen seinen Stil zu entwickeln, sein Denken zu schulen und seine Phantasie aufblühen zu lassen.

Stil – Denken – Phantasie, das ist – ganz ohne Reihenfolge und Wertung – die Dreieinigkeit im Lernen des Pfortaer Schülers Nietzsche auf dem Weg zu seinem künstlerischen Intellektualismus. Was das bedeutet, konkretisiert sich in verschiedener Weise im Frühjahr 1862 im Umfeld seines ersten für ihn selbst richtungweisenden Aufsatzes »Fatum und Geschichte«. In einem Brief an die Mutter kritisiert Nietzsche den Stil seiner Schwester, Elisabeth, wie auch ihre mündliche Ausdrucksweise.[47] Seine Phantasie lebt auf nach seinem Besuch bei der soeben gerügten Schwester in der, wie er sagt, »Kunststadt« Dresden. »Und jetzt bildet mein Aufenthalt in Dresden den farbenreichen, poetischen Hintergrund für die Prosa meines Alltagslebens!«[48] Ein inzwischen für Nietzsche überaus bezeichnender Satz, der noch durch folgende, an die Schwester gerichtete Aufforderung verstärkt wird: »In die Bildergalerie mußt Du wöchentlich mindestens ein- bis zweimal laufen, wenn Du Dir auch nur immer zwei, drei Bilder so genau ansiehst, daß Du mir ein[e] detaillierte Beschreibung (nat[ürlich] schriftlich) davon machen kannst. Nicht wahr, sehr egoistisch?«[49] Worauf es ihm ankommt, ist die Umsetzung der sinnlichen Erfahrung, des Kunsterlebnisses in den schriftlichen Bericht, der zwangsläufig Reflexion des Gesehenen ist.

Man hat vielfach behauptet, daß »weder der junge noch der späte Nietzsche eine ursprüngliche Beziehung« zur bildenden Kunst gehabt habe.[50] Man wird dem im Lichte der Forschung nur mit erheblichen Vorbehalten zustimmen können.[51] Festzuhalten gilt, daß Nietzsche die interpretierende Verschriftlichung von Bildern suchte – als eine die Phantasie beflügelnde Gegenprosa zur »Prosa meines Alltagslebens«.

Genau zwischen seine Stilkritik an der Schwester und seinem ästhetischen Bildungserlebnis ›Dresden‹ steht ein Durchbruch im Denken, unerhört für einen Schüler, der zumindest der Mutter noch vorgibt, das theologische Fach anzustreben. In einem an die Freunde Pinder und Krug gerichteten Brieffragment schreibt Nietzsche, daß der ›Weltschmerz‹ ein christliches Produkt sei,[52] undenkbar etwa im Hinduismus, der das »Fatum als die Thaten« begreife, »die wir in einem früheren Zustande unseres Seins begangen haben«[53] und für die wir mithin verantwortlich bleiben. Den christlichen Weltschmerz dagegen bezeichnet er »als ein Verzagen an eigner Kraft, ein Vorwand der Schwäche, sich mit Entschiedenheit selbst sein

Loos zu schaffen. Wenn wir erst erkennen, daß wir nur uns selbst verantwortlich sind, daß ein Vorwurf über verfehlte Lebensbestimmung nur uns, nicht irgend welchen höhern Mächten gelten kann, dann erst werden die Grundideen des Christentums ihr äußeres Gewand ablegen und in Mark und Blut übergehen.«[54] Auf der Erde solle der Mensch seinen Himmel gründen. Das ist dann die radikalste Forderung Nietzsches, knapp zwei Jahre nach seiner Konfirmation. Mit seinem Plädoyer für die unbedingte Selbstverantwortlichkeit des Menschen präludiert Nietzsche seiner späteren Jenseits-von-Gut-und-Böse-Moral, die – freilich vor dem Hintergrund des für tot erklärten Gottes – den Menschen zu übermenschlicher Anstrengung als Preis seiner Freiheit von *allen* Konventionen zwingt.

Nietzsche macht sich hier ein Denken zu eigen, das stark an die Aufklärungstheologie des sächsischen Pastorenrebells, Leberecht Uhlich, erinnert, wobei er dieses noch verschärft. Uhlich, der sich durch die Gründung von sogenannten »freien Gemeinden« gegen die Autorität der Domkapitel und der staatlichen Obrigkeit »versündigt« hatte, wollte lebendige Gemeinden und eine an der Praxis orientierte christliche Ethik. Seine »dissidentische Denkschrift« liegt übrigens auch in einer Abschrift von Nietzsches Mutter vor, was zwar keineswegs besagt, daß sie Uhlichs Position unterstützte (eher im Gegenteil); vielmehr belegt dies ihr lebhaftes Interesse an theologischen Streitfragen ihrer Zeit.[55] Uhlichs Denkschrift enthält unter anderem auch diese Stelle, die zeigt, daß sie sehr wohl Grundlage von Nietzsches früher Orthodoxie-Kritik gewesen sein könnte: »[…] die Religion ist eine

Denkfähigkeit wie jede andere, in der Religion gilt die Vernunft so gut wie auf jedem anderen Lebensgebiet, die Religion muß aber so beweglich, flüssig sein, wie alles übrige Geistesleben, die Religion ist aber Menschliches u. muß nicht mehr sein wollen als menschlich.«[56] Wie man sieht, radikalisierte Nietzsche diesen Ansatz durch seinen Gedanken der unbedingten individuellen Selbstverantwortung. Wenn er nachfolgend behauptet, daß das Christentum »wesentlich Herzenssache« sei, dann ist dies freilich eine Auffassung wie sie wörtlich auch seine Mutter vertreten hatte.[57]

In seiner Abhandlung »Fatum und Geschichte«, verfaßt in der Mußezeit der Osterferien 1862, gelingt es Nietzsche nun zum ersten Mal, wenigstens ansatzweise Stil, Denken und Phantasie aufeinander zu beziehen. Das ergibt sich für ihn aus der selbst gestellten Aufgabe, »Grundverhältnisse« des Lebens zu bestimmen, etwa jenes zwischen dem »Einzelwillen« und dem »Gesammtwillen«,[58] einer klassischen Konfliktsituation, die ihn immer wieder mit Blick auf historische »Größen« beschäftigt hat.[59] Nietzsche bedient sich nun nicht mehr der Vorstellung von »Stufen«, sondern des Denkbildes »Kreis«. Dazu führt er aus: »Alles bewegt sich in ungeheuren immer weiter werdenden Kreisen um einander; der Mensch ist einer der innersten Kreise. Will er die Schwingungen der äußern ermessen, so muß er von sich und den nächst weitern Kreise[n] auf noch umfassendere abstrahieren. Diese nächst weitern sind Völker-, Gesellschaft[s]- und Menschheitsgeschichte. Das gemeinsame Centrum aller Schwingungen, den unendlich kleinen Kreis zu suchen, ist Aufgabe der Naturwissenschaft.«[60]

Das Denkbild konzentrischer Kreise hat in Nietzsches Versuch einen zweifachen Sinn: Zum einen soll es die Bezogenheit der Bewußtseinsbereiche illustrieren; zum anderen zeigt es, daß der Mensch leicht in diesen Kreisen gefangen bleiben kann, wenn er nicht den Mut zur »Abstraktion«, bildlich gesprochen, zum Absprung von einer Kreisebene auf die andere, findet. Wer ihn aber findet, wird – »Prophet«, wie Nietzsche sagt, eine Leistung, die er allein »großen Historikern« und »großen Philosophen« zuschreibt.[61] Prophetie ist, laut Nietzsche, Abstraktion von den gewohnten Verhältnissen.

Stilistisch fällt an diesem Aufsatz sowohl die Tendenz zu umfassender angelegten, oder um Jaspers' Begriff zu verwenden, ›umgreifenden‹ Metaphern auf, als auch die gehäufte Verwendung von Fragen (»Hat dies ewige Werden nie ein Ende? Was sind die Triebfedern dieses großen Uhrwerks? […] könnte man als jene Triebfedern nicht die immanente Humanität nehmen? Oder lenken höhre Rücksichten und Pläne das Ganze? ist der Mensch nur Mittel oder ist er Zweck?«[62]). Phantasie spricht sich im wesentlichen durch vergleichende Sprachbilder aus. Um zu einer neuen These vorzudringen, nimmt Nietzsche durch eine verstärkte Bündelung von metaphernreichen Fragen quasi Anlauf. Die Metaphern werden so zu primären Trägern eines sich wandelnden Denkens: »Oder ist nicht vielmehr unser Temperament gleichsam der Farbenton aller Ereignisse? Tritt uns nicht alles im Spiegel unsrer eignen Persönlichkeit entgegen? Und geben nicht die Ereignisse gleichsam nur die Tonart unsres Geschickes an, während die Stärke und Schwäche, mit der es uns trifft, lediglich von unserm Temperament abhängt?«[63] Nietzsche glaubte also, daß die Subjektivität unsere Wahrnehmung einfärbe, während das Wahrgenommene uns ›stimme‹ und ›Tonart‹ gebe: Ein synästhetischer Zirkelschluß, den Nietzsche nun auf die Frage nach dem Verhältnis von Fatum und freiem Willen überträgt: »Der freie Wille erscheint als das Fessellose, Willkürliche; er ist das unendlich Freie, Schweifende, der Geist. Das Fatum aber ist eine Notwendigkeit, wenn wir nicht glauben sollen, daß die Weltgeschichte ein Traumesirren, die unsäglichen Wehen der Menschheit Einbildungen, wir selbst Spielbälle unserer Phantasien sind. Fatum ist die unendliche Kraft des Widerstandes gegen den freien Willen; freier Wille ohne Fatum ist ebenso wenig denkbar, wie Geist ohne Reelles Gutes ohne Bößes.« Dem folgt das Bekenntnis: »Denn erst der Gegensatz macht die Eigenschaft.«[64] Hatte er zuvor noch das eigene Schwanken von einem Extrem zu anderen eher beklagt, so konnte er nunmehr scharf herausgearbeitete Gegensätze als charakterstiftend begrüßen.

Wenngleich die Frage nach dem ›freien Willen‹ an Luthers Problemstellungen (»Von der Freiheit eines Christenmenschen«) erinnert, zeigt sich in Nietzsches Ansatz, wie weit er sich bereits aus dem Bannkreis lutherischen Denkens gelöst hatte; dem Glauben nämlich räumte er schon keinen Raum mehr ein: »Freier Wille ist ebenso nur ein Abstraktum und bedeutet die Fähigkeit, bewußt zu handeln, während wir unter Fatum das Princip verstehn, das uns beim unbewußten Handeln leitet.«[65]

Was Nietzsche hier in scheinbarer Begriffsklarheit formulierte, fand sein Gegenstück in pubertärer Verzweiflungslyrik, die enthüllt, daß ihm keineswegs (mehr) deutlich war, was ihn »beim unbewußten Handeln« leite: »Ich weiß nicht, was ich liebe, / Ich habe nicht Fried, nicht Ruh / Ich weiß nicht, was ich glaube, / Was leb ich noch, wozu?«[66] Und was als philosophische Frage gemeint war und jene Kraft betraf, welche die Weltgeschichte in Gang hält, kehrte ironisch verfremdet wieder: »Des Erdballs rostge Feder / Zieht stets sich von selber auf.«

Schwere Träume plagten ihn; Zynismus und Selbstparodie begannen, seine frühreife Gelehrtheit zu ›stören‹. Den »Urcharakter«, nach dessen Bild er sich seinen »Gott« gestalten will, reimt er auf »vertrackter«. Er avanciert zum Liederkomponisten[67] und versucht, seine überquellende Phantasie durch die Arbeit an einer Novelle zu bändigen, ein fiktives Selbstbildnis und die poetische Fortsetzung seiner autobiographischen Versuche. Er hält sich einen Spiegel vor, wie er als ›Euphorion‹ schreibend denkt. Wie es sich versteht, beobachtet er sich bei den Vorbereitungen auf das Abfassen seiner eigenen Lebensgeschichte. Zu ihnen gehört auch die Überlegung: »Wer sie lesen soll? Meine Doppelgänger, deren noch viel in diesem Jammerthal wandeln.«[68]

Es handelt sich um ein Textstück, das einem Sprachfeuerwerk gleichkommt. Es feiert gewissermaßen die Metapher. Den Vorwand dafür bildet eine melancholische Gestimmtheit, die sich bis zur Todessehnsucht steigert, ja, durch ihre Übersteigerung zu einer Parodie romantischen Schwärmens gerät. Langeweile, Überdruß, Lust am Morbiden, alles das versammelt Nietzsche auf knapp zwei Druckseiten. Was er vor drei Monaten noch philosophisch reflektiert hatte, das Verhältnis von Fatum und Zeit, verwandelt er jetzt in eine Reihe überzeichneter

Metaphern: »Und [ich] schleppe jetzt – eine Klapper an der Tretmühle – recht behaglich langsam das Seil, das man Fatum nennt, bis ich verfault bin, der Schinder mich verscharrt, und nur einige Aasfliegen mir noch ein Wenig Unsterblichkeit zusichern?«[69] Das ist nun ein Beispiel für den absoluten ›Gegensatz‹ zu begriffskritischem Philosophieren, aber ein Gegensatz, aus dem ein ›Charakter‹ werden kann. Der Anblick von Verliebten, »bunten, geputzten, zierlichen, lustigen Menschen« widere ihn an, Daseinsekel, wobei er eine »Disposition zum Lachen« in sich spürt. »Mir gegenüber wohnt eine Nonne, die ich mitunter besuche um mich an ihrer Sittsamkeit zu erfreuen. Sie ist mir sehr genau bekannt, von Kopf bis zur Zehe, genauer als ich mir selber. Früher war sie Nonne, dünn und schmächtig – ich war Arzt und machte daß sie bald dick wurde. Mit ihr wohnt ihr Bruder zusammen in zeitlicher Ehe, der war mir zu fett und blühend, den habe ich mager gemacht – wie eine Leiche. Er wird in diesen Tagen sterben – was mir angenehm – denn ich werde ihn secieren.«[70] Das Leben als Versuchsanordnung; jede Beziehung, gerade auch ihr moralisches Valeur ein bloßes Experiment. Das naturwissenschaftliche Verfahren wird in Nietzsches Prosafragment zur Groteske, das »Secieren« zur Manie: »Ich fühle es, daß ich mich völlig entpuppt habe ich kenne mich durch und durch und möchte nur den Kopf meines Doppelgängers finden, um sein Gehirn zu secieren [...].«[71]

Hier handelt es sich eigentlich um einen Anti-Euphorion, keineswegs um eine Licht- und Luftgestalt, schwerlich (wie Goethes Euphorion) hervorgegangen aus der Verbindung Fausts mit Helena; eher verdankt sich dieser Euphorion dem romantischen Doppelgänger-motiv, der Gewitztheit eines Jean Paul und einer immer tiefer werdenden Skepsis am Prinzip Entwicklung. Doch damit nicht genug. Das vermutlich vollständige Manuskript des ersten Kapitels seiner »widerwärtigen Novelle« schickt Nietzsche Ende Juli 1862 seinem Pfortaer Mitschüler und späteren Arzt, Raimund Granier, zusammen mit einer brieflichen Hanswurstiade, die völlig aus dem Rahmen seiner bisherigen Briefe fällt. Sie beginnt mit einer namensspielerischen Anrede: »Kernloser Körner! Granloser Kranich!« und setzt sich in mokant-übermütigem Ton fort: »Sollten Sie sich an der Zugluft meines Briefes erkälten – bedaure sehr, aber Sie haben in Ihrem tiefinnerlichen Wesen Hitze genug, um diese schwarzen Zeilen weiß zu brennen. Sie würden sich mir übrigens sehr verbinden, wenn Sie nicht auf den alten, abgelebten Gäulen von Entschuldigungen vor mir Parade ritten, damit Sie ja nicht in Ihrer Verlegenheit aus dem Sattel in den Schmutz fallen und mir letzteren ins Gesicht spritzen« [...], Granier, der »ein famoser, liebenswürdiger, gutmüthiger, intellegenter junger Mann« sei, »der leider den Kopf verloren hat, wahrscheinlich im weiten Sack seines Herzens.«[72]

Was ist das, »krampfhaft witzige« Burschikosität spät-pubertärer Art, wie Janz meint?[73] Oder haben wir es hier mit einem Dokument zu tun, das einen Nietzsche zeigt, der sich zum ersten Mal wirklich bewußt wird, daß er sprachlich *jedes* Register ziehen kann? Daß es ihm möglich ist, zu parodieren, zu imitieren (sei es ein protestantisches Kirchenlied, eine Eichendorff nachempfundene Wanderer-Strophe oder Heines ätzende Ironien)? Daß er sich darauf versteht, ein Thema philosophisch abzuhandeln, philologisch zu untersuchen und schreibend sogar dem Wesen der Musik näher zu kommen? In seiner brieflichen Burleske, die er in aristokratisierender (ein erstes Mal ans Polnische anklingender) und gleichzeitig selbstironischer Manier unterzeichnet (»FWvNietzky, alias Muck, homme étudié en lettres / votre ami sans lettres«), in dieser scheinbar übermütigen Epistel behauptet er, den Inhalt seines »Euphorion« inzwischen »vor Ekel über Bord geworfen«. Es folgt der enthüllende Zusatz: »Als ichs geschrieben, schlug ich eine diabolische Lache auf […]«.[74]

Man kann sich des Eindrucks nicht erwehren, daß der Pfortaer Primus in einem Maße Emotionen in sich aufgestaut hatte, so daß der sorgfältig aufgebaute Damm unermüdlichen Lernens schließlich brach. Hier schlägt einer stilistisch über die Stränge und findet Gefallen an bislang für ihn ungewöhnlichen Worten (man denke allein an die »diabolische Lache«!), auch wenn er sich nicht zu eigentlichen Kraftausdrücken hinreißen läßt.[75] Dabei träumt ihm von einer Maschine, die »unsere Gedanken auf irgend einem Stoffe, unausgesprochen, ungeschrieben« abprägen könnte.[76] Erst in den letzten Sätzen der »Götzen-Dämmerung« wird er einen solchen »Stoff« benennen können: »Seligkeit, auf dem Willen von Jahrtausenden zu schreiben wie auf Erz […].«[77]

»Seligkeit« und »Aufregung« bereitet dem Pfortaer Schüler Friedrich Nietzsche einstweilen vor allem die Musik. Erinnern wir uns: Nietzsches erste große autobiographische Aufzeichnung vom Sommer 1858 schloß mit Reflexionen über Musik, aus denen seine Skepsis gegenüber der, wie er meinte, »dunklen« ›Zukunftsmusik‹ eines

Liszt und Berlioz sprach. Inzwischen hatte sich sein musikalisches Weltbild entscheidend verändert. Zwar gefielen ihm weiter der »heitere Haydn« und der »lichte Mendelssohn«, zwar stellte er noch das Oratorium über die Oper; aber spätestens seit Herbst 1861 ist ihm die Musik Franz Liszts so wichtig, daß er seine eigenen kompositorischen Versuche ganz auf ihn einstellt. Das gilt für seine »Ungarischen Skizzen« wie für die »Heldenklage«, für seinen »Ungarischen Marsch«, den »Zigeunertanz« und »Im Mondschein auf der Puszta«, Tondichtungen für Klavier und Ausdruck von Nietzsches emphatischer Öffnung zur »slawischen Kultur«. (Dazu gehören auch seine Nachdichtungen aus der serbischen Volksdichtung.[78]) Diesen Aspekt hob Nietzsche in seinem im Oktober 1862 verfaßten Bericht über seine literarische und musikalische »Thätigkeit« eigens hervor, aber mit betont selbstkritischen Untertönen. Nach dem Vorbild der »Dante-Symphonie« Liszts wollte Nietzsche eine »Ermanarich«-Symphonie komponieren, zu der er ein ausführliches poetisches »Programm« ausgearbeitet hatte, das freilich mit einer eher wagnerischen Pointe schloß: der Sehnsucht nach Erlösung.[79] Auffallend ist wieder Nietzsches Bemühung, sein musikalisches Komponieren (und Scheitern) zu versprachlichen, in Worte zu fassen und so überprüfbar zu machen. Die Komposition schildert er als eine Serie von »harmonischen Ungeheuerlichkeiten« und »sehr kühnen Uebergängen«.[80] Die Pointe in der Charakterisierung seiner Komposition ist, daß er feststellt, nicht nur Ermanarich, sondern auch seine eigene Musik harre der Erlösung (»So liegt das ganze Bruchstück denn vor mir, abschreckend durch seine Wildheit und Herbe und wartend auf die Lösung, auf Befreiung von der drückenden Schwüle, die auf dem Schlusse lastet«[81]).

Der ›Ort‹ dieser Veränderung ist seine private ›Verbindung‹ namens »Germania«, bestehend aus den Naumburger Freunden, Gustav Krug und Wilhelm Pinder; Nietzsche firmiert als »Chronist« dieser Kleinst-Burschenschaft. Insbesondere Gustav Krug zeichnet dafür verantwortlich, daß die Freunde mit der zweiten Säule der ›Zukunftsmusik‹ bekannt werden: mit der Musik Richard Wagners. Im März spricht Krug auf einer ›Synode‹ der »Germania« über »Einige Szenen von Tristan und Isolde«; auch über »Lohengrin« informiert er die kleine Runde. Durch die, wie Chronist Nietzsche vermerkt, von Gustav Krug betriebene Anschaffung des Klavierauszuges von »Tristan und Isolde« gerät die »Germania« in finanzielle Nöte. Mehr Kalamitäten schien diese Musik vorerst jedoch nicht ausgelöst zu haben. Was Nietzsche im Herbst 1862 unter der Überschrift »Ueber das Wesen der Musik« notiert, zeigt allenfalls indirekte wagnerianische Spuren, etwa dann, wenn er davon spricht, daß die Musik dämonischer Natur sei und ein »unbewußtes Fortgerissenwerden« verursache.[82] Ansonsten fällt eher Nietzsches Bemühen auf, Musik im Geist der Mathematik und der Naturwissenschaft geradezu physiologisch zu erfassen: »Der Ton fällt ins Ohr, die Ohrennerven leiten ihn fort zu den Kopfnerven, vergeistigen immer mehr sein Wesen.«[83] Dann jedoch schlägt der nüchterne Ton um, abermals ins Parodistische, ja, Karikierende: »Wenn man eine Fuge von Fux oder Albrechtsberger hört, wie die Töne auf das Kommando aufmarschieren und sich ablösen, mit steifen Zöpfen und Kamaschen, bald über einander herfallen und stolpern, bald hüpfeln, tänzeln, dann gravitätisch einherschreiten und Complimente machen und zum Schluß ein Ton stehen bleibt, ein Feldherr zu Roß der die andern an sich vorbei jagen läßt: wenn du nun glaubst, vor einem Marionettentheater zu stehn und die Puppen an Drahtstäben tanzen zu schaun«.[84] Die Töne werden als Noten zu Zinnsoldaten oder Marionetten und mithin zum Gegenstand einer gewissen Beliebigkeit, also genau zum Gegenteil dessen, was ein Fux (im »Gradus ad parnassum«) oder Albrechtsberger, Beethovens einstiger Lehrer und Verfasser einer Ton- und Kompositionslehre, beabsichtigt hatten.

Es hat den Anschein, als veruntreue sich Nietzsches logische Argumentation selbst, indem sie ins Metaphorische »abschweift«; als reifer Stilist wird Nietzsche dann das Sprachbild ganz in sein Argumentieren integrieren. An diesem Punkt sind wir jedoch noch nicht angelangt. Zunächst glaubte er, sich selbst bei Gelegenheit zur Ordnung rufen zu müssen: »Ich schreibe eine große Arbeit über Theognis nach einer freien Wahl«, heißt es in einem der letzten Briefe aus Pforta.[85] »Ich habe mich wieder in eine Menge von Vermuthungen und Phantasien eingelassen, denke aber die Arbeit mit recht philologischer Gründlichkeit und so wissenschaftlich als mir möglich zu vollenden.« Für geraume Zeit sollte dies Nietzsches intellektuelles Hauptproblem bleiben, zu bestimmen, was »Phantasie« und was »Wissenschaft« ist, vor allem aber, ob und wie sich beides verbinden lasse.

Verstärkt drängte sich ihm am Ende seiner Pfortaer Schulzeit die Frage nach der Existenz solcher ›gemeinsamer Nenner‹ auf. Das zeigte sich in besonderem Maße in seinem zweiten, gleichfalls Fragment gebliebenen Anlauf, sich »Ueber das Wesen der Musik« klar zu werden. Hier nun erwähnt Nietzsche zum ersten Mal in einem theoretischen Versuch Wagner, wobei er interessanterweise zunächst die *Wirkung* dieser Musik auf einen frühen Wagnerianer andeutet; wir können mit Janz vermuten, daß es sich um Gustav Krug handelt, es wäre jedoch auch denkbar, daß es sich um eine ironisch gefärbte Selbstschilderung handelt: »[…] auch über dich und deinen Verstand schütteln manche Leute die Köpfe, wenn du wie niedergeschmettert von der Macht der Musik vor den leidenschaftlichen Wogen Tristan und Isoldes dastehst.«[86] Nun die Frage nach dem ›Wesen‹ der Musik, die sich ihm als Frage nach einem gemeinsamen Nenner diverser Stilrichtungen stellt: »Beides sowohl Albrechtsbergers Contrafugen und Wagnersche Liebescenen ist Musik; beidem muß etwas gemeinsam sein: das Wesen der Musik. Das Gefühl ist gar kein Maßstab für Musik.« Was aber *ist* dieses Wesen, was der Maßstab, wenn nicht das Gefühl?

Ohne den Begriff zu gebrauchen, antwortet Nietzsche mit dem Hinweis auf das Melos als der Einheit von Sprache und Gesang (»je älter eine Sprache umso tonreicher sie ist«). Im Sinne einer elementaren, aber bereits ästhetischen Erschließung der Welt beruft sich der junge Nietzsche auf Herders Kulturbegriff und das am Primat des Schönen orientierten Bildungsverständnis Schillers sowie auf die Zivilisationen im Zustand ihrer »Überfeinerung« regenerierende Funktion des »Volkes«.[87] Beiden Thesen werden wir in der »Geburt der Tragödie« in veränderter Form wiederbegegnen. Gleichzeitig weiß Nietzsche jedoch, wie aus einer ›Anmerkung‹ zu Horaz hervorgeht, daß der ›große Dichter‹ sich kraft seiner Kunst vom »Volke getrennt« und eine andere, ›höhere‹ Sphäre berührt habe.[88]

In einem Schulaufsatz benennt er jedoch noch einen Bereich, in dem es eine ursprüngliche, sich stets weiter überliefernde Tradition einer engen Verbundenheit von Volksweisheit und poetischer Form gebe: im Sprichwort. Aufgerufen, über Goethes Maxime »Sprichwort bezeichnet Nationen, / Mußt aber unter ihnen wohnen« zu schreiben, sieht sich der epigrammatisch an den Klassikern geschulte Nietzsche besonders aufgerufen und bemerkt, sich auf einem ersten Höhepunkt seines Differenzierungsvermögens zeigend: »Sprichwort und Volkslied haben so viel Gemeinsames und Verwandtes, daß ihr Hervorwachsen aus gleicher Wurzel natürlich erscheint. Allerdings betrachtet das Sprichwort mehr mit nüchternem, verständigen Blick das geschehene, Dagewesene, während das Volkslied aus dem dichtenden, bilderreichen Geiste entsprungen ist, in dem sich die Wirklichkeit spiegelt. Das Sprichwort will rathen, es bedient sich dazu auch des Bildes, aber es will nie ergötzen, wie es das Volkslied thut.«[89] Was Nietzsche nun besonders an Goethes These fasziniert, ist ihre Form und die Tatsache, »daß gerade Goethe diese Ansicht über das Sprichwort so kurz und gedrängt, selbst als ein echtes Sprichwort, aufstellt […].«[90] In dieser gereimten Maxime erkennt er die unbedingte Kongruenz von Form und Inhalt, was er für das eigentliche Ideal im Schreiben zu halten begann.

Das »Wesen der Musik« bleibt in jenen Monaten, vom Oktober 1862 bis März 1863, eines von Nietzsches Hauptthemen. Ihn befaßt die »Correspondenz von Tönen und Farben«, die Entwicklung des »Schallsinns«, immer wieder jedoch die *Wirkungen* »einzelner Musikstücke«, aber auch des Komponierens auf den Komponisten. Seine Stimmung, so Nietzsche in einem weiteren Fragment zu diesem Thema,[91] reize die musikalische Phantasie des Komponisten, wobei eine solche Stimmung, hier redet der junge Intellektuelle, auch das »Resultat von Ideen« sein könne. »Je erregter seine Phantasie, desto mehr trennt er (der Komponist, d. Verf.) sich vom Formellen los, und er wird selbst überschauert von der Kraft, die ihn begeistert. Der Hörer indessen trägt seine eigne Stimmung herzu, er kann es blos als Kunstwerk aesthetisch betrachten, dann als musikalischen Ausdruck eines Gedankens, dann blos empfindend, und blos an sich die Tonwellen schlagen lassend.«[92]

Was hier implizit als Ideal formuliert ist, könnte man die Verschmelzung von Stimmung und Gedanken nennen, ein Ideal, dem Nietzsche damals am ehesten durch seine Kunst des Improvisierens am Klavier nahegekommen war. Als zentrale Kategorie des musikalischen Wirkens nennt Nietzsche von nun an das »Dämonische«, auch den »schöpferischen Antrieb«. In seiner Skizze schreibt er: »Daß dies Dämonische von den Hörern nachempfunden wird, ist also das höchste Erforderniß zum Kunstverständnis.«[93] Und mitten in seiner Schlußarbeit für Pforta über Theognis spricht er in einem Brief über die »Nervenerregung«, die nicht nur von der Musik, sondern von allen »höhern Künsten« ausgehe.[94] Wieder beruft sich Nietzsche auf das ›Dämonische‹ als einen Transzendentalverweis: Man sehe durch die Kunst in ein »andres Reich hinüber«, meint er, und gewinne »Ahnungen höherer Welten«. Dabei bemüht er sich um eine differenzierte Betrachtung dieser ›Wirkung‹: »Ob dieser Eindruck nur von guter Musik veranlaßt werde, oder ob bei entsprechender Organisation des Menschen nur die seiner Geisteshöhe gemäße Musik diesen Eindruck gewährt? Ob man überhaupt aus diesem Eindruck einen Schluß auf die objektive Vollkommenheit eines Musikwerkes machen dürfe? Ob vorzügliche Musikwerke diesen Eindruck auf feine Naturen machen *müssen*? Und so der Räthsel viele. –«[95] Dies sind Fragen, die in verschärfter Form Nietzsches nach 1874 einsetzende Kritik an Wagner mit bestimmen werden. Doch schon in dieser Form belegen sie, daß er sich nachhaltig mit dem beschäftigt hatte, was unter ›Vollkommenheit‹ eines Kunstwerks zu verstehen sei, und das nicht anhand seiner geliebten ›Griechen‹, sondern in Auseinandersetzung mit dem ästhetischen Denken eines amerikanischen Zeitgenossen: Ralph Waldo Emerson (1803-1882).

Nietzsche übernahm von Emerson im wesentlichen dessen organisches Verständnis vom Schönen.[96] Mit Emerson behauptet er: »Schönheit ist eine Übergangsperiode, wie wenn die Form eben bereit wäre, in andre Gestalten überzufließen. Jeder Stillstand, jede Ansammlung sind Gegensätze zum Fließen.«[97] Gemeint ist freilich ein dauerndes Übergehen von Form zu Form, von Form in Geist, von Geist in Form. »Schönheit berechtigt zur Dauer«, notiert Nietzsche in diesem Zusammenhang,[98] wobei er nun in engster Anlehnung an Emersons Denken konkreter auf die ›Begründung‹ des Schönen zu sprechen kommt: »Die eine Tugend, die ein Ding zu einem schönen macht, ist eine gewisse kosmische Eigenschaft oder eine Gewalt, Beziehungen zu der gesamten Welt aufzufinden.«[99] Die andere ›Tugend‹, die beim Entstehen des Schönen maßgeblich beteiligt ist, nennt Nietzsche mit Emerson »die Thätigkeit der Phantasie«; sie wiederum zeige, daß »jedes Ding sich in jedes andre umwandeln lasse.«[100] Die Phantasie stellt sich mithin als Medium des permanenten ›Übergangs‹ dar. Schon in seinem für die ›Germania‹ gedachten »Versuch einer Charakterschilderung der Kriemhild nach den Nibelungen« hatte er sich besonders für die darin freilich »fürchterlichen Uebergänge von Liebe zu Haß interessiert und auf die »feine, psychologische Malerei« hingewiesen, »in der uns das Nibelungenlied den Chriemhildencharakter [sic!] zwischen ihrer Siegfriedliebe und der letzten Rachekatastrophe vorführt.«[101] In den »Nibelungen« sind diese Übergange eben nicht nur ›fließend‹, sondern jäh oder gar »reißend«, wie Hölderlin in bezug auf den »Oedipus« des Sophokles geschrieben hatte.

Bei Emerson nun findet der frühe Nietzsche nicht nur entscheidende Hinweise auf das organische Sich-Bilden des Schönen; Emerson lehrt ihn auch, Schönheit in den ›Beziehungen‹ zwischen ›Dingen‹ zu erkennen. Schön ist, was sich ins Verhältnis setzen läßt. In diesen Aufzeichnungen fehlt jedoch ein Verweis auf den Künstler, der Schönheit hervorbringt, indem er solche ›Relationen‹ sichtbar, hörbar macht oder zur Sprache bringt. Statt dessen haben wir es mit der Schönheit als Akteurin zu tun, die sich selbst in Szene setzt. Nietzsche zitiert Emersons Satz, daß die Schönheit der Steuermann der jungen Seele sei.«[102] Als handelndes Subjekt wirke die Schönheit aus sich heraus; durch dieses Wirken offenbare sich jedoch, laut Emerson, ein ›Anderes‹: »Bei jedem schönen Gegenstande«, paraphrasiert Nietzsche den amerikanischen Intellektuellen, zeige sich etwas »Unermeßliches und Göttliches und zwar ebensoviel in den durch Umrissen begränzten Formen, gleich Bergen am fernen Horizont als in den Schallwellen der Töne oder den Tiefen des Raumes.«[103]

Emersons Vorstellung von Schönheit leitet sich von dem ab, was Nietzsche die »Naturphysiognomie« nennt, das Antlitz der Natur, insbesondere ihre Linien, durch welche die Essenz des Schönen sichtbar werde. Die Linie ist teils strenge, teils »anmutige« Reduktion der Fülle der Erscheinungen. Das lebendige Schöne, auf das es Nietzsche ankommt, verwirkliche sich in der Kunst, die einerseits Natur ›vergeistige‹, in welche andererseits der Künstler Natur »lege«.[104]

Dieses Nachdenken über das Wesen des Schönen wird Nietzsche nicht mehr loslassen. Die Naivität seiner gereimten Versuche, von der man einerseits sagen kann, daß sie mit der rapide fortschreitenden Verfeinerung seines intellektuellen Vermögens nicht schritthalten, die man andererseits aber auch als bewußt gepflegte ›naive‹ Gegenwelt zu den rasch ansteigenden Höhen seiner Reflexion werten mag, in seinen Reimen scheint er um eine Nachahmung dieses Schönheitsbegriffs bemüht zu sein, wie ein wiederum ganz in Fragen gehaltener Gedichtentwurf aus der Zeit seiner ersten Beschäftigung mit Emerson belegt: »Was tönen meines Geistes Glocken? / Was bin ich doch so tief erschrocken / Was lausch ich ängstlich ihrem Schwunge? / Was kündet ihre Zauberzunge? / Wer wars der ihre Stränge rührte / Der meines

Herzens Flamme schürte«[?][105] Handelt es sich hier um Fragen, die der Reime wegen gestellt sind? Oder befinden sich hier gereimte Verse auf der Suche nach einem Wesensproblem? Geist, Schwingung, Zauber, Herz. Bald fügte Nietzsche dem noch das Wort ›Stimmung‹ hinzu, das ihm maßgeblich werden wird für das eigene ›Producieren‹.

Nietzsches Schulzeit in Pforta endet mit einem Vorspiel der besonderen Art: In einem Aufsatz über Prolog und Chorlieder im »Oedipus«, geschrieben zwischen April und Mai 1864, entwickelt er Gedanken, mit denen er schon fünf Jahre später als Professor für klassische Philologie von Basel aus die Fachwelt brüskieren und Richard Wagner begeistern wird. Sein Aufsatz »Primum Oedipodis regis carmen choricum« enthält nun tatsächlich einen Kerngedanken, der sich als nietzscheanisches Leitmotiv behaupten wird: Sophokles ist der Urvater des »Kunstwerks der Zukunft«, in dem alle Künste sich »harmonisch« zusammenfinden, »um einen einheitlichen Kunstgenuß zu hinterlassen«.[106] Das bedeutet: Der neunzehnjährige Nietzsche begriff Wagner als den Testamentsvollstrecker von Sophokles. Trotz oder gerade wegen dieser Behauptung nennt einer seiner Lehrer Nietzsche den »begabtesten Schüler, den Pforta« gehabt habe und erweist sich damit als aufgeklärter und weitsichtiger als die späteren Kollegen der philologischen Zunft, die eines nie zu akzeptieren bereit sein werden: Daß hier einer gekommen war, um die ›Freude‹ am Wort auszuleben und die Ursache(n) für den ästhetischen Genuß an der Sprache zu untersuchen.[107]

Es lohnt, diese ›aesthetica in nuce‹ Nietzsches etwas

eingehender zu betrachten, weniger den Gesamtzusammenhang seiner Argumentation als vielmehr die Art, wie er seine Aussagen zur musikalisch inspirierten Tragödienkunst der Griechen entwickelte. Die Tragödie, meint der Abiturient Nietzsche, habe zwei Quellen: Sie habe sich erstens aus dem über den Menschen von den Göttern verhängten Schicksal ergeben, also aus einer religiösen Quelle. Zweitens verdanke sie sich dem Willen zum höchsten ästhetischen Genuß. Auf den ersten Blick stehe beides in Widerspruch zueinander. Nietzsche arbeitet jedoch mit der Hypothese, daß »die Athener« bei allem Genuß am Tragischen dessen religiösen Ursprung »immer im Auge behielten; »die Wirkungen ihrer theatralischen Vorstellungen waren deshalb weder die unserer Bühnen, noch die unsrer Kirchen, aber sie waren aus beiden gemischte und in eins verschlungene«.[108] Aus dieser ›Verschlungenheit‹ leitet Nietzsche dann die quasi ›gesamtkünstlerische‹ Konzeption der griechischen Tragödie ab, zumal sie mittels der Chorlieder auch den musikalischen Ausdrucksbereich voll und ganz mit ins tragische Spiel einbezogen habe.

Nietzsche untersucht nun die Bedeutung des Prologes und erkennt, daß es sich bei ihm um ein »selbständiges Kunstwerk mit Exposition, Steigerung, Höhepunkt, Herabsinken der Handlung« handele, mithin um die Anwendung von »Gesetzen, auf denen der Bau der ganzen Tragoedie beruht«.[109] Kernelement des Prologes sei die Gegenüberstellung von Oedipus' »Selbstgefühl« und Kreons »kalter Besonnenheit«, wobei dieses Vor-Spiel in geraffter Form alle später ausführlich zur Sprache kommenden Konflikte enthalte.

Für die Entwicklung seiner Kunstauffassung ist Nietzsches These bedeutsam, daß er die Essenz der Kunst für ein ästhetisch verwandeltes schicksalhaftes Verhängnis hielt, was bereits begründet, weshalb für ihn die Kunst eine so herausgehobene Bedeutung haben konnte.

Es spricht für den analytischen Sinn des jungen Nietzsche, daß er nicht bei dergleichen Postulaten oder Hypothesen stehenblieb, sondern sich der ›techné‹ dieser Verwandlung zuwendet und zu erkennen versucht, welche Aspekte des Kunstwerks zu diesem ›aesthetischen Genuß‹ am verwandelten ›Fatum‹ beigetragen haben. Er nennt an erster Stelle die »Doppeldeutigkeit in der Rede des Oedipus«, gespiegelt in der »Unsicherheit und Zweifel über den Inhalt des Orakels« hinsichtlich der Art, in der die Stadt von der Pest befreit werden könne. Neben dieser ›Doppeldeutigkeit‹ verweist Nietzsche auf den »dämonischen Zug« in Oedipus und dessen »Eifer«, der wiederum in vollkommenem Gegensatz zu der »höchsten Ruhe« steht, mit welcher der Prolog beginnt.

Auf die Frage, wie nun der Prolog mit dem eigentlichen Stück verbunden sei, antwortet Nietzsche mit dem Verweis auf das erste Chorlied, dem eine Brückenfunktion zukomme. Im Chorlied würden »die lyrischen Seiten der Ereignisse« herausgekehrt, wobei sich der Chor in seinem ersten Auftritt stets an die Götter in Form eines Gebets wende. Anders gesagt: Das Chorlied stelle den Rückbezug auf die ›Verhänger des Schicksals‹ her.

Nietzsche kommt nun auf seine eigentliche These zu sprechen, die er in seiner großen Tragödienschrift nicht revidieren, nur ausführlicher wiederholen wird: Die Handlung der Tragödie habe sich im Laufe der Gattungsentwicklung zwar mehr und mehr vom Chor emanzipiert; dieser aber habe seine Bedeutung behalten, indem er »musikalische Elemente zusammenfaßte, die nothwendig zu der Tragoedie gehörten, wenn sie einen wirklich tragischen Eindruck machen sollte«.[110] Durch diese ›musikalischen Elemente‹ habe sich das ›Pathos‹ erhalten, aber eben auch das ›Dämonische‹, als dessen Träger Nietzsche die Musik sieht. Anders als in der »modernen Oper – die genialen Reformpläne und Thaten R. Wagners abgerechnet«,[111] habe in der griechischen Tragödie nie ein solches »ungeheuerliches Mißverhältniß zwischen Musik und Text, zwischen Ton und Empfindung« geherrscht. Die griechischen Tragiker seien eben Dichter und Komponisten gewesen, die einen feinen Sinn für Gegensätze gehabt hätten (›fein‹ wird zu dieser Zeit eines der bevorzugten Eigenschaftswörter Nietzsches; auch daran wird sich fortan nichts ändern), Gegensätze der folgenden Art: In der Tragödie gehe der Katastrophe häufig noch ein »heiteres Tanzlied vorher«, das den »seltsamsten Kontrast mit den folgenden Gefühlsstürmen bilde. Es ist dasselbe, wie wenn in den größten Symphonien öfter vor den bewegtesten und leidenschaftlichsten Ergüssen ein Scherzo in heitrer Laune dahinsprudelt; oder wenn Shakespeare das Fürchterliche durch den Gegensatz des Lächerlichen, Trivialen um so greller hervorhebt.«[112]

In Aussagen wie diesen spiegelt sich Nietzsches Suche nach einem ›Höheren‹, das durch ›Polarität und Steigerung‹, um Goethes bekanntes Prinzip zu zitieren, erfahrbar und im Leben nachvollziehbar bleibt. Das ›Höhere‹ verstand er als synästhetische Einheit, die er in Apollo als dem »Licht- und Sonnengott und zugleich der Töne Erfinder und Meister« symbolisiert sah. Seine Auffassung untermalend, zitiert er Hölderlins Gedicht »Sonnenuntergang«, eine poetische Frage nach dem Ort Apollos, dessen auf »himmlischer Leyer« gespieltes Abendlied in der Natur nachzuklingen scheint.[113]

In seinem Aufsatz »Ueber Stimmungen« wendet Nietzsche dieses Klangbild auf sich selbst an. Apollo heißt jetzt ›Liszt‹ und das Abendlied sind dessen ›Consolations‹, musik-metaphysische Tröstungen, die »in mich eingedrungen sind und in mir vergeistigt wiederklingen«.[114] Noch umfaßte für Nietzsche die Musik Apollos beides, lichthafte Töne und das Dämonische; letzteres wies er später Dionysos zu.

Wichtig zu sehen ist, daß Nietzsches frühes Nachdenken über die Bedeutung der Kunst im Leben stets begleitet war von Selbstschilderungen, um deren sprachkünstlerische Ausgestaltung er sichtlich bemüht war. So auch in einem Fragment vom Frühjahr 1864. Eine eher stereotype Konstellation: Der junge Studiosus im spärlich erleuchteten Zimmer, draußen das heitere Treiben eines Jahrmarkts, die Trennung der Innenwelt von der Außenwelt. Sturm-und-Drang-Gefühle kommen im Inneren auf, die ausgedrückt werden wollen: »Ich versucht es erst in Tönen: siehe, es gieng nicht; weiter stürmte das Herz; und der Ton blieb todt. Ich versucht es dann in Versen; nein, nicht Reime fassen's, nicht ruhige, gemessene Rythmen.«[115] Den Ruhelosen bleibt nur noch, ein Gewitter zu erflehen. Was folgt, verdient vollständig zitiert zu werden, handelt es sich doch um eine jung-nietzscheanische Variante des Frühexpressionismus ›avant la lettre‹, bei der man schwerlich umhin kann, das embryonale Stadium der Sprache des »Zarathustra« zu erkennen:

> Sieh! Da zuckst du, erster Blitz mitten hinein in das Herz, und daraus steigt's wie ein langer fahler Nebel aufwärts. Kennst du ihn, den düstern, tückischen? Schon blickt mein Auge heller, und meine Hand strecke ich nach ihm aus, um ihm zu fluchen. Und der Donner murrt; und eine Stimme erscholl: ›Sei gereinigt‹.
>
> Dumpfe Schwüle; mein Herz schwillt. Nichts regt sich. Da ein leiser Hauch, am Boden zittert das Gras – sei mir willkommen, Regen, lindernder, erlösender! Hier ists oede, leer, todt; pflanze du von neuem.
>
> Sieh: Ein zweiter Schlag! Grell und zweischneidig mitten ins Herz! Und eine Stimme scholl: ›Hoffe.‹
>
> Und ein weicher Duft zieht aus dem Boden, ein Wind flattert heran, und ihm folgt der Sturm, heulend und seine Beute haschend. Abgeknickte Blüthen jagt er vor sich her. Der Regen schwimmt lustig dem Sturm nach. Mitten durchs Herz. Sturm und Regen! Blitz und Donner! Mitten hindurch! Und eine Stimme scholl: ›Werde neu!‹[116]

Unschwer spürt man in diesen Sätzen das ungestüme Verlangen nach Veränderung. Unklar ist freilich, was da ›gereinigt‹ werden soll; unklar auch, was dieses atmosphärisch bis zum Zerreißen aufgeladene Verlangen so dringlich macht. Hier will sich einer neu erschaffen, zweckfern, wie es scheint, will nicht nur Denker sein, sondern ein von den Elementen Getroffener. Wer so das Andere, Ungewohnte, das über ihn Verhängte herbeiwünscht, gerät in die Nähe einer Liebe zum Schicksal, die ja für Nietzsches Denken nach »Menschliches Allzumenschliches« prägend werden wird.

Neben der attischen Tragödie mit ihren halb dämonischen, halb synästhetischen Aspekten und ihrem Modellcharakter für das »Kunstwerk der Zukunft« im Sinne der Programmatik Liszts und Wagners erweist sich für das Kunstverständnis des jungen Nietzsche vor dem offiziellen Beginn seiner philologischen Studien in Bonn und Leipzig seine Beschäftigung mit Platons Dialogen als maßgebend, die in ihrer sprachlichen Gemessenheit einen ausgleichenden Gegensatz zu den ersten Spracheruptionen Nietzsches bildeten. Besonders angetan hatten es ihm die Reden des Sokrates und Alcibiades im »Symposion«, freilich gerade *weil* sie Gegensätze im Denken und Sprechen bezeichnen.[117] Es ist wahrscheinlich, aber nicht genau nachzuweisen, daß Nietzsches Interesse an beiden platonischen Disputanten durch Hölderlins Gedicht angeregt worden ist:

Sokrates und Alcibiades

»Warum huldigest du, heiliger Sokrates,
Diesem Jünglinge stets? kennest du Größers nicht?
    Warum siehet mit Liebe,
        Wie auf Götter, dein Aug auf ihn?«

Wer das Tiefste gedacht, liebt das Lebendigste,
Hohe Jugend versteht, wer in die Welt geblickt,
    Und es neigen die Weisen
        Oft am Ende zu Schönem sich.[118]

Nietzsche nun ging es genau um dieses Hinneigen zum Schönen, und zwar aufgrund von intellektueller Reflexion. Für ihn galt bereits der Satz: »Alles, was die Seele nicht reflektieren kann, trifft sie nicht.«[119] Das ist eine ›moderne‹ Auffassung, die von einer intellektuellen Gestimmtheit ausgeht und ohne sie auch den ›reinen‹ Kunstgenuß kaum noch für möglich hält. Bei Platon lernte Nietzsche jedoch noch eine andere Kraft kennen, die den Menschen ins Schöne ›einstimmt‹: Den Eros. Nietzsche faßt die ›Lehre‹ des »Symposions« folgendermaßen zusammen: »Eros ist die auf die Hervorbringung des Guten gerichtete Liebe zum Schönen als Naturgesetz.«[120] Doch auch diese Bestimmung ist (subtil) reflektiert, vermittelt, eben nicht unmittelbar, schon gar nicht dem entsprechend, was als Ideal der Diotima zitiert wird: »urschön«.

Um nun das Nachdenken über das Gute und Schöne nicht zu übersteigern und weiter zu komplizieren, vermutet Nietzsche, habe Platon eine Gegenfigur zu Sokrates eingeführt, eben Alcibiades. »Plato stellt ihn trunken dar, um ihn freier sich über Dinge äußern zu lassen, die im ernsten, gemessenen Gespräch gemieden werden mußten«.[121] Nietzsche betont hier Platons »künstlerischen Griff« in seiner Gesprächsführung. Der Philosoph Platon rückt dadurch in die Nähe der großen Dramatiker. Sein Werk kreist um die Bestimmung, ja, Inszenierung des Eros als einer Urempfindung, die in Kunst, Wissenschaft und Philosophie aufgehe, ohne sich darin aufzulösen.

Mehr noch, Platons dramatische Dialoge, seine Inszenierung des Denkens wirken durch Entgegensetzungen. »Durch den Gegensatz des Sokrates und Alcibiades« nun, meint Nietzsche, komme »endlich jene dämonische Dop-

pelnatur des Eros selbst zur Anschauung, jenes Mitteninnen zwischen Göttlichem und Menschlichem, Geisti-
gem und Sinnlichem; wie auf der andern Seite durch das
Auftreten des Alcibiades der Dialog selbst jene wunderbare Färbung erhält, jenes Schwanken zwischen entge-
gengesetzten Farbentönungen, das bis in die einzelnen
Theile des Dialogs zu verfolgen ist und sich selbst auf die
Sprache erstreckt. Selbst schon die wundersame Vereinigung philosophischer Reden mit dem Genusse des
Weines erinnert hieran.«[122]

Unter diesen Umständen kann selbst das Denken zu
einem hedonistischen Erlebnis werden; und um anzuge-
ben, ›wo‹ dergleichen erfolgen kann, erfindet Nietzsche
sogar ein neues Wort: »Mitteninnen«, damit dürfte eine
verinnerlichte Mitte zwischen den Gegensätzen gemeint
sein; der Dialog selbst kann dabei »schwanken«, zwischen
allen nur möglichen Denkfärbungen und Sprachtönen,
ohne dabei aus den Fugen zu geraten; weiß er sich doch
im »Mitteninnen« verankert, im Eros, aber eben auch in
der Kunst Platons, der Meister des »kunstvollen Dramas«,
wie Nietzsche eigens vermerkt.

Damit hatte Nietzsche sein Vorbild benannt: Das ge-
nußreiche Denken, sinnliche Intellektualität, das Philosophieren als Kunstakt. Der Weg dorthin führte jedoch
zunächst einmal in das genaue Bedenken der Sprache, zu
einem Eros, der sich als Liebe zum Wort, zur ›philologia‹,
äußerte.

Geburt des Denkens aus dem Geist der Kunst: Bonn und Leipzig

Den Spätsommer und Frühherbst des Jahres 1864 empfand Nietzsche als Einschnitt in seinem Leben, den er jedoch bemüht war, sich selbst nur als einen Übergang darzustellen – vom Schülerdasein in Pforta zur studentischen Existenz weitab vom heimatlichen Naumburg in Bonn. Besieht man die schriftlichen Zeugnisse jenes Zeitabschnitts, dann fällt auf, wie sehr Nietzsche um das Dauerhafte in diesem Wechsel besorgt war. In der Arbeit konnte er es finden und in Freundschaften, etwa mit Paul Deussen, seinem Pfortaer Mitschüler, der zu seinem wichtigsten Kommilitonen in der Studienzeit werden sollte.

Wie aber kann aus einem Lebenseinschnitt ein Übergang werden? Nietzsche griff abermals zu einem bereits hinlänglich erprobten Mittel, zur autobiographischen Reflexion. Im Spätsommer 1864 verfaßt er wieder einen kleinen Text mit dem Titel »Mein Leben«; darin spricht er von seiner früheren »Sucht nach Universalwissen«, aber auch von »kindlichen Spielen«, die er mit »fast doktrinärem Eifer betrieben« habe. Er schreibt sich vor, fortan die »Neigung zu einem verflachenden Vielwissen zu bekämpfen«, um statt dessen seinen »Hang, das Einzelne auf seine tiefsten und weitesten Gründe zurückzuführen, noch zu fördern«.[1]

Nicht Spezialwissen ist damit gemeint, sondern vertieftes Wissen, ein Wissen von der Art, wie er es in seiner

»Lieblingsdichtung«, Platons »Symposion«, vermittelt fand.[2] Für den jungen Nietzsche war, wie gesehen, Platons Philosophie lebendiges Denken, lebende Reflexion, die in Dialogen sich entwickelte. Im »Symposion« konnte Nietzsche eine Feier des Eros erleben, einen Liebesakt als denkerisches Ereignis.

Vor allem aber waren es seine Studien zur Lyrik des vorsokratischen (adeligen) Lyrikers, Theognis, die – in Schulpforta begonnen und in Bonn fortgesetzt – ihm geistige Kontinuität sicherten. Was ihn an Theognis interessierte, beschrieb er mit folgenden Worten: »Es zog mich die Verwirrung der Bruchstücke an. Nicht das Ethische. Aber das Problematische der Fragmente.«[3] Das Formproblem beschäftigte ihn; aber nicht nur das. Zutreffend erkannte Nietzsche in Theognis einen Dichter, der sich »an die Grenze einer alten und neuen Zeit gestellt« sah, einen »verzerrten Januskopf, da ihm das Vergangene so schön und neidenswerth, das Kommende, an und für sich gleich Berechtigte widerlich und abstoßend« erschienen sei, und als einen »typischen Kopf für alle jene Adelsgestalten, die die Aristokratie vor einer Volksrevolution darstellen, die ihre Sonderrechte für immer bedroht und sie selbst mit gleicher Leidenschaft für die Existenz ihres Standes als für ihre eigne Existenz kämpfen und ringen läßt«.[4]

Zwar gibt Nietzsche vor, sich in der Hauptsache für die philologische Frage zu interessieren, welche der von Theognis überlieferten Distichen echt seien; aber es ist auch das Bizarre, Widerborstige, Zwiespältige dieses Dichters, der an einer Zeitenwende gestanden hatte, das den Bonner Studenten der Philologie anzog. Theognis

Dichtung stellte ihm die Frage: Wie sich verhalten, wenn sich die Werte umzuwerten beginnen? Soll man es sich dann herausnehmen, selbst unzeitgemäß zu werden und dem Zeitgeist widerstehen? »Unsere Stadt besteht noch, mein Kyrnos, doch sind die Bewohner / andere«, klagt Theognis in einer seiner fragmentarisch überlieferten Elegien und hält der Veränderung die Kraft der Liebe entgegen, die er jedoch auch zunehmend im Stadium des Verfalls sieht: »Sag mir nicht zärtliche Worte und denke in Wirklichkeit anders«.[5]

Als es nach seinem ersten (und letzten) Studienjahr in Bonn einen nächsten ›Übergang‹ zu bestehen galt, steht noch immer Theognis an der Schwelle zum Neuen. Nietzsche schrieb aus Naumburg im September 1865, er schaue »fleißig in die blaue reine Luft« und in seinen »höchst geistlosen Theognis«. Das bedeutet nicht, daß er die Dichtungen des Griechen nunmehr für abgeschmackt gehalten hätte; vielmehr mißfiel ihm jetzt die Art, in der er, Nietzsche, über den aristokratischen Elegiker geschrieben hatte. Der Humor gewann dabei jedoch zeitweise die Oberhand; so unterzeichnete er den Brief mit der Bemerkung »Theognis / antiker Kleinstädter außer / Diensten«.[6] Der Wille zur Verwandlung, zum Tragen bestimmter ›Masken‹ hatte erste, wenngleich noch scherzhaft gemeinte Formen angenommen.

Doch zunächst war Bonn sein Rhodos. Hier galt es, zu tanzen. Und das ist wörtlich zu verstehen: In Bonn studierte er das Leben und weniger theologische oder philologische Fragen. Nietzsche wurde Burschenschafter bei der Franconia, trug die weiß-rot-goldene Schärpe mit Stolz, brillierte auf dem Klavier, komponierte Lieder, führte den Spitznamen ›Ritter Gluck‹, hörte bei Heinrich von Sybel Vorlesungen über Politik, verstand sich mit Otto Jahn, dem bedeutenden Mozart-Biographen, von dem er sagte: »Er treibt, ähnlich wie ich, Philologie und Musik, ohne eins von beiden zur Nebensache zu machen.«[7] Kunstgeschichte hörte Nietzsche und etwas Kirchengeschichte, nicht selten, um dann im Kreise der Franconier zu parodieren, was er gehört hatte; er tafelte mit ihnen, sang viele »unsinnreiche Lieder«, entwarf bei Gelegenheit ein operettenhaftes Szenarium (»Die Frankonen im Himmel«) und besuchte regelmäßig die Gräber Robert Schumanns, August Wilhelm Schlegels und Ernst Moritz Arndts. Vor allem aber: Er wohnte nur wenige Häuser von Beethovens Geburtshaus entfernt, was bei der Wahl seiner Logis den Ausschlag gegeben haben dürfte.

In diesem ersten Jahr als freier Studiosus sah Nietzsche »Fidelio«, die »Hugenotten« von Giacomo Meyerbeer, den »Freischütz« und »Oberon« von Carl Maria von Weber, die ihm beide mißfielen (»die Höllenschluchtscene machte auf mich einen lächerlichen Eindruck«[8]) und Friedrich Hebbels »Nibelungen«. Wein und Gesang, etwas Dionysoshaftes schien im jungen Nietzsche erwacht, der alsbald in »studentischen Kreisen als musikalische Autorität« Respekt gewann, wie er im Februar 1865 Mutter und Schwester vermelden konnte.

Was ihm ›die Frau‹ bedeutete in jener Zeit, ist schwer zu beurteilen. Sie taucht in seinen Briefen, wenn überhaupt, als ›ästhetisches Wesen‹ auf, je unerreichbarer, je wertvoller. Die Schwester des Freundes, Marie Deussen, nannte er »ein sehr geistiges Mädchen«, das ihn denn auch prompt an seine Schwester Lisbeth erinnerte, die ihm Maß des Weiblichen bleiben sollte. Marie Deussen erhält einige seiner Lieder. Er sieht Clara Schumann konzertieren und die Schauspielerin, Marie Niemann-Seebach, Verkörperungen eines weiblichen Ideals, dessen völliger Verzerrung er fassungslos gegenüberstand, als er, wie sein Freund Deussen überliefert, in Köln im Februar 1865 zufällig in ein zwielichtiges Hotel geriet. Für Deussen stand fest: »mulierem nunquam attigit« – eine Frau hatte Nietzsche damals nie berührt.[9]

Das Verhältnis zum Weiblichen blieb für Nietzsche ein unlösbares Problem bis hin zu den späten Aufzeichnungen zum »Willen zur Macht«, in denen das Ideal der »intelligenten Liebe« zwischen Mann und Frau Kontur gewinnt.[10] In seiner überhöhten Form gehörte, wie noch zu zeigen sein wird, das Weibliche zu Nietzsches ›Kunst der Freundschaft‹. Die Welt der Huren in Köln oder Leipzig hatte dagegen eher mit dem zu tun, was er später die ›Häßlichkeit der Wahrheit‹ nennen sollte.[11]

Gerade dieser Befund aber, daß das Wahre dem Schönen und Guten entfremdet sein könne, Ausdruck von Nietzsches ersten Zweifeln am platonisch-sokratischen Denken, fällt in sein Bonner Jahr. In seinem großen Brief an die Schwester vom Juni 1865 fragte er: »Suchen wir denn bei unserem Forschen Ruhe, Friede, Glück? Nein, nur die Wahrheit, und wäre sie höchst abschreckend und häßlich.«[12] Noch stellte er nicht die Frage, wie die Häßlichkeit zu ertragen sei; das wird ein Hauptthema der »Geburt der Tragödie« werden und in der Behauptung gipfeln, daß nur die Kunst die häßliche Wahrheit [über das Leben] erträglich machen könne. Dem Sinne nach jedoch argumentiert bereits der Bonner Student, Friedrich Nietzsche, auf diese Weise, wenn er nach dieser Feststellung der Schwester seine Erlebnisse beim dritten niederrheinischen Musikfest zu Köln schildert, wo er bei der Aufführung des Händel-Oratoriums »Israel in Ägypten« mitwirkte. Was Nietzsche beschreibt, ist der schöne Schein, mit dem sich das ›Leben‹ für die Dauer dieses Festes umgibt. Ganz Köln eine Bohème. Befriedigt zitiert er die Worte, die ›eine Dame‹ an ihn gerichtet habe: »Es war eine rein künstlerische Existenz«. Aufschlußreich ist die Konsequenz, die Nietzsche aus der Erfahrung zog: »Man kehrt mit förmlicher Ironie zu seinen Büchern, zu Textcritik und anderem Zeug zurück.«[13] Mit Ironie, nicht mit dem Gefühl, etwas Erhebendes erlebt zu haben. Feste und studentische Bierseligkeiten wird er fortan meiden und zehn Jahre später die Bayreuther Festspiele auch deswegen angewidert verlassen, weil ihre Festzeltatmosphäre in ihm Erinnerungen an eine riesige Burschenschafterei wachgerufen haben dürfte.

Untersucht man die Aufzeichnungen Nietzsches während seiner beiden Bonner Semester, so fällt auf, daß ihnen nahezu jeder Bezug auf den eigentlichen Studienbetrieb fehlt, sieht man von seiner kleinen lateinischen Abhandlung über die »Simonidis lamentatio Danae« ab. Für unseren Themenzusammenhang wichtiger sind seine Notiz »Ein Sylvestertraum«, Bemerkungen zur politischen Lyrik sowie ein Notat zu Shakespeares »Macbeth«.

»Ich liebe die Sylvesternächte und die Geburtstage«, schreibt Nietzsche Ende 1864 aus Bonn an Mutter und Schwester nach Naumburg. »Denn sie geben uns Stunden [...], wo die Seele stille steht und einen Abschnitt der eignen Entwicklung übersehen kann. […] Man ist für ein paar Stunden erhaben über die Zeit und tritt fast aus der eignen Entwicklung heraus. Man sichert und verbrieft sich die Vergangenheit und bekommt Muth und Entschlossenheit, wieder weiter seinen Bahnen zu gehen.«[14] Etwas dramatischer inszeniert Nietzsche in der Schilderung seines Wachtraums diese Szene. Zunächst beschreibt er seine Stube in dieser Sylvesternacht, die er, ungewöhnlich für einen Burschen der Franconia, allein verbringt. Seine Stimmung wird bestimmt durch heißen Punsch und Schumanns »Manfred«, dessen Requiem-Teil er sich soeben vorgespielt hat. Wir erfahren jetzt, die Selbststilisierung erreicht ihren Höhepunkt, Genaueres über die Denk-Position des Studiosus (er schürt das Feuer und stützt daraufhin seinen »Kopf auf die linke Hand und die Sophaecke«). Dann erst bemerkt er einen – Sterbenden, der auf seinem Bett röchelt, nebst diversen Schatten. Bei dem Sterbenden handelt es sich um die Verkörperung des alten Jahres, bei den miteinander streitenden Schatten um dessen gute und schlechte Seiten. Die ›Schlichtung‹ des Streites geschieht durch einen klärenden ›Spruch‹ des sich auflösenden Jahres: »Ihr Thoren und Narren der Zeit, die nicht und nirgends ist außer in euren Köpfen!«[15] Die so zur intellektuellen Einbildung erklärte Zeit rächt sich freilich, indem sie ihr Instrument, die Uhr, in diesem Augenblick zwölf schlagen läßt und dem ganzen Spuk ein Ende bereitet. Wichtig an dieser Aufzeichnung ist zweierlei: Der unbedingte Selbstbezug des jungen Nietzsche und die Art, wie er Symbole agieren läßt, so bescheiden auch der intellektuelle Gehalt noch sein mochte. »Gedankenblässe und genialisches in sich Vernarrtsein« nannte er dies an anderer Stelle mit Bezug auf Karl Gutzkow.[16]

Er will sich erweitern, mehr geistige Substanz gewinnen. Die Notiz zu »Macbeth« (Mai/Juni 1865) zeigt, daß er dabei auf gutem Wege war. Was die Hexen zu Anfang im Ensemble verkünden: »Fair is foul, and foul is fair« (I,1 Vers 9), beließ Nietzsche in Schlegels Version: »Schön ist häßlich«. Damit verfügte er nicht nur über die Urform einer ›Ästhetik des Häßlichen‹, wie sie der Hegelianer Karl Rosenkranz vorgelegt hatte. Diese Formel konnte auch Anstoß für seine These gewesen sein, daß Wahrheit häßlich sei, die er, wie gesehen, zum ersten Mal im Monat seiner »Macbeth«-Notizen in einem Brief an die Schwester geäußert hatte.[17]

Samuel Taylor Coleridge hatte bemerkt, der Grund für den Auftritt der Hexen am Anfang des »Macbeth« sei darin zu suchen, daß sie gleichsam die Tonlage des ganzen Stückes angäben;[18] es fällt auf, daß der junge Nietzsche ähnlich argumentiert, wenn er, kunstfertig ›Motive‹ aufspürend, darauf hinweist, daß Macbeth bei seinem ersten Auftritt dieses Thema aufnimmt (I,3 Vers 37: »So foul and fair a day I have not seen«), wodurch Shakespeare einen »geistigen Rapport« zwischen ihm und den Hexen hergestellt habe. Nietzsches Verständnis für ›leitmotivische‹ Kunst war augenscheinlich im Wachsen begriffen!

Er kritisiert die ›Überladenheit‹ des Stückes, die Überzeichnung der Charaktere, die von Shakespeare kalkulierte Wirkung drastischer Stellen. Lessings »Laokoon« und Dramentheorie zu Hilfe nehmend, befindet er: Wenn nur (dramatische) Bewegungen, »die auf einen Endzweck ab-

zielen«, nach Lessing Handlungen genannt werden können, dann bliebe bei jedem Stück eine »Menge von
Bewegungen und Bewegungsreihen (ohne Endzweck)
»außerhalb des Begriffs ›Handlung‹« übrig.[19] Die unausgesprochene Frage lautet entsprechend: Sind es nicht gerade diese funktionslosen ›Bewegungen‹, die das eigentlich ›Poetische‹ eines Textes ergeben?

Wie es scheint, verfolgte Nietzsche diesen Gedanken
auch mit Blick auf politische Dichtung. Im Juni 1865 hielt
er in der Franconia einen Vortrag über die »politischen
Dichter Deutschlands«, von dem nur ein grobes Schema
überliefert ist.[20] In der Entwicklung der politischen Lyrik
seit den Befreiungskriegen gegen Napoleon benannte er
drei »Knotenpuncte«: Die Artikulation deutschen »Selbst-
gefühls« gegen das Fremde, den Ausdruck des »Volksthümlichen« gegen die »Bedrücker des Volksthümlichen«
sowie eine von »deutsch-liberalem« Denken geprägte
Lyrik gegen Absolutismus und Restauration. Es wäre
reizvoll zu wissen, ob und wie Nietzsche das spezifisch
›Poetische‹ in der solchermaßen funktionsbestimmten
politischen Lyrik zu bestimmen versucht hat.

Unhaltbar ist die These, daß Nietzsche zur damaligen
Zeit politisch »nur wenig interessiert« gewesen sei.[21] Er
selbst gab in einem Brief an Carl von Gersdorff zu verstehen, daß er gerade durch die Vorbereitung auf diesen
Vortrag über die politischen Dichter in Deutschland »viel
zu lernen« hoffte.[22] Wäre ihm das Politische gleichgültig
gewesen, dann hätte er sich wohl kaum Mitte Juni 1865
nach Köln begeben, um die Fünfzig-Jahrfeier der Vereinigung der Rheinlande mit Preußen zu beobachten.
Sein Bericht darüber[23] zeugt von reifem politischem Ur-

teil und seiner Aversion gegen Machtinszenierung und Massenspektakel. Wie ihm, dem protestantischen Pastorensohn, das erzkatholische Fronleichnamsfest mißfiel (»Prozession nach der Art der Kirschfestaufzüge«), so hatte er auch jetzt seine Zweifel an dieser politischen Festivität, obgleich er deren ästhetische Anziehungskraft recht genau einzuschätzen wußte:

Die Zeitungen sprechen von dem Jubel und der Begeisterung des Volks. Ich bin selbst in Köln gewesen und kann diesen Jubel beurtheilen. Ich war beinahe erstaunt über eine derartige Kälte der Massen. Ich begreife aber auch wirklich nicht, woher jetzt gerade der Enthusiasmus für König [Wilhelm I., d. Verf.] und Minister kommen soll. Trotzdem war die Feier äußerlich höchst imposant. Der Rhein und die Rheinbrücke, die unzähligen Hotels am Rhein, die Thürme und der mächtige Dom buntfarbig erleuchtet, fortwährendes betäubendes Schießen mit Kanonen und Flinten, unendliche Massen von Feuerwerk an allen Punkten zugleich angezündet – alles das, vom gegenüberliegenden Ufer aus gesehen, gab einen Eindruck, der an das Zauberische grenzte; man kann sich keinen schönern Operneffekt ersinnen. Der König fuhr auf einem Dampfschiff dazwischen auf und nieder, die kölnische Jugend machte Enthusiasmus, indem sie den Düppelmarsch[24] sang, und die Menge jauchzte beim Anblick so schöner Dinge – und der Monarch freute sich.

Ästhetizistische Politik – Nietzsche spürte die Faszination, die von ihr ausging, aber er konnte ironische Distanz wahren ebenso wie gegen das hohle Burschenschaftspathos, das den Kommers schon zur »Pflanzstätte deutscher Parlamente« erklärte, wie Nietzsche sarkastisch im selben Brief bemerkte. Doch er hatte einen Sinn für politische Symbole. Als die Franconia ihre Farben wechselte, von Weiß-Rot-Gold zu Schwarz-Rot-Gold, bekannte er sich nach anfänglichem Mißbehagen zur ›Schönheit‹ dieser demokratischen Farben.[25] Und wenn Nietzsche im Rückblick auf die Zeit in der Franconia deren Mangel an »politischer Urtheilsfähigkeit« beklagte,[26] dann spricht das eher dafür, daß er dieses Defizit angesichts seines eigenen wachen Interesses an politischen Fragen um so empfindlicher gespürt haben dürfte. Dann wäre seine anfängliche Skepsis gegenüber Schwarz-Rot-Gold als den neuen Farben der Franconia darin begründet gewesen, daß er seine studentische Verbindung dieser Farben womöglich gar nicht für würdig erachtet haben könnte.

Bonn war für Nietzsche vor allem deswegen wichtig gewesen, weil ihm in diesem Jahr klar wurde, daß er sich – gegen den Herzenswunsch der Mutter – für die Philologie und nicht für Theologie entscheiden müsse. Aus einer wohl noch in Bonn verfaßten Zusammenstellung autobiographischer Themen notierte er, wie selbst erstaunt über seinen Entschluß: »Nicht mehr componieren wollen. Ungeheuer«.[27] Entsprechend »unzufrieden« sei er über seine Aussichten; er befinde sich in einer »schwebenden Stimmung«. Carl von Gersdorff, der ihm Deussen als Freund in Leipzig ersetzen sollte, erfuhr zwar noch Anfang August, daß er gerade auch in Leipzig »Musik treiben« wolle und nicht nur Philologie. Im Grunde aber wußte Nietzsche, daß sein eigentlicher Mentor Friedrich Ritschl war, sofern strenge Philologie sein Ziel blieb und er dem Bonner Querelen nach Leipzig ausweichenden Professor folgen wollte. Was er sonst in Bonn akademisch gehört hatte, bei Jahn etwa oder Springer, seien eher »Genüsse« gewesen, meint er.[28] Mit einer an Hölderlin erinnernden Diktion sprach er davon, daß er leicht »fortgerissen« werden könne auf den fernen Bahnen seiner eigenen Natur. Mehr noch: Er hielt sich gar für »vielfach zerrissen«.[29]

Kaum hatte er Abstand vom Bonner Leben gewonnen, verspürte er das Bedürfnis, mit dem philiströsen scheingelehrten Studienbetrieb dort sprachkräftig abzurechnen. Auf die Bonner Verhältnisse zurückblickend, urteilte er: »Dieses Begeisterungslose, ernst Täppische, dies Gemeine, Alltägliche der Gesinnung, diese trockenste Nüchternheit, die sich am häßlichsten in der Trunkenheit offenbart, – Götter, wie froh bin ich, daß ich dieser schreienden Einöde, dieser hohlen Fülle, dieser greisenhaften Jugend entronnen bin!«[30]

In Bonn hatte Nietzsche die triste Gegenwelt zu dem erlebt, was er in der dionysischen, inspirierten Trunkenheit ein halbes Jahrzehnt später entdecken sollte: ein kulturformendes Prinzip. Der mokante Ton, in dem Nietzsche seine Beobachtungen mitteilte, nahm an Schärfe und Entschiedenheit geradezu sprunghaft zu. So ›philiströs‹ er – mit Börne – die »Masse« einschätzte, so grotesk verstiegen kam ihm der Wissenschaftsbetrieb und Dogmatismus der Zeit vor: »[...] unsre Naturforscher leiten uns mit Vorliebe von Affen ab und vernichten alles, was überthierisch ist als unlogisch. Und beim Zeus, lieber Affe als unlogisch. Sieh jede Richtung der Wissenschaft, der Kunst an, der Affe zeigt sich in unserer Zeit eclatant, aber wo bleibt der Gott? Nicht einmal weltschmerzlich darf man sein, wenn nicht Byron uns eine große Affenfratze schneiden soll, ja ich dürfte nicht einmal Deinen Brief in dieser schnöden Weise beantworten, wenn ich eben nicht Affe sein wollte oder etwas anderes sein könnte.«[31] Nur bei Kafka sollte dieser Gedanke noch konsequentere Formen annehmen, und zwar in seiner Erzählung »Ein Bericht für eine Akademie« (1917), in der ein Affe einem Wissenschaftsgremium davon Mitteilung macht, wie er die »Durchschnittsbildung eines Europäers« durch eine Selbsterziehungsanstrengung sondergleichen erreicht hat.

Vor Nietzsche jedoch lagen Leipzig und die Philologie als Weg zur Philosophie, die Entdeckung Schopenhauers, eine eindringliche Beschäftigung mit politischen Fragen und ein unvermuteter Zugang zur Kunst.

»Heute vor hundert Jahren wurde der Student Wolfgang Göthe immatrikulirt«, schrieb der Studiosus Nietzsche am Tag seiner Einschreibung ins dritte Semester aus Leipzig an seinen Berliner Freund Hermann Mushacke und fügte hinzu: »Wir haben die bescheidne Hoffnung, daß man nach wieder hundert Jahren auch unsrer Immatrikulation gedenkt.«[32] Diese Hoffnung Nietzsches sollte sich nicht erfüllen; im Leipzig des Jahres 1968 war Nietzsche offiziell tabu, wenngleich in Weimar zur selben Zeit Giorgio Colli und Mazzino Montinari an der kritischen Gesamtausgabe arbeiteten, deren erste Bände damals zu erscheinen begannen.[33]

Nietzsche erlebte nach seiner »Flucht« aus Bonn und einem kurzen Zwischenspiel in Berlin im Herbst 1865 diesen Ortswechsel als Neuanfang, zumindest in akademischer Hinsicht, da ihm schon bald eine besondere Förderung durch seinen gleichfalls nach Leipzig übersiedelten Professor, Friedrich Ritschl, zuteil wurde. Seine unmittelbare Lebenswelt nahm Nietzsche anfangs jedoch betont kritisch wahr: »Viele Menschen wohnen um mich herum und ich kann in ihre Wohnungen sehn. Lauter verdrießliche Gesichter! Und in den Gärten, die sich rechts und links von mir ausbreiten, ist alles gelb, mumienhaft, oede. Das ist nun meine Welt!«[34] Eine Welt, in der er sich jedoch dank zahlreicher Freunde rasch einlebte, auch wenn er alsbald über die »stupide Gefühllosigkeit« klagte, an der er in Folge seiner »philologischen Holzhackerei« zu leiden vorgab.[35] Er brauchte sie aber, die Philologie, als Mittel zur geistigen Selbstdisziplinierung, als Zugang zur Antike, aber auch zur Dichtung. In einem Brief an Gersdorff nannte er drei »seltne Erholungen« von seiner philologischen Fron: »mein Schopenhauer, Schumannsche Musik, endlich einsame Spaziergänge«.[36]

In seinem Rückblick auf seine beiden Leipziger Studienjahre (1865-1867) behauptete Nietzsche, daß er vor allem gelernt habe, *wie* man lehren solle. Die ›Form‹, die Methode der Wissensvermittlung zählte für ihn, die, könnte man sagen, Gestaltenlehre oder ›Ästhetik‹ des Wissens.[37] Als er seine philosophisch wichtigste ›Entdeckung‹ machte, Schopenhauers Hauptwerk »Die Welt als Wille und Vorstellung«, glaubte er ins Blickfeld des »vollen interessenlosen Sonnenauge der Kunst« geraten zu sein, das ihm wiederum zum Spiegel für seine eigene seelische und geistige Verfassung wurde.[38] Bestrebt herauszufinden, wo er stand und wohin seine geistige Entwicklung ihn führen sollte, blieb die kritische Selbstreflexion gerade auch in Leipzig Nietzsches wichtigstes Anliegen. Zu dieser Zeit dürfte er auch ein »Buch der Betrachtungen« angelegt haben, das jedoch als verloren gelten muß. Überliefert dagegen ist ein Gedanke, den Nietzsche in Leipzig zum ersten Mal gedacht hat. Es komme darauf an, sich eine »zweite Natur anzubilden«, schreibt er zu Anfang seines »Rückblicks«. Seine Analogie, mit der er diese Forderung begründet, antizipiert eine Erfahrung, die er während des Militärdienstes schon zwei Monate später (im Oktober 1867) machen sollte: »Man denke an den Fußsoldaten, der zuerst fürchtet das Gehen überhaupt zu verlernen, wenn er angeleitet wird mit Bewußtsein den Fuß zu heben und dabei seine Fehler im Auge zu behalten.« Gelänge es ihm aber, diese ›zweite Natur‹ sich ›anzubilden‹, dann könne er, so Nietzsche, freier als zuvor gehen.[39]

Seit den Tagen in Pforta ein Leser Kleists, entwickelte Nietzsche mit dieser Bemerkung einen zentralen Gedanken in dessen Essay »Über das Marionettentheater« gleichsam nebenbei weiter: In der Parabel vom Jüngling, der sich nach dem Bade beim Abtrocknen im Spiegel sieht, dabei an die Skulptur vom Dornauszieher im Pariser Louvre erinnert fühlt und diese graziöse Stellung vergeblich wiederholen will, illustriert Kleists Ich-Erzähler den Verlust der Grazie und der Unschuld durch das Bewußtsein. Nietzsche nun behauptet, ganz und gar unschopenhauerisch, daß der Mensch durch seine bewußt zu entwickelnde ›zweite Natur‹ diesen Verlust ausgleichen, eine andere Gangart erlernen und in ihrer beständigen Wiederholung eine Freiheitsqualität erfahren könne. Der Frage nach der ›zweiten Natur‹ werden wir noch in

»Menschliches, Allzumenschliches« begegnen, wo von der Moral als der »Selbstzertheilung des Menschen« und von seiner ›dividualen‹ Existenz die Rede sein wird.[40]

›Gespalten‹ fühlte er sich in Leipzig noch nicht, wohl aber hin und her gerissen zwischen Auffassungen und Disziplinen. Einerseits war er bemüht, Wissensgebiete in ihren Zusammenhängen, heute würde man sagen ›interdisziplinär‹ zu erfassen und zu behandeln. Andererseits wußte er um die Notwendigkeit klarer Abgrenzungen: »Die musikalische Aesthetik liegt im Argen: es fehlt ein Lessing, der ihre Grenzen gegenüber der Poesie absteckte. Nirgends fühlt man dies deutlicher als bei dem sonderbaren Dichtercomponisten, dessen jüngstes Werk hier vor uns liegt.«[41] So beginnt Nietzsche eine Fragment gebliebene Betrachtung über Richard Wagners Musikdrama »Die Walküre«, dessen Klavierauszug er damals studierte, auch wenn er sich in seinen eigenen Kompositionsversuchen, die er in Leipzig wiederaufnahm, keineswegs von diesem Eindruck beeinflussen ließ.

Was Nietzsche wenig später Kritisches über seinen Kommilitonen, Heinrich Romundt, schrieb, wieder ging es um die Frage des Unterscheidungsvermögens, traf damals trotz seiner um methodologische Strenge bemühten philologischen Arbeiten auch auf ihn selbst zu: »Seine [Romundts, d. Verf.] begabte Natur wies ihm nach keiner Seite hin ein bestimmtes zu erstrebendes Ziel an. Die Elemente eines Forschers, Dichters, Philosophen waren trostlos gemischt, so daß er sich in ewigem Ungenügen verzehrte.«[42] Wagner wurde für Nietzsche auch deswegen Thema, weil der ›Dichtercomponist‹ gerade eben durch seine spezifische Art der ›Mischung‹ der Künste und

Anschauungen Wirkung erzielte. Noch stand Nietzsche dieser Art ›Mischung‹ skeptisch gegenüber, obgleich oder weil sie in ihm selbst angelegt gewesen war.

Das ›Ungenügen‹, das er bei Freund Romundt ermittelt zu haben glaubte, betraf auch ihn. Im April 1867 konnte er genau angeben, was dieses ›Ungenügen‹ in ihm, Nietzsche, verursacht habe: Einen Mangel an wirklichem Stil. Je mehr sich Nietzsche geneigt fühlte, das ›Dasein‹ unter aesthetischen Gesichtspunkten zu betrachten,[43] je dringlicher mußte sich für ihn die Frage nach seinem eigenen Stil stellen; denn nur durch ihn konnte Nietzsche glaubhaft sein künstlerisches Wollen und philologisches Können verbinden, beides der Entwicklung seines philosophischen Denkens zuführen und auf diese Weise unverwechselbar werden.

Der Stil wurde zu Nietzsches wesentlichem Kunstelement, aber eben auch mehr und mehr zu einer existentiellen Frage, deren Dringlichkeit ihm schlagartig aufgegangen war: »Mir fallen die Schuppen von den Augen: ich lebte allzulange in einer stilistischen Unschuld«, ließ er Gersdorff Anfang April 1867 wissen.[44] »Vor allem müssen wieder einige munteren Geister in meinem Stile entfesselt werden, ich muß darauf wie auf einer Klaviatur spielen lernen, aber nicht nur eingelernte Stücke, sondern freie Phantasien, so frei wie möglich, aber doch immer logisch und schön.« Sein Freund Mushacke bekam wenig später ähnliche Gedanken zu hören.[45]

Die Sprache als Klaviatur – für den Studenten der klassischen Philologie, Friedrich Nietzsche, lag dieser Vergleich zwingend nahe; hatte er sich doch wiederholt mit dem Zusammenhang von Musik und Sprache beschäftigt und immer wieder deren Analogieverhältnis betont. Offenbar fürchtete er, daß die philologische »Fabrikarbeit im Dienste der Wissenschaft«, so Nietzsche in einer Notiz aus dieser Zeit, die Entwicklung seines eigenen Stils schon im Keim ersticken könnte.

Seine Arbeit am Stil begründete Nietzsche jedoch nicht nur mit einem (neu) erwachten Eigeninteresse; vielmehr kam es ihm zunehmend darauf an, philosophische Entwürfe oder Systeme auch von ihren ästhetisch-stilistischen Eigenheiten her zu beurteilen. In diesem Sinne ist seine Bemerkung zu Demokrit zu verstehen: »An und für sich liegt eine großartige Poesie in der Atomistik [Demokrits, d. Verf.]. Ein ewiger Regen von diversen Körperchen, die in mannichfal[tiger] Bewegung fallen und im Fallen sich einschlingen, so daß ein Wirbel entsteht.«[46]

Der angehende Philologe Nietzsche argumentierte erneut dezidiert ästhetisch, als er zu begründen versuchte, weshalb die Vermutung in Fachkreisen verfehlt sei, bei dem sogenannten »Danaelied« des Simonides, überliefert von Dionysius von Halicarnass, handele es sich um ein Fragment. Die abschließende Klage der Danae, so Nietzsche, sei wie eine Kadenz, die »resignirte Ergebung« ausdrücke und die Klage gleichsam erschöpfe. Mehr brauche, mehr könne nicht gesagt werden.[47]

Deutlicher noch sein Wort zum Stil in philosophischen Schriften: »Es kommt bei der Beurtheilung der Stilfrage darauf an, was man von dem Philosophen verlangt […] Im Gegensatz zu Kant ist Schiller der Dichter, im Gegensatz zu Göthe ist er der Philosoph.«[48]

Wie aber entwickelte sich Nietzsches Stil in jener Phase? Am ehesten zeigen dies seine Briefe, die an rheto-

rischem Schwung gewinnen, vor allem aber an Meta-
phern-Vielfalt. Auch in seinen akademischen Arbeiten
zeigt sich die Bereitschaft ihres Verfassers, bildlicher zu
argumentieren. Das läßt sich beispielsweise an seiner
quellenkritischen Studie über Diogenes Laertius zeigen.
Diese neben seinen vorgesetzten Theognis-Studien und
seinen Überlegungen zu Homer und Hesiod wichtigste
Frucht seiner Leipziger Jahre läßt stellenweise erkennen,
daß Nietzsche den Mut gefaßt hatte, selbst streng philologische Untersuchungen sprachlich reizvoller zu gestalten. Zwei Stellen mögen das belegen. In den Vorarbeiten
zu »Laertius« schrieb Nietzsche: »L. D. ist Dichter. Aber
L. D. ist kein Prophet in der Wüste. Seine Geschichte der
Phil[osophie] ist ein Zugvogel aus einer großen Schaar,
aber er fliegt ziemlich zuletzt und hat den Vortheil, seinen
Vordermännern folgen zu können.« Und an anderer
Stelle: »Fast über jeden Philosophen ist schmutziges Wasser gegossen: wie manche Augen den Schnee nicht ver-
tragen und graue Brillen tragen müssen.«[49] Den Zug-
vogel-Vergleich übernahm Nietzsche schließlich wörtlich
in die deutsche (nicht in die lateinische!) Fassung seiner
Studie, nicht dagegen die Schlußbemerkung. Die ornitho-
logische Analogie will das Epigonentum des Laertius
treffen. Die zweite Bemerkung zielt jedoch auch auf die
philologische Zunft, die durch ihre kritische Methode
den Blick auf das »Schneereine« der philosophischen
Gedanken trüben. Obgleich der rhetorisch zwingendere
Vergleich, verzichtete Nietzsche darauf, ihn in der Druckfassung zu gebrauchen, das freilich wohl kaum aus
sprachästhetischen als vielmehr aus taktischen Gründen.
Schließlich wollte er sich mit der Laertius-Schrift den

Fachkreisen empfehlen, was ihm auch gelang.[50] Später würde er solche Rücksichten nicht mehr kennen. Bleiben sollte seinen Schriften der Vorrang ästhetischer Urteile vor philologisch-kritischen.

In der Leipziger Studienzeit (einschließlich des Militärdienstes, den er mitten im Studium zu absolvieren hatte, bedingt durch einen schweren Reitunfall jedoch in verkürzter Form) entwickelten sich kulturphilosophische Ansätze aus dem Geist der Philologie, die maßgebend für seine denkerische Entwicklung wurden. Das ›ästhetische Urteil‹ gewann in jener Zeit die Oberhand über rein logische Schlüsse. Das Motiv des Pessimismus drängte sich ihm auf, verstärkt noch durch die Aufforderung seines Freundes Gersdorff, eine Studie über den »Pessimismus im Altertum« zu schreiben.[51] Dann war es die Auseinandersetzung mit dem Materialismus und seiner Geschichte anhand der Studie von Friedrich Albert Lange, die Nietzsche seit Sommer 1866 befaßte und die wohl die größte Anfechtung seines mehr und mehr auf ästhetische Fragen ausgerichteten Denkens dargestellt haben dürfte. Da war das Studium von Kants Ästhetik um den Jahreswechsel 1867/68, nicht zu vergessen die Fülle der Kunsteindrücke, die von Offenbachs »La Belle Hélène« bis zu Rossinis »Tell«, von der »Zauberflöte« Mozarts bis zur »Johannes-Passion« Bachs reichten, von der angeblich hinreißenden Marie Niemann-Seebach als Gretchen, Julia und Maria Stuart bis zu Hans von Bülows Tondichtung »Nirwana« und Auftritten des Abbate Liszt. Man bot dem jungen Nietzsche eine Stelle als Kritiker an, denn man schätzte sein ästhetisches Urteil. Seine feuilletonistisch-essayistischen Vorlieben in Ehren – aber konnte es Verdächtigeres geben für diesen Kometen am ansonsten eher trüben Philologenhimmel? Nietzsche lehnte dieses Angebot ab. Aber er komponierte weiter. Lieder vor allem. Und ein »Kyrie« zum Geburtstag der Mutter (im Februar 1866). Biographen haben ihn deswegen der Heuchelei geziehen: Wie konnte er ein »Kyrie« komponieren, nachdem er mit dem Christentum innerlich längst gebrochen hatte? Handelte es sich dabei nur um ein raffiniertes Täuschungsmanöver, das die Mutter in Sicherheit wiegen sollte?[52]

Das einzige, was dieses nur fragmentarisch überlieferte »Kyrie« wirklich beweist, ist Nietzsches Interesse an der Form um der Form willen. Es war ästhetische Experimentierlust, nichts weiter, die ihn trieb. Einmal Elegien, dann Epigramme, dann Entwürfe zu Vertonungen von Byrons »Hebräischen Liedern« – warum also kein Kyrie?

Als er sich zum Beispiel, angeregt von Langes Studien zu Geschichte des Materialismus, vornahm, eine Arbeit über Demokrit zu verfassen, blieb sie auf der Strecke, weil er »die schöne Form nicht finden konnte«, nach der er für diese Analyse gesucht hatte.[53] Bei allem, was er zur damaligen Zeit unternahm, betonte er freilich den inneren Zusammenhang seiner Bestrebungen: Seine Studien sah er »mit festgewebten Fäden unter einander zusammenhängen«. Er begründete das folgendermaßen: Bei jeder einzelnen Untersuchung stelle er »die Perspektive so weit als möglich auf«.[54] Die Gesamtsicht auf die Dinge des Lebens und der Wissenschaft wurde ihm in dieser Zeit wichtig. Bei Schopenhauer erkannte er eine solche umfassende Perspektive, nicht anders bei Lange, aber auch bei Bismarck. »Politik ist jetzt das Organ des Gesamtdenkens«, heißt es in einem Brief an Gersdorff im Februar 1868.[55]

Vom Pessimismus zum Materialismus und zur Realpolitik, überall glaubte Nietzsche zu erkennen, daß nur dort Wegweisendes gedacht wird oder geschehen könne, wo die Hinwendung zu Einzelphänomenen und Spezialproblemen aufgehoben wird in einer umfassenden Betrachtung der Verhältnisse. In der Politik betonte er nach anfänglicher Begeisterung für die preußisch-nationale Sache im Jahre 1866 die zunehmend detachierte Zuschauerrolle: in Bismarck sah er einen genialen Spieler, in seiner Politik gegenüber Österreich das »Schauspiel einer großen Haupt- und Staatsaktion«, unmoralisch zwar, »aber für den Beschauer ziemlich schön und erbaulich«.[56]

Doch das eigentliche ›Gesamterlebnis‹ Nietzsches in Leipzig hieß: Richard Wagner. Wie gesehen, hatte er sich 1866 eingehender mit dem Klavierauszug der »Walküre« auseinandergesetzt und »gemischte Empfindungen« darüber vermeldet mit dem für ihn seltenen Zusatz: »so daß ich kein Urtheil auszusprechen wage.«[57] Vorbehalte seitens Nietzsches gab es auch noch im Herbst 1868, kurz bevor es zur unverhofften Einladung kam, Wagner bei einer Soirée im Hause von dessen Schwester, Ottilie Brockhaus-Wagner, persönlich kennenzulernen – auf Empfehlung der mit Wagners Schwester befreundeten Sophie Ritschl übrigens. Als er sich mit den Aufsätzen Otto Jahns über Wagner beschäftigte, teilte Nietzsche noch dessen Meinung, daß Wagner der »Repräsentant eines modernen, alle Kunstinteressen in sich aufsaugenden und verdauenden Dilettantismus« bedeute, ein Vorwurf, den er zwanzig Jahre später in vielfach verschärfter Form wiederholen sollte. Dennoch beginnt Nietzsche das Unerhörte in Wagners Kunst wahrzunehmen und über alle Kritik zu stellen, dessen »unverwüstliche Energie«, gepaart mit »vielseitigen künstlerischen Talenten«. Mehr noch: Wagner habe eine »Gefühlssphäre«, die Kritikern mit »verklebten Ohren« wie Jahn verborgen bleiben müsse. Dann die vielzitierte Formel: »Mir behagt an Wagner, was mir an Schopenhauer behagt, die ethische Luft, der faustische Duft, Kreuz, Tod und Gruft etc.«[58]

Was hatte es auf sich mit diesem im wahrsten Sinne des Wortes ›ästhetischen Urteil‹? Da wäre zunächst der Grundwiderspruch zwischen ›ethischer Luft‹ und ›faustischem Duft‹, den Nietzsche im Reim scheinbar auflöst, der Widerspruch zwischen Sollen und unbändigem Wollen, der sich in Nietzsches Reihung auf Morbides zubewegt. Zum anderen betont Nietzsche das ›Behagen‹ daran; später wird er genauer definieren können, was es mit diesem ›Behagen‹ auf sich hat: Es ist das Gefallen am »Pessimismus der Stärke«. Das Wort ›ethisch‹ hat jedoch bei Nietzsche zur damaligen Zeit noch einen anderen Sinn, der sich nur bedingt von Kant (und Schopenhauers Kant-Kritik) ableiten läßt. Als ihn im Frühjahr 1867 Stil-Nöte plagten und er seiner Theognisstudie ein »etwas künstlerisches Kleid« geben wollte, behauptete er seinem Freund Deussen gegenüber, daß »jede größere Arbeit einen ethischen Einfluß« habe. »Das Bemühen, einen Stoff zu concentriren und harmonisch zu gestalten, ist ein Stein, der in unser Seelenleben fällt: aus dem engen Kreise werden viele weitere.«[59] Das meinte offenbar, daß die ›ethische Luft‹ bei der Arbeit von ästhetischen Erfordernissen herrührte: Der Kunst-Wille zwingt zu einem bestimmten Arbeitsverhalten. Bedenkt man, daß Schopenhauer im Kunstwerk ein Mittel gesehen hat, das die Erkenntnis erleichtere,[60] dann läge es nahe anzunehmen, daß diese ›ethische Luft‹ die Atmosphäre des Wahrnehmen-Sollens durch die Kunst meint.

Knapp zwei Wochen vor seiner ersten Begegnung mit Wagner hörte er in den Leipziger Winterkonzerten die Vorspiele zu »Tristan« und zu den »Meistersingern«. An Rohde schrieb er darüber: »Ich bringe es nicht übers Herz, mich dieser Musik gegenüber kritisch kühl zu verhalten; jede Faser, jeder Nerv zuckt an mir, und ich habe lange nicht ein solches andauerndes Gefühl der Entrücktheit gehabt als bei letztgenannter Ouvertüre.«[61] In Anbetracht dieser Musik schienen seine kritischen Maßstäbe zu schwinden und seine Übungen in geistiger Selbstdisziplinierung hinfällig zu werden. Was er sich selbst als ›ethische‹ Arbeitsmethode vorgeschrieben hatte, setzte das Erlebnis dieser Musik außer Kraft: »Meine Methode ist: für eine einzelne Tatsache zu erkalten, sobald der weitere Horizont sich zeigt … Das Ergebnis einer Forschung erregt unseren Verstand, aber unser Wesenskern bleibt kalt.«[62] Auf Wagners Musik reagiert Nietzsche genau umgekehrt: An der ›einzelnen Tatsache‹ eines Vorspiels fängt er Feuer bis in seinen ›Wesenskern‹ hinein, so sehr er auch bemüht bleibt, für diese Musik klare, nüchterne ›Begriffe‹ zu finden.

Was folgt, Nietzsches Bericht über seine Vorbereitungen zur Soirée und die eigentliche Begegnung mit Wagner am Abend des 8. November 1868, liest sich freilich wie das Exposé zu einer Bürgerposse à la Carl Sternheim:

Wie Nietzsche den Schneidergesellen nicht bezahlen kann, der ihm sein neues Gewand zur Feier des Tages bringt, und mit diesem »im Hemde« vor dem Spiegel kämpft, wie Wagner im Salon herumkaspert, dann aber doch zur Sache kommt, aus den »Meistersingern« vorspielt und sich mit seinem jungen Verehrer über Schopenhauer unterhält, alles das zeugt von Nietzsches Sinn für Ironie und Burleskes. Bei allem Ernst, aller Tiefe: Nietzsche vermochte über sich selbst zu lachen, gallenbitter zuletzt, als er sich zum Hanswurst Gottes erklärte. Für absurde Situationen entwickelte Nietzsche fortan einen besonderen Sinn.[63]

Aus der Zeit seiner ersten Begegnung mit Wagner ist eine Aufzeichnung überliefert, die Nietzsche mit der Bemerkung »Aesthetische Grundanschauungen« überschrieben hat. Sie gibt sein damaliges Verständnis von Kunst in geraffter Form recht genau wieder:

Der Rationalismus sagt: die Kunstempfindung ist getäuscht werden und *bewusst* sich täuschen lassen. In diesem Schwebezustand liegt die Freude an der Kunst. Der Philosoph sagt: das Wesen aller Kunst liegt im Unbewußten: am deutlichsten redet die Musik. Alle andern Künste sind nur in so weit Künste, als sie ein mit der Musik gemeinsames Grundelement haben ZB. Rhythmus.

Der Künstler steht dem zu producierenden Kunstwerk kaum anders gegenüber als der Zuschauer dem producierten.

Die Dichtkunst ist nur Kunst, insoweit sie musikalische Elemente enthält. Das Melos ist die gesteigerte, verzauberte Empfindung, in der alles neu und schön aussieht. Viel mächtiger als das Wort, das dürftige Zeichen, ist dazu der Schlag des rhythmischen Pulses.

Die Kunst ist die Spiegelung einer anderen, unter den Dingen latirenden Welt im erhöhten Empfindungstraume.

In der Welt des Unbewußten giebt es keine Absicht: das künstlerische Schaffen ist eine Instinkthandlung.

Farbe Linie Anordnung – Harmonie Melodie Rhythmik.

Die Malerei und Plastik verlangt, daß wir an eine verzauberte Welt glauben, daß uns die Sterne lebendig werden und aus der Leinwand Leben entgegentritt: das geschieht durch die Macht der Melodie und der Rhythmik bei der Plastik, durch Melodie Harmonie und Rhythmus bei der Malerei.[64]

So deutlich diese Sätze auch die Lektüre Schopenhauers erkennen lassen, enthalten sie doch Gedanken, welche die Einheit der Künste im Geiste der Musik fordern. Nietzsche sah im Rhythmischen den eigentlichen gemeinsamen Nenner der Künste, wobei er sich von Schopenhauer absetzt, der behauptet hatte: »Die Worte sind und bleiben für die Musik eine fremde Zugabe von untergeordnetem Werte, da die Wirkung der Töne ungleich mächtiger, unfehlbarer, schneller ist als die der Worte.«[65] Dem hält Nietzsche entgegen, daß ›wahre‹ Kunst sich um Rhythmus, im Falle der Dichtung um ›Melos‹ zu bemühen habe, auch wenn er vom Wort als »dürftigem Zeichen« spricht. Er geht vom organischen Rhythmus aus, vom Puls, der in allen Kunstformen spürbar bleiben müsse. Man könnte ihn das Metrum der Entwicklung nennen, aber auch das Metrum innerhalb jenes ›Schwe-

bezustands‹ zwischen Täuschen und willentlichem Ge-
täuscht-Werden-Wollen. Zu dieser Zeit ergab sich für
Nietzsche noch ungetrübte ›Freude‹ aus diesem rhyth-
misch geprägten ›Dazwischen‹. Was er an Abgründen
wahrnahm, konnte er noch mühelos ›ästhetisieren‹. Die
Kunst als Spiegelung der Welt unter oder hinter den
Dingen oder Erscheinungen, mit dieser Rollenzuweisung
setzte sich Nietzsche gleichfalls von Schopenhauer ab,
der in der idealen Kunst, der Musik, keine Spiegelung
von etwas Verborgenem sah, sondern das unmittelbare
Abbild des Willens. Den eigentlichen Kunstakt ordnete
Nietzsche in dieser Aufzeichnung dem Unbewußten,
dem Bereich der Instinkthandlungen zu, und das, obgleich er die Bedeutung der künstlerischen Ausdrucks-
mittel zumindest andeutungsweise reflektierte und eben
nicht instinktiv behandelte. Darin zeichnete sich bereits
die Eigentümlichkeit seines künftigen Philosophierens
ab: Je intensiver sein Reflektieren und dessen sprach-
künstlerisches Vermitteln, je bemühter wurde er, beides
als »denkerische Instinkthandlung« auszugeben, ein Paradox, das in der philosophischen Dichtung »Also sprach
Zarathustra« gipfeln wird.

Doch zunächst kam die Berufung des fünfundzwan-
zigjährigen Philologen Friedrich Nietzsche nach Basel.
Damit hatte er nicht nur die Aussicht auf eine akademische Wirkungsstätte und ein Forum für öffentliche Auf-
tritte; Basel bedeutete zudem die Nähe zu Luzern, zu
Tribschen, zu Wagner.

Tribschen als künstlerische Lebensform
oder
Wie Sokrates in Basel Musik trieb

Nietzsches Denken über Kunst und seine Kunst des Denkens hatte nicht nur eine spezifische Entwicklung. Die Dynamik dieses Denkens legt es nahe, ihm eine regelrechte ›Bio-Graphie‹ zuzubilligen, das Nachzeichnen seiner schieren Lebendigkeit. Denn dieses Denken wollte zum Leben vordringen und es im Namen der Kunst durchdringen. Es ist das Denken der Selbstbefreiung eines artistisch veranlagten Philologen.

Die Biographie dieses Denkens ist daneben auch eine Geschichte von Ortswechseln. Ortsveränderungen gehörten zunehmend zu Nietzsches Lebens- und Arbeitsrhythmus; auf die Suche nach dem richtigen Arbeitsort und gemäßen klimatischen Verhältnissen verwandte er ungewöhnlich viel Zeit. Von Ortsveränderungen sollte er sich schon bald nicht nur neue denkerische Anregungen erhoffen, sondern Linderung seiner krankheitsbedingten Leiden. Es wurde dabei zur Gewohnheit dieses myopisch auf eigenwillige Weise scharf sehenden Beobachters, seine jeweilige Umgebung mit wenigen Worten schlaglichtartig zu charakterisieren. Wenn er zum Beispiel in einem seiner ersten Briefe von seiner neuen Wirkungsstätte vom »aristokratischen Pfahlbürgerthum« Basels spricht und hinzufügt: »Vom Republikanismus kann einer hier geheilt werden«,[1] dann kann man sich unschwer vorstellen, daß er in Basel eine Gemeinschaft von Bildungsphilistern mit Patriziergehabe vor Augen hatte, die ihm das Leben sauer machten, wären da nicht der »geistvolle Sonderling«, der Kulturhistoriker Jacob Burckhardt, und der freigeistige Vertreter einer ›kritischen Theologie‹, Franz Overbeck, gewesen,[2] zu schweigen von der Fluchtmöglichkeit ins wagnersche ›Idyll‹ von Tribschen.

Den Weg nach Basel nahm Nietzsche über Bonn, Mainz, Wiesbaden, Heidelberg und Karlsruhe. In Bonn noch nostalgisch gestimmt, suchte er »alte Erinnerungsstätten« auf; Heidelberg und Karlsruhe standen dann bereits im Zeichen des Künftigen. Mit Blick auf die »berühmte Schloßruine in blühender Umgebung« schrieb er in Heidelberg an seiner Antrittsvorlesung über »Homer und die klassische Philologie«; und in Karlsruhe besuchte er eine Aufführung der »Meistersinger«.[3]

Die Skizzen und Vorarbeiten zu Nietzsches Antrittsvorlesung, die er am 28. Mai 1869 in Basel hielt, zeigen seine intensive Bemühung, Wissenschaft und Kunst produktiv zueinander in Beziehung zu setzen. »Alle großen Fortschritte in der Philologie«, schrieb er an einer Stelle, »beruhn auf einem schöpferischen Blick«.[4] Entsprechend umfassend sah er die Rolle des Philologen: Er solle strenge Wissenschaft betreiben und »zugleich Künstler sein«; überdies müsse er über die Fähigkeit verfügen, begeistern zu können. In diesem Zusammenhang entwickelte Nietzsche denn auch den Kerngedanken des ersten Teils seiner Vorlesung: »Die Wissenschaft hat das mit der Kunst gemein, daß ihr das Alltäglichste völlig neu und anziehend erscheint: das Leben ist werth gelebt zu werden, sagt die Kunst; die Welt ist werth, erkannt zu werden.«[5] Im Text der eigentlichen Antrittsvorlesung findet sich der be-

zeichnende Satz, die Kunst, sie sei die »schönste Verführerin«.[6] Doch die Entwürfe zur Vorlesung über die
Persönlichkeit Homers gehen an einer Stelle über die
Endfassung hinaus und offenbaren dort die dem Vortrag
zugrunde liegende Intention. Nietzsche fragt (sich): »Wo
liegt also das Individuelle? Allein in dem absolut Schönen.«[7] Das meint, im von allen Entstehungsbedingungen
befreiten Kunst-Schönen erkennen wir das Genuine,
Eigentliche. In den Entwürfen zur »Geburt der Tragödie«
verwarf Nietzsche dann freilich den Gedanken, daß das
›absolut Schöne‹ in den sich selbst absolut setzenden
Künsten zum Vorschein komme; vielmehr wird er dann
quasi schon in Wagners Auftrag fordern, daß die »Künste
[wieder] als Kunst zusammen zu pflegen« seien.[8]

Wo bei dieser neu anzustrebenden Vereinigung der
Künste die ›Kunst des Wissens‹, die Wissenschaft, sprich:
das ›schaffende‹, schöpferische Wissen bleiben sollte, war
eine Frage, die Nietzsche fortan bedrängte. Kunst und
Wissenschaft sah er am wirkungsvollsten in der ›Kultur‹
verbunden. Darin ist der Grund zu suchen, weshalb sich
Nietzsches Denken zunehmend kulturphilosophisch entwickelte. Auch in diesem Sinne ›inaugurierte‹ seine erste
Basler Vorlesung ein Projekt: der Kultur einen Platz im
homerischen Sonnenlicht zu verschaffen.[9]

Nietzsche suchte zunehmend noch nach etwas anderem, nach der Einheit von Lebens- und Schaffenshori-
zont, nach der Möglichkeit, Wissen und Leben wechsel-
seitig aufeinander zu beziehen oder durch die Kunst zu
vermitteln. In Tribschen zum Beispiel. »Vor dem Hause
stand ich lange still und hörte einen immer wiederholten
schmerzlichen Akkord.«[10] So begann Nietzsches erster

Besuch bei Richard Wagner und Cosima von Bülow im ›Idyll‹ bei Luzern. Weshalb aber ein ›schmerzlicher Akkord‹? War es der ›Tristan‹-Akkord, ein Ausdruck von Melancholie trotz des Vorgefühls von hohem Glück, eine Vorahnung dessen, was er zwei Jahre später so ausdrücken wird: »Und zitternd stammle ich hier Lied auf Lied,/ Und zucke auf in rhythmischem Gestalten«[11]? War es von Anbeginn für ihn auch ›schmerzlich‹ zu spüren, daß er auf Tribschen immer nur Gast sein und nie wirklich dazugehören würde?

Wie man diesen eigenartigen Auftakt auch bewerten mag, zunächst herrschte ungetrübte Freude auf beiden Seiten. An der Entwicklung dieser Beziehung fällt auf,[12] daß Nietzsche bei aller Ehrerbietung und sogleich einsetzender Vergötterung des Meisters eher ungezwungen mit ihm und seiner »verehrungswürdigsten« Gefährtin verkehrte. Was Nietzsche auf Tribschen am Vierwaldstätter See und am Fuße des Pilatus freilich in erster Linie sah, war gelebte Kunst oder Kunst als ausschließliche Lebensform. Die Welt unter dem Blickwinkel der Kunst betrachten, nirgends sonst hatte Nietzsche diese Maxime ausschließlicher umgesetzt, eben ›gelebt‹ gesehen als auf Tribschen. Diesen Ort des »größten Genius und größten Menschen dieser Zeit«, so Nietzsche an Freund Deussen im August 1869, durfte er sein »Italien« nennen, seine erste Ahnung des Südens.[13] Dort las man seine Antrittsvorlesung »zwischen Goethe, Schiller und Beethoven«, wie Cosima nach Basel vermeldete; dort lebten, wie Nietzsche meinte, Schopenhauer, Aeschylos und Pindar in einer Person. Tribschen, das war laut Cosima »ein Durcheinander von Genie-Schaffen, Kinder-Gewirr«, singenden Mähern, die das Heuen besorgten, das war der Ort des organisch wachsenden Kunstwerks Wagners, von der Tochter Liszts ihrem Basler Professor-Freund Nietzsche gegenüber als das »wiedergewonnene Paradies« bezeichnet.[14]

Auf Tribschen treibt dieses Triumvirat der Kunst ›Urphilologie‹, liest an Weihnachten »Don Quixote«, den »erhabenen Unsinnigen«, wie Cosima scherzt, an den die heiter-sinnige Gesellschaft sich beim Gedanken an die letzten Worte des Sokrates in burleskem Geistesübermut erinnert fühlt. Sokrates als Verwandter Don Quixotes, hatte dieser Gedanke Cosimas[15] etwa bei jener Sokrates-Kritik Pate gestanden, die sich in Nietzsche sprunghaft verstärken und in der These gipfeln sollte, daß dieser sprichwörtliche Weise in Wahrheit der Verderber des Ursprünglichen in der [dionysischen] Kultur gewesen sei?

Auch wenn man sich nicht in allem verstand, Wagner fand keinen Gefallen an Nietzsches Diät, und Nietzsche sah nicht, weshalb ihn Tribschen in Gestalt Cosimas vor einem freiwilligen Einsatz im deutsch-französischen Krieg abhalten wollte. Aber im Grunde verlief die erste Phase der Freundschaft ungetrübt und ungemein produktiv. Freund Gersdorff, dem Nietzsche, wie man sich erinnert, nicht nur den Wagner mißfallenden Vegetarismus, sondern auch den an Schopenhauer orientierten Vorschlag zu verdanken hatte, über den Pessimismus bei den Griechen zu arbeiten, erfährt im August 1869, um nur eine der zahlreichen Hymnen Nietzsches auf den Meister zu zitieren: »In Wagner herrscht eine so unbedingte Idealität, eine solche tiefe und rührende Menschlichkeit, ein solcher erhabner Lebensernst, daß ich mich in seiner Nähe wie in der Nähe des Göttlichen fühle.«[16] Wagner inspirierte ihn zu Höhenflügen, auf die er im Prinzip jedenfalls vorbereitet war, auch wenn ihn deren Waghalsigkeiten wohl erst nach den vernichtenden Kritiken bewußt geworden sein dürfte, die sein erstes Buch »Die Geburt der Tragödie« erhalten sollte. Doch es war auch Wagner, der Nietzsche zumindest zeitweise dazu brachte, sein geistiges Niveau bedenklich zu unterschreiten, dann etwa, als er in seinem an den Meister gerichteten Geburtstagsbrief vom 22. Mai 1869, den rabiat rassistischen Ansichten des Sechsundfünfzigjährigen das Wort redend, dem »vordringlichen Judenthum« den »germanischen Lebensernst« gegenüberstellte. Das war geistiger Hochverrat an Nietzsches jüdischen Förderern, allen voran an der Frau seines Leipziger Professors Ritschl. Es spricht aber für Nietzsche, daß er schon bald seinen Irrtum in dieser Frage einsah; denn man geht wohl nicht fehl, *einen* mitentscheidenden Grund für die spätere Entzweiung der Freunde im Antisemitismus Wagners und der Wagnerianer zu sehen.

Man muß jedoch präzisieren: Wagners Einfluß auf Nietzsche betraf in erster Linie dessen Verhältnis zu Fragen der Kunst. Es war dagegen der Einfluß Jacob Burckhardts, der Nietzsche dazu brachte, Kunstfragen ihrer »Kulturbedeutung« nach zu erörtern, wie er in seinen Überlegungen zur ›dionysischen Weltanschauung‹ ausdrücklich hervorheben sollte.[17] Und neben Wagner und Burckhardt vermochte vor allem Nietzsches Freundschaft mit Overbeck einem seiner leidenschaftlichen Interessen zu entsprechen, das ihn, den Pastorensohn, von seiner ersten gegen David Strauss gerichteten ersten »Unzeitgemäßen Betrachtung« bis zu seiner Streitschrift »Der Antichrist« und der rhetorischen Figur des »Ecce homo« in vielfach gebrochener und verwandelter Form befaßte: Die Frage einer kritischen Theologie, das heißt nach einer Möglichkeit, ›Christlichkeit‹ zu revidieren.[18]

Mit Blick auf die ersten Basler Jahre[19] zählen in unserem Themenzusammenhang, der die Entwicklung von Nietzsches Kunst-Denken in den Mittelpunkt stellt, jedoch vorrangig die ›Früchte‹ dieser von ihm apostrophierten ›Nähe‹ zu Wagner, die nicht lange auf sich warten ließen. Im Rückblick stellen sich diese Früchte als Vorstufen zur »Geburt der Tragödie« dar. Es handelt sich dabei um zwei öffentliche Vorträge, die Nietzsche unter dem Titel »Das griechische Musikdrama« und »Socrates und die Tragödie« im Januar und Februar 1870 im Basler Museum gehalten hat, sowie um seine im Sommer desselben Jahres verfaßte Abhandlung »Die dionysische Weltanschauung«, die er dann in überarbeiteter Form und mit neuem Titel (»Die Geburt des tragischen Gedankens«) Cosima 1870 zu Weihnachten schenkte. Diesen Arbeiten zuzurechnen ist auch die im Sommer 1871 geschriebene und als Privatdruck verbreitete Studie »Sokrates und die griechische Tragödie«, eine erweiterte Fassung seines zweiten Basler Museums-Vortrages und unmittelbare Vorstufe zur »Geburt der Tragödie aus dem Geist der Musik«.

Zwischen den beiden letztgenannten Abhandlungen einerseits und den Vorträgen sowie der Schrift über »Die dionysische Weltanschauung« andererseits lag eine für Nietzsche einschneidende Erfahrung: Der deutsch-französische Krieg, den er für eine kurze, aber ihn erschütternde Zeit (vom 27. August bis 2. September 1870) aus der Perspektive eines freiwilligen Sanitätshelfers miterlebte.[20] Was menschliche ›Tragödie‹, was Leid und die Katastrophe der Zivilisation sein können, verdeutlichte sich Nietzsche auf den Schlachtfeldern von Wörth und Ars-sur-Moselle bei Metz sowie im Verwundetenzug zum Karlsruher Lazarett, wo er sich selbst mit Ruhr und Rachendiphterie infizierte; diese Erkrankung, die längerer Pflege bedurfte, führte dann zu seiner vorzeitigen Entlassung aus dem Sanitätsdienst.

Erst im 1886 geschriebenen »Versuch einer Selbstkritik« sowie im Rückblick des »Ecce homo« verbanden sich jedoch die Tragödienschrift mit den grausigen Erfahrungen auf dem Schlachtfeld. Sieht man von den Briefen ab, so war es Nietzsche 1870/71 gelungen, diese Erschütterung zu sublimieren. Zwei Jahre später jedoch zeigt der erste Abschnitt der ›unzeitgemäßen Betrachtung‹ über David Strauss die Tiefe von Nietzsches Kulturpessimismus, der sich maßgeblich durch seine Kriegserlebnisse gebildet hatte; darauf wird noch einzugehen sein.

Die Tragödienschriften fallen durch zweierlei auf: Zum einen folgen sie der Zeittendenz, kulturelle Phänomene gleichsam ideologisch zu fassen. In der ›dionysischen Weltanschauung‹ beispielsweise imitierte er den Jargon ideologischer Eigentlichkeit; zur Parodie großen Stils fehlte ihm einstweilen noch die geistige Souveränität. Zum andern verabschieden diese Schriften weitgehend den akademischen Duktus, den Nietzsche in seiner Antrittsvorlesung über Homer noch mühsam gewahrt hatte. Diese Schriften hatte er ganz auf ›Wirkung‹ ange-

legt und darauf, über die Grenzen der Fachwelt hinauszugehen. Nietzsche prägte seine (größtenteils spekulativen) Einsichten in die Entwicklung der griechischen
Kultur in griffige Formeln der folgenden Art um: »Die
Griechen, die die Geheimlehre ihrer Weltanschauung in
ihren Göttern aussprechen und zugleich verschweigen,
haben als den Doppelquell ihrer Kunst zwei Gottheiten
aufgestellt, Apollo und Dionysos. Diese Namen reprä-
sentieren im Bereich der Kunst Stilgegensätze, die fast
immer im Kampf mit einander neben einander einherge-
hen und nur einmal, im Blüthemoment des hellenischen
›Willens‹, zu dem Kunstwerk der attischen Tragödie ver-
schmolzen erscheinen. In zwei Zuständen nämlich erreicht der Mensch das Wonnegefühl des Daseins, im
Traum und im Rausch.«[21]

Nietzsche beabsichtigte mit seinen Überlegungen zum
Ursprung und Verfall der Tragödie, die er für *die* herausragende Kunst- und Kulturleistung der Griechen hielt,
mehr als eine nur geschichtliche Betrachtung; er fragte
nach Möglichkeiten, die Tragödie, musikdramatisch im
Sinne Wagners erneuert, wieder erstehen zu lassen. Mehr
noch: Indem er die sokratisch-euripideische ›Zerstörung‹
der Tragödie beklagte, fomulierte er einen Gedanken,
der, vielfach variiert, zur Grundsubstanz seiner Kulturkritik wurde: »Für die Entwicklung der modernen Künste
ist die Gelehrsamkeit, das bewußte Wissen und Vielwissen der eigentliche Hemmschuh: alles Wachsen und Werden im Reiche der Kunst muß in tiefer Nacht vor sich
gehen.«[22] Im Sokratischen sah Nietzsche den Hauptfeind
einer aus dem Intuitiven, Unbewußten sich regenerieren-
den Kultur. Sokrates hielt er demnach für den ›Vernich-

ter‹ des griechischen Musikdramas, wie Aeschylos und Sophokles es geschaffen hatten. Mit dem Sokratismus habe die ›Wissenschaft‹ ins Leben und in die Kunst Einzug gehalten. Für die Kunst bedeutete das, daß, so Nietzsche, alles bewußt sein müsse, »um schön zu sein«.[23] Zu den Sokratikern zählte Nietzsche die »Fanatiker der Logik«, die »unerträglich wie Wespen« seien, Menschen ohne Instinkt und tiefen Kunstsinn.[24] Noch deutlicher wird er in einer Notiz aus jener Zeit: »Das Schöne in jeder Kunst beginnt erst, wo das rein Logische überwunden wird.«[25] Nietzsche wollte über die instinkttötende Aufklärung aufklären, über die Anmaßung der Logik, im Bereich der Kultur normgebend zu sein, indem er Bereiche aufzeigte, das Apollinisch-Träumerische und das Dionysisch-Rauschhafte, in denen die Rationalität eben keine zureichenden Erklärungen zuwege bringen könne, da sie den Gesetzen der Logik zuwider liefen.[26] Nur zwei quasi logische Verhältnisbestimmungen in den beiden ›Hälften‹ der Kultur ließ Nietzsche zu: »Während also der Traum das Spiel des einzelnen Menschen mit dem Wirklichen ist, ist die Kunst des Bildners (im weiteren Sinne) das Spiel mit dem Traum.« Und: »Wenn nun der Rausch das Spiel der Natur mit dem Menschen ist, so ist das Schaffen des dionysischen Künstlers das Spiel mit dem Rausche.«[27]

›Kunst‹ in ihrem dionysisch-hellenischen Idealzustand definierte Nietzsche jetzt als ein »Nebeneinander von Besonnenheit und Rausch«.[28] Maß, Sinn für Grenzen, aber auch ekstatisch erfahrene Verbindung mit dem Ursprünglichen, dem »Ur-Einen«, wie Nietzsche in der »Geburt der Tragödie« formuliert,[29] diese komplexe Einheit, die das große Kunstwerk repräsentiert, die klassische Tragödie und Wagners Musikdrama, Gesamtkunstwerk im Sinne Anselm Feuerbachs, den Nietzsche ausführlich zitiert,[30] alles das will *begründen*, was er mit der berühmten Formel meinte, das Dasein und die Welt seien »nur als aesthetisches Phänomen ewig gerechtfertigt«.[31] Diese bekannteste These der »Geburt der Tragödie« hat ihrerseits etwas Quasi-Ideologisches. Aber es handelt sich hierbei nicht um eine Ideologie der Kunst, sondern um die Kunst des ideologischen Arguments.

Was besagt diese These vor dem Hintergrund der besprochenen Vorstudien zur »Geburt der Tragödie«? Nietzsche verfährt bei der Begründung dieser These getreu seinem ersten Satz in der »Geburt«, dem zufolge nicht logische Einsicht, sondern »unmittelbare Sicherheit der Anschauung« der Entwicklung der Kunst ausschlaggebend sei; diese Entwicklung sei an die »Duplicität des Apollinischen und des Dionysischen gebunden«.[32] Er kommt zu seiner These der ästhetischen Rechtfertigung des Daseins konsequent nicht auf logischem Wege, sondern durch einen Gedankensprung, der auch eigens durch ein Gedankenzeichen angedeutet ist. Das Dasein, wie es ›wirklich‹ ist, impliziert Nietzsche, lernen wir durch das Kunstwerk kennen und ertragen, also durch ein Scheingebilde. Damit ist das zentrale Paradoxon dieser Stelle wie auch der ganzen Tragödienschrift benannt: Der Schein ist das Wahre, genauer: das, was uns durch ›unmittelbare Anschauung‹ vom Wahren zugänglich ist.

Unklar bleibt, wie die apollinisch-dionysische ›Duplicität‹ vom Sokratismus durchdrungen werden könne. Das bedeutet, daß diese ›Duplicität‹ eben nicht das einzige Entwicklungsgesetz (der Kunst) sein konnte. Offen ist gleichfalls dies: der Sokratismus, die Verstandeswelt, gehört fraglos zum ›Dasein‹. In Anbetracht der These, die von der ästhetischen Rechtfertigung des Daseins ausgeht, müßte dann aber auch der Sokratismus ästhetisch gerechtfertigt werden können. Aber gerade dieser Schluß ist logisch nicht nachvollziehbar. Und doch kann Nietzsche in der Eigenlogik der »Geburt der Tragödie« diesen Widerspruch geradezu mühelos, man darf sagen ›spielerisch‹, auflösen. Er sieht im Sokratismus eben keinen Endzustand der zur rationalen Zivilisation gewordenen Kultur und kann deswegen auch schwerlich als Ideologe angesprochen werden; vielmehr läßt er eine wesentliche Möglichkeit offen: was, wenn Sokrates zuletzt doch noch ›Musik‹ triebe? Nietzsche bezog sich dabei auf den Mythos des im Gefängnis träumenden Sokrates, den eine »Traumerscheinung« wiederholt dazu aufgefordert habe, Musik zu treiben und ein Prooemium auf Apollo zu dichten. Sokrates denkt sich ins Träumen, in die apollinische Sphäre zurück und relativiert damit seinen Rationalismus. Dieser Gedankengang zeichnete sich bereits in »Sokrates und die griechische Tragödie« ab; Nietzsche übernahm ihn unverändert in die »Geburt der Tragödie« mit einem wesentlichen Zusatz: daß Sokrates sich in den Mythos zurückträumte, übertrug Nietzsche verblüffend anachronistisch auf die deutschen Verhältnisse. Mit dem Musik treibenden Sokrates forderte er die »Wiedergeburt des deutschen Mythos« – auf der Opernbühne Wagners, ein Mythos gegen die Machtpolitik des neuen Reiches. Es war auch dieses jähe Umschlagen in kulturkritische, auf Nietzsches Gegenwart bezogene Überlegungen, die in Fachkreisen maßloses Befremden über die »Geburt der

Tragödie« auslösen sollte. Doch selbst das, Nietzsche begann es zu ahnen, war bloßes Vorspiel. »Wir präludieren nur in den ersten Aufsätzen«, lautet eine vielsagende Notiz im Frühjahr 1871.[33] Das wollte wörtlich verstanden sein: das Vorspiel als rhetorische Denkübung entwickelte sich zu einer Besonderheit von Nietzsches Philosophieren.

Philosophische Kunst des Vorworts

Im ›Vorwort an Richard Wagner‹ zur »Geburt der Tragödie« hatte sich Nietzsche Ende 1871 zum ersten Mal in einer Form geübt, die fortan für ihn charakteristisch werden sollte: Je mehr er sich als Vor-Denker verstehen lernte, je provokanter, gewagter und programmatischer wurden die Vorreden zu seinen Büchern. Schon der gereimte Vorspruch zur Druckfassung seiner Basler Antrittsvorlesung »Homer und die klassische Philologie« (1869) hatte erkennen lassen, daß Nietzsche bereit war, jede Gelegenheit zu nutzen, um sein persönliches Anliegen dem objektiven Erkenntnisinteresse vorzuschalten und ihm einen spezifischen Ausdruck zu verleihen. War es schon ungewöhnlich genug für einen jungen Philologen, der sich erstmals einem größeren Publikum vorstellen wollte, eigene Verse von einer an Heine erinnernden Ironie als Motto einer akademischen Untersuchung zu wählen (»In Basel steh ich unverzagt / Doch einsam da – Gott sei's geklagt«[1]), gewagter war es noch, die erste große Abhandlung mit einem Vorwort zu versehen, das sich an den zum damaligen Zeitpunkt wohl umstrittensten Künstler Europas richtete. Doch damit nicht genug. Das Vorwort Nietzsches zeugt von einem geradezu unerhörten Selbstbewußtsein, das an Anmaßung grenzt. Nichts von Ehrerbietung gegenüber dem Meister; eine wirkliche ›captatio benevolentiae‹ oder ›captatio modestiae‹ sucht man in diesen Zeilen vergebens. Statt dessen findet sich folgender Satz: Ich [Nietzsche] »vergegenwärtige mir den Augenblick, in dem Sie, mein hochverehrter Freund, diese Schrift empfangen werden: wie Sie, vielleicht nach einer abendlichen Wanderung im Winterschnee, den entfesselten Prometheus auf dem Titelblatte betrachten, meinen Namen lesen und sofort überzeugt sind, dass, mag in dieser Schrift stehen, was da wolle, der Verfasser etwas Ernstes und Eindringliches zu sagen hat […]«.[2]

Nietzsche entwirft hier ein suggestives Stimmungsbild, dessen Ichbezogenheit auch dann noch erhalten bleibt, wenn er sich dem Adressaten des Vorworts unmittelbar zuwendet; denn er, Nietzsche, ist es, der den nicht mehr als ›Meister‹, sondern als »hochverehrten Freund« angeredeten Wagner in eine von ihm vorgezeichnete Stimmung zu versetzen sucht: von der im Winterschnee erstorbenen Natur, von diesem Bild der Einsamkeit zu mythisch-emblematisch gesteigerter Zweisamkeit – mit dem Werk des entfesselten Intellektuellen aus Basel.

Inhaltlich ist das Vorwort darum bemüht, »Ernst und Eindringlichkeit« des Vorhabens zu begründen. Kunst, so Nietzsche, sei nicht »Schellengeklingel« oder »lustiges Nebenbei«, sondern »höchste Aufgabe« und die eigentliche »metaphysische Tätigkeit« im Leben. Doch die Pointe hat sich Nietzsche, wie zu erwarten, für den Schluß seines Vorwortes aufgespart. Bei dieser ›ernsten‹ Aufgabe, die schon zu diesem Zeitpunkt keine rein philologische mehr war, sondern eine kulturphilosophische, sei Wagner »mein erhabener Vorkämpfer« und nicht, wie zu ergänzen wäre, das zu erstrebende Vorbild.

Dieses Vorwort erlaubt keinen Zweifel: Es handelt sich dabei weniger um eine Huldigung an Wagner, sondern um einen ersten wesentlichen Akt nietzscheanischer

Selbstbestimmung; ihm sollten noch andere, freilich weitaus dramatischer inszenierte folgen. Wagner selbst war über die »Geburt der Tragödie« viel zu »auf- und angeregt«, wie Cosima überliefert,[3] als daß er an dieser Formulierung des Vorworts Anstoß genommen hätte.

Nietzsche ging es zu jener Zeit um das Grundlegende, Ursprüngliche in der Kultur, um den, wie er notierte, »Urprocess«.[4] Es beschäftigte ihn, mit anderen Worten, das, was der Zivilisation ›präludierte‹. Dieses Präludieren erhielt bei ihm um 1870/71 eine eigene Bedeutung; zunächst beschrieb er damit die Zustandsform seiner (bisherigen) Arbeiten.[5] Wenig später entstand daraus schon der Ansatz zu einer kulturhistorischen These: »Das Präludiren. Allmähliches Heraustreten des Hellenischen aus der Verschleierung.«[6] Gemeint war die ›Verschleierung‹ des Daseins im Vorbewußten der Mythen. Ein Jahr später schreibt Nietzsche an Malwida von Meysenburg im Hinblick auf seine Vorträge »Ueber die Zukunft unserer Bildungsanstalten« in ironisch selbstkritischer Absicht: »Nun werden Sie die Vorträge gelesen haben und erschreckt worden sein, wie die Geschichte plötzlich abbricht, nachdem so lange präludirt war und in lauter negativis und manchen Weitschweifigkeiten der Durst nach den wirklichen neuen Gedanken und Vorschlägen immer stärker sich eingestellt hatte. Man bekommt einen trockenen Hals bei dieser Lektüre und zuletzt nichts zu trinken!«[7]

In Wirklichkeit aber beginnt Nietzsche gerade in jenen Monaten am Bevorworten Gefallen zu finden; das ›Präludiren‹ erprobt er als Denkform. Das zeigt sich besonders in seiner Sammlung »Fünf Vorreden zu fünf ungeschriebenen Büchern«, die er Cosima Wagner Ende 1872 zum Geschenk mit folgender Widmung macht : »In herzlicher Verehrung und als Antwort auf mündliche und briefliche Fragen, vergnügten Sinnes niedergeschrieben in den Weihnachtstagen 1872.«[8] Die Vorreden beziehen sich auf folgende Themen: »Über das Pathos der Wahrheit«, »Über die Zukunft unserer Bildungsanstalten«, »Der griechische Staat«, »Über das Verhältnis der Schopenhauerischen Philosophie zu einer deutschen Cultur« sowie »Homers Wettkampf«. Nietzsche bezeichnete die Texte, wie gesehen, ausdrücklich als in anderer Form weitergeführte Gespräche mit Cosima im Geiste jener griechischen ›Heiterkeit‹, an der ihm bei allem Ernst der kulturphilosophischen Aufgaben so viel lag, verfaßt in einer ›Geburtszeit‹, an Weihnachten, auf das bekanntlich auch Cosimas Geburtstag fiel (zwei Jahre zuvor hatte an jenem Tag Wagner in Anwesenheit Nietzsches sein ›Tribschner Idyll‹, später ›Siegfried-Idyll‹ erklingen lassen).

Von den ›Vorreden‹ war man in Tribschen weniger erbaut als im Januar 1871 von der »Geburt der Tragödie«. Cosima gesteht in ihrem Tagebuch: »Das Manuskript von Pr. N. [die ›Vorreden von Professor Nietzsche‹, d. Verf.] erheitert uns auch nicht, eine ungeschickte Schroffheit spricht sich zuweilen darin aus, bei immer großem Tiefsinn des Empfundenen. Wir wünschten, er beschäftigte sich vorzüglich mit griechischen Themen.«[9] Was Nietzsche über ›das Griechische‹ in diesen Vorreden zu sagen hatte, hielt Cosima mithin, nicht zu unrecht, für ›ungriechisch‹, weil schrankenlos subjektiv. Wie anders hätte sie auch urteilen können angesichts von Sätzen wie diesen: »Unter Menschen war Heraklit, als Mensch, unglaublich; und wenn er wohl gesehen wurde, wie er auf das Spiel lärmender Kinder Acht gab, so hat er dabei jedenfalls bedacht, was nie ein Sterblicher bei solcher Gelegenheit bedacht hat – das Spiel des großen Weltenkindes Zeus und den ewigen Scherz einer Weltzertrümmerung und einer Weltentstehung.«[10] Als unbotmäßig ›schroff‹ dürfte ihr Nietzsches rückhaltlos reaktionäre Verteidigung von Unterdrückungsverhältnissen vorgekommen sein, zehn Jahre nachdem in Rußland als letztem europäischen Land die Leibeigenschaft aufgehoben worden war: »Demgemäß müssen wir uns dazu verstehen«, forderte Nietzsche in seiner dritten Vorrede (»Der griechische Staat«), »als grausam klingende Wahrheit hinzustellen, daß zum Wesen einer Kultur das Sklaventhum gehöre [i. Orig. gesperrt, d. Verf.]: eine Wahrheit freilich, die über den absoluten Werth des Daseins keinen Zweifel übrig läßt. *Sie* ist der Geier, der dem prometheischen Förderer der Kultur an der Leber nagt. Das Elend der mühsam lebenden Menschen muß noch gesteigert werden, um einer geringeren Anzahl olympischer Menschen die Produktion der Kunstwelt zu ermöglichen.«[11] *Dieser* geradezu militante Elitismus, im Grunde eine rigorose Genie-›Moral‹, die im Künstler die kompromißlose Apotheose menschlicher Entwicklung sah, widersprach jedoch Nietzsches eigenem Bildungsethos, vor allem aber auch Wagners Bayreuth-Konzeption, die sich ursprünglich auch dem Gedanken der Volksbildung als einer verwandelten Fortführung seines demokratischen Barrikaden-Idealismus aus den Revolutionsjahren 1848/49 verschrieben hatte.

Man war verschreckt in Tribschen ob dieser in Vorreden gekleideten Ausbrüche. Und was verbarg sich hinter Homers »Wettkampf‹ mit Hesiod? War das nicht ein sich nur mühsam als Chiffre gebendes Signal zum Wettstreit zwischen Nietzsche und Wagner? »Das ist der Kern der hellenischen Wettkampf-Vorstellung«, befindet Nietzsche: »sie verabscheut die Alleinherrschaft und fürchtet ihre Gefahren, sie begehrt, als Schutzmittel gegen das Genie – ein zweites Genie.«[12] Mit dieser eben nur dünn verschleierten Selbstempfehlung hatte Nietzsche einen Auftakt in einem geistigen Spectaculum gewagt, das erst zehn Jahre später mit der Bekenntnisschrift »Nietzsche contra Wagner« seinen dramatischen Höhe- und Schlußpunkt erreichen sollte.

Die Vorreden lassen erkennen, daß Nietzsche die Frage nach dem Verhältnis von Kunst zu Staat und Macht, das er in der »Geburt der Tragödie« nur anklingen ließ, nicht im Sinne der harmonisch sich entwickelnden ästhetisch-poetischen Staatskonzeption Schillers auflösen wollte; ihm kam es auf die Zuspitzung dieser Problematik an. Er verweist hierbei auf Platon, der sich in seinem Entwurf eines ›vollkommenen Staates‹ das antikünstlerisch Sokratische zu eigen gemacht habe, weil er es »im Kampfe gegen sich selbst«, so Nietzsche, gebraucht habe. Das jedoch sei im griechischen Denken die Ausnahme gewesen; ansonsten habe das Motto gegolten, das Nietzsche als unvergängliches ästhetisches und gesellschaftliches Ideal in Erinnerung rief: Wettstreit in allem, Wettstreit der ›Genies‹ als Kunstform.

Für Nietzsche wird in dieser Phase seines Schaffens, also zwischen der »Geburt der Tragödie« und den »Unzeitgemäßen Betrachtungen« das Vorwort erstmals zu einem geistigen Experimentierfeld. So schickte er seinen sechs Vorträgen »Ueber die Zukunft unserer Bildungsanstalten« (Frühjahr 1871) gleich zwei Überlegungen voraus: Eine ›Einleitung‹, in der er bereits seinen Hauptbefund über das Bildungswesen der Gegenwart vorstellt: Bildungsbemühungen seien, so der jüngste Lehrstuhlinhaber Basels, von dem Widerspruch gekennzeichnet, einerseits horizonterweiternd wirken zu wollen, andererseits die »Verengung und Koncentration«, sprich: die Spezialisierung fördern zu müssen.[13] Gleichzeitig geht er mit den Modewörtern der Zeit ins Gericht; sein Beispiel ist das Wort ›selbstverständlich‹, von dem er sagt, daß es im Zusammenhang mit wirklicher Bildung nicht existieren könne. Im Prozess der Bildung ist nichts ›selbstverständlich‹, nichts ›offensichtlich‹. Dem folgt nun eine »Vorrede«, von der Nietzsche sagt, sie sei »zu lesen vor den Vorträgen, obwohl sie sich eigentlich nicht auf sie bezieht«.[14] Mit dieser Aussage avancierte der Philologe zum Sophisten. Was er darin anklingen läßt, gibt einen Vorgeschmack jener Entschiedenheit und jenes unmittelbaren Appellationscharakters, die fortan für alle seine Vorreden charakteristisch werden sollten. Was der eigenartige Titel anzukündigen scheint, eine Serie von dialektischen Spitzfindigkeiten, löst der Text selbst nicht ein. Er ist vielmehr prophetisch ausgerichtet: »Wohl sehe ich eine Zeit kommen, in der ernste Menschen, im Dienste einer gänzlich erneuten und gereinigten Bildung und in gemeinsamer Arbeit, auch wieder zu Gesetzgebern der alltäglichen Erziehung – der Erziehung zu jener neuen Bildung – werden.«[15] Er habe das Buch für »die ruhigen Leser« bestimmt, »für Menschen, welche noch nicht in die schwindelnde Hast unseres rollenden Zeitalters hineingerissen sind und welche noch nicht ein götzendienerisches Vergnügen daran empfinden, von seinen Rädern zermalmt zu werden – das heißt für wenige Menschen!«[16]

Wieder begegnen wir dem zentralen Widerspruch in Nietzsches früherem pädagogischen Denken: Zum einen setzt es auf umfassende Bildung *aller*, um das Niveau der Kultur zu heben, zum anderen insistiert er auf einen Elitismus, mit dem er »die wenigen Menschen« ansprechen und, auch dieser Gedanke taucht in dieser ›Vorrede‹ zum ersten Mal unverblümt auf, führen will.

Indem Nietzsche ›Bildung‹ sagt, meint er jedoch gleichzeitig auch die Infragestellung bildungsbürgerlicher Ideale: »Wir wünschen vielmehr, er [der moderne Mensch, d. Verf.] möge gebildet genug sein, um von seiner Bildung recht gering, ja verächtlich zu denken; dann dürfte er wohl am zutraulichsten sich der Führung des Verfassers überlassen, der es nur gerade von dem Nichtswissen und dem Wissen des Nichtswissens aus wagen durfte, so zu ihm zu reden.«[17]

Schon hier zeichnete sich ab, daß Nietzsche gegen die Wissenschaftsgläubigkeit seines Zeitalters angetreten war, gegen die Verherrlichung des Faktenwissens (Nietzsche nennt das die Herrschaft der ›Tabellen‹) und für eine intuitive, am Ursprünglichen orientierte Kultur, für eine Bildung vermittels des Unverbildeten. Nietzsche sieht sich dabei vordergründig in einer Führungsrolle, als Leitbild, doch weniger als ein Herrscher auf dem Katheder, eher, wie sich am Ende seiner ›Vorrede‹ herausstellt, als eine Art Mystagog, der diese kulturkritischen Vorträge als Anleitungen zur Selbsthilfe versteht. Er versteht sich als Verkünder, als Meister des Antizipierens, nennt sich

einen ›Herold‹, der etwas anzusagen habe, eine ungeheuere Kunde, die Aufforderung an die »Vereinzelten«,
sich finden zu lassen. »Euch rufe ich auf! verkriecht euch
nur diesmal nicht in den Höhlen eurer Abgeschieden-
heit und eures Mißtrauens! Seid wenigstens Leser dieses
Buchs, um es nachher, durch eure That, zu vernichten
und vergessen zu machen!«[18]

Bildung zum Zwecke der Bildungskritik, Führung in
Richtung auf unbedingte Selbstverantwortung – mit diesen Thesen präludierte Nietzsche seiner eigenen intellektuellen Entwicklung. Er gab sich sein Richtmaß vor, das
er, wie diese Vorträge über die Formen künftiger insti-
tutionalisierter Bildung belegen, weniger theoretisch als
vielmehr autobiographisch begründete. Denn seine Vorträge zu diesem Thema, zumal die beiden ersten, gleichen
Kapiteln eines Bildungsromans.

Nietzsches Verfahren in diesen fünf Vorträgen ist
einerseits charakteristisch für das, was er seit seiner Pfortaer Schulzeit verfolgte, nämlich das Autobiographische
allen anderen Überlegungen voranzustellen, sprich: vom
eigenen gelebten Leben auszugehen; andererseits läßt er,
und das ist entschieden untypisch für ihn, andere für ihn
sprechen. Seine Meinung über die Bildungsanstalten, vor-
nehmlich das Gymnasium, erfahren wir durch das, was er
einem ›Philosophen‹, dessen Gespräch er belauscht, in
den Mund legt. Nietzsche stellte sich seinem Basler Publikum als ein »Ohrenzeuge« einer auf seine Bonner Stu-
dentenzeit zurückgehende Begebenheit auf den bewalde-
ten Felsen über dem Rhein vor. Und was er mit seinem
›Studienfreund‹ in dieser wildromantischen Gegend zu
hören bekam, war eine elitäre Bildungsphilosophie, die in

der »social« motivierten Volkserziehung nichts als Barbarei zu erkennen vermag. Nietzsche präsentiert sich als eine Art Wilhelm Meister, der mit der ›Ehrfurcht‹ vor dem ›Großen‹ konfrontiert wird. Das ›Große‹ verstehe sich zunächst einmal als sprachliches Phänomen: »Nehmt eure Sprache ernst«.[19] Die ›Ehrfurcht‹ vor der Sprache deutete er jedoch nicht so, daß man vor (und in) ihr erstarren sollte; im Gegenteil verlangte er, Bildung müsse dazu führen, daß wir die »richtige Gangart« der Sprache erkennen und angemessen *in* der Sprache zu *gehen* lernen. Zum Ideal erklärte er die durch Übersetzen zu erlangende Einheit von klassischen Sprachen und der Muttersprache, zu deren »künstlerisch ernstem« Gebrauch die ›Bildungsanstalten‹ anzuleiten hätten. Der ›Philosoph‹ interpretierte die ›Ehrfurcht‹ konsequent ästhetisch. Was in Goethes »Wanderjahren« immer auch religiös gemeint und auf das ›Heilige‹ bezogen war,[20] begriff Nietzsches ›Philosoph‹ primär künstlerisch. (Zu bedenken ist jedoch auch, daß in Goethes ›pädagogischer Provinz‹ der Gesang, also eine Kunst, als Grundlage der Bildung gesehen wird.) Das ›Heilige‹ im Sinne der »Wanderjahre« erscheint in Nietzsches Vorträgen als »heiliger Ernst der Kunst«, den er ja bereits im ›Vorwort an Richard Wagner‹ zur »Geburt der Tragödie« beschworen hatte.

Die ›Vorträge‹ gerieten Nietzsche zu einer Propädeutik für seine eigenen pädagogischen Bemühungen, wobei er keinen Zweifel an den Absichten des ›Philosophen‹ (und seinen eigenen!) aufkommen ließ: »Also, nicht Bildung der Masse kann unser Ziel sein: sondern Bildung der einzelnen ausgelesenen, für große und bleibende Werke ausgerüsteten Menschen«.[21] Ästhetisches

Lernen und Denken fordert Nietzsches Philosoph und entsprechend auch, daß der akademische Betrieb ein wirkliches Verhältnis zur Kunst entwickeln solle. Mit prä-zarathustrischer Inbrunst verlangt er, daß die zur Bildung Fähigen darin unterrichtet werden sollten, wie man »selb-ständig ästhetisiert«, »vor der Kunst andächtig« werden soll und auf »große Denker« hört.

Zumindest einer der Zuhörer hatte den Ankündigungs-charakter, das Vorredehafte dieser Vorträge erfaßt: Jacob Burckhardt, der in einem Brief davon sprach, daß Nietz-sche seine Hörer mit »keck und groß aufgeworfenen Fra-gen und Klagen« konfrontiert, aber eine sechste, Lösun-gen zumindest andeutende Vorlesung schuldig geblieben sei. Er habe sich entschuldigen lassen; er habe sich auf zehn Tage zur Erholung ins Waadtland begeben.[22]

Aus Nietzsches Sicht bezeichnete das ein ganz und gar konsequentes Verhalten. Er befand sich in der Phase des Aufwerfens von Problemen, des sich selbst Vorskizzie-rens. Er handelte Probleme nicht ab; er begann sie zuzu-spitzen. Überhaupt dürfte sich schon während der viel-stufigen Arbeit an der »Geburt der Tragödie« die Frage für ihn gestellt haben, ob er noch länger in der Lage dazu sei, eine Frage systematisch zu erörtern, oder ob er nicht bereits unterwegs war zu anderen sprachlich-gedank-lichen Ausdrucksformen. Die »Geburt der Tragödie« gab sich freilich noch den Anschein einer umfassenden Be-trachtung; noch mühsamer wahrte er den Schein akade-mischer Beflissenheit und Gründlichkeit in seinen vier »Unzeitgemäßen Betrachtungen«; doch die zwischen bei-den Werken liegenden Versuche, Skizzen, Vorträge und Vorreden, insbesondere die essayistische Studie »Die Philosophie im tragischen Zeitalter der Griechen« und die gewagteste Schrift »Ueber Wahrheit und Lüge im ausser-moralischen Sinne« (1873) bewiesen ihm, daß sein »selbständiges Ästhetisieren« ihn zu einem anderen Stil geführt hatte. Ihn weiterzuentwickeln gebot ihm eine quasi Goethesche, aber deutlich ich-betontere »Ehrfurcht vor sich selbst«.[23]

Das Vorspiel als Dauerzustand, das Ankündigen als Hauptsache, das Omen als Sinn. Präludierend erkundet der junge Professor der Philologie in Basel, der sich alsbald schon um einen dort frei gewordenen Lehrstuhl für Philosophie bewirbt, das Terrain seiner Themen. Welche Motive auch immer er anschlägt auf seiner Klaviatur der Begriffe, sie führen ihn, zuweilen auf Umwegen, zur Kunst zurück. Die Kunst ist der Maßstab. Als er sich im Januar 1873 mit den Schriften Johann Georg Hamanns beschäftigt, teilt er seinem Freund Rohde mit: »Sodann lese ich Hamann und bin sehre erbaut: man sieht in die Gebärzustände unsrer Deutschen Dichter- und Denker-Kultur. Sehr tief und innig, aber nichtswürdig unkünstlerisch.«[24] Urteile wie diese liefern erste Belege dafür, daß Nietzsche nicht mehr nur über das Wesen der Kunst nachdachte, sondern das Denken selbst in die Nähe des Kunstakts zu rücken begann. Ein weiterer, im Zusammenhang mit seinen Vorstudien zur »Geburt der Tragödie« belegter Hinweis in dieser Richtung lautet: »Das Schöne in jeder Kunst beginnt erst, wo das rein Logische überwunden wird.«[25] Zunächst glaubte Nietzsche, wie bekannt, im ›dionysischen Kult‹ ein Mittel gefunden zu haben, um diese Überwindung zu fördern; denn in diesem ›Kult‹ sah er die ›alogia‹ am Werke, das Nicht-

Vernünftige, Wider-Sinnige, aber gemäß der Grund-
bedeutung dieses Wortes auch Unergründliche (›alogis-
tos‹).[26]

Nietzsche dachte im Hinblick auf seine eigene geistige
Entwicklung antizipatorisch gerade in jenen ersten Jahren
in Basel: er entwirft von sich das Bild eines Denkers, der
es wagen will, im letzten Drittel des fortschrittsbesesse-
nen 19. Jahrhunderts Vorsokratiker zu werden. Nietzsche
konzipierte Vorworte oder umfassende vorredengleiche
Versuche, als käme es ihm auf nichts dringlicher an, als
sich selbst vorwegzunehmen. Er schrieb über zentrale
kulturkritische Themen und dachte dabei wie auf dem
Sprung. War ihm schemenhaft bereits bewußt, daß dieser
Sprung zu einem Absprung vom großen Vorbild Wagner
werden würde?

Und doch scheint es, daß Nietzsche – mitten im Absprung begriffen – noch einmal innehält und eine Konzentration aufbietet, deren Resultat den Wurf der »Geburt der Tragödie« noch zu übertreffen vermag: Die
»Unzeitgemäßen Betrachtungen« (1873/76), deren Höhepunkt, ›Richard Wagner in Bayreuth‹, das Vorbild ein
letztes Mal nahezu uneingeschränkt feiert und gleichzeitig von ihm Abstand nimmt. Zu diesem kulturkritischen
Wurf sondergleichen hatte Nietzsche ein zweiteiliges
philosophisches ›Vorspiel‹ entworfen, vor dessen Veröffentlichung er zurückschreckte, weil er gespürt haben
dürfte, daß es an denkerischer Radikalität alles in den
Schatten stellte, was er bis dahin geschrieben hatte:
»Ueber Wahrheit und Lüge im aussermoralischen Sinne«
(1873). Dieser moralkritische Entwurf ist im Zusammenhang mit Nietzsches gleichfalls 1873 entstandenem

großen Fragment »Die Philosophie im tragischen Zeitalter der Griechen« zu sehen, dessen Gewagtheit vor
allem in Nietzsches Ansatz begründet lag, rein subjekti-
vistisch sein Thema zu bearbeiten: »Aus drei Anecdoten
ist es möglich«, schreibt er in seinem zweiten Vorspruch
zu dieser Arbeit, »das Bild eines Menschen zu geben: ich
versuche es, aus jedem [philosophischen, d. Verf.] Systeme drei Anecdoten herauszuheben, und gebe das Ueb-
rige preis.«[27]

Die Vorrede als Spielwiese des Ichs, als Gedankenspiel, das wesentlich zur Selbstbestimmung führen soll,
wenn nötig auch auf Kosten philologisch und philosophisch kritischer Analyse des »Systems«. Was Nietzsche
in seiner Arbeit über die »Philosophie im tragischen Zeitalter der Griechen« sich zu entwickeln anschickte, könnte
man eine Charakterologie des Denkens nennen. Das
Denken als Spiegel des Charakters deutet Nietzsche auch
als Aufforderung (primär an sich selbst!), »philosophisch
zu leben«, den eigenen Charakter ins lebendige Denken
zu übersetzen. Mehr noch, Nietzsche spricht davon, das
Denken als Geschmacksfrage zu verstehen; er meint dies
wörtlich: »Das griechische Wort, welches den ›Weisen‹
bezeichnet, gehört etymologisch zu sapio ich schmecke,
sapiens der Schmeckende, Sisyphos der Mann des
schärfsten Geschmacks; ein scharfes Herausmerken und
-erkennen, ein bedeutendes Unterscheiden macht also,
nach dem Bewußtsein des Volkes, die eigenthümliche
Kunst des Philosophen aus.«[28] Hinzu kommt, daß sich
der Philosoph als Seismograph seiner Zeit und Sach-
walter gelebter Denk-Vergangenheit empfiehlt. Einen ersten Einblick in die Werkstatt des Denkkünstlers und in

das Wesen der Denkkunst gibt Nietzsche mit den folgenden Sätzen: »Der Philosoph sucht den Gesammtklang der Welt in sich nachtönen zu lassen und aus sich herauszustellen in Begriffen [...] Was hier der Vers für den Dichter ist, ist für den Philosophen das dialektische Denken: nach ihm greift er, um sich seine Verzauberung festzuhalten, um sie zu petrificiren. Und wie für den Dramatiker Wort und Vers nur das Stammeln in einer fremden Sprache sind, um in ihr zu sagen, was er lebte und schaute, so ist der Ausdruck jeder tiefen philosophischen Intuition durch Dialektik und wissenschaftliches Reflektieren zwar einerseits das einzige Mittel, um das Geschaute mitzutheilen, aber ein ganz kümmerliches Mittel, ja im Grunde eine metaphorische, ganz und gar ungetreue Übertragung in eine verschiedene Sphäre und Sprache.«[29] Die Formen des Dichtens und Denkens, die Verse wie die Dialektik, bezeichnet Nietzsche hier gewissermaßen als bloße Prothesen, Behelfsmittel (sprach-) künstlerischen und philosophischen Schaffens; was aber zählt, ist, daß er die Analogie überhaupt aufstellt. Später ruft er dann Heraklit als einen Denker auf, der als »ästhetischer Mensch« die Welt gesehen habe. Nietzsche »erklärt« Heraklits philosophisches Verfahren und dessen denkerische ›Ergebnisse‹ nun freilich nur noch mit dem Hinweis auf das Entstehen von Kunst: » [...] Nothwendigkeit und Spiel, Widerstreit und Harmonie« müßten sich »zur Zeugung des Kunstwerkes paaren«.[30] Mit anderen Worten: Bei einem künstlerisch gesinnten Philosophen geht die Dialektik im Denk-Kunstakt auf. Das eigentliche Denk-Kunst-Werk Heraklits sei, so Nietzsche, ein einziger einfacher Satz gewesen: »Alles ist eins«, wogegen zum Beispiel Parmenides durch sein Denken »das Thema der Ontologie« in der Philosophie »präludirt« habe,[31] wobei er den Leser ergänzen läßt, daß er, Nietzsche, beständig dem ästhetischen Denken ›präludiere‹. Entsprechend deutet Nietzsche auch das Werden nur vorübergehend als Ergebnis von ›Entgegensetzungen‹, ausgetragenen Widersprüchen und fruchtbaren Spannungen. Auf Anaxagoras Bezug nehmend, der auf die Frage, warum das Dasein für ihn wertvoll sei, geantwortet hatte, um den Himmel und die gesamte Ordnung des Kosmos *anzuschauen*, auf diese ästhetische Antwort setzend, behauptet Nietzsche, daß das Werden »kein moralisches, sondern nur ein künstlerisches Phänomen« sei.[32] Die ›Artisten-Metaphysik‹ der »Geburt der Tragödie« wird hier gleichsam säkularisiert, aber nicht entzaubert: *Jeder* Schöpfungsakt, also auch der erste ›göttliche‹, ist für Nietzsche ein nicht nur primär, sondern ausschließlich ästhetisches Ereignis gewesen. Es ist eben die Kunst, die ›heiligen Ernst‹ beansprucht, nicht das Heilige ernste Kunst.

Auf die Kunst bezogen, schließt solcher Ernst das ›Spiel‹ ausdrücklich ein, namentlich das Spiel mit Metaphern. Der Versuch »Ueber Wahrheit und Lüge im aussermoralischen Sinne« führt nun ein solches Spiel vor, und das mit sprachgewaltig vorgetragener Sprachskepsis. Es handelt sich bei dieser Schrift um ein Denk-Vorspiel für großes Orchester, und doch fein gestimmt wie für ein Kammerensemble. Die gedanklichen ›Harmonien‹ gerieten Nietzsche so kühn wie nie zuvor. Das veranschaulichen bereits die ersten Sätze, die einem furiosen Auftakt gleichkommen:

In irgend einem abgelegenen Winkel des in zahllosen Sonnensystemen flimmernd ausgegossenen Weltalls gab es einmal ein Gestirn, auf dem kluge Thiere das Erkennen erfanden. Es war die hochmüthigste und verlogenste Minute der ›Weltgeschichte‹: aber doch nur eine Minute. Nach wenigen Athemzügen der Natur erstarrte das Gestirn, und die klugen Thiere mussten sterben. –
So könnte Jemand eine Fabel erfinden und würde doch nicht genügend illustrirt [sic!] haben, wie kläglich, wie schattenhaft und flüchtig, wie zwecklos und beliebig sich der menschliche Intellekt innerhalb der Natur ausnimmt […].[33]

Hier gewährt Nietzsche einen weiteren Blick in die Werkstätte des Denkkünstlers. Er zeigt, wie eine Parabel entsteht und – vergeht, mit kritischer Absicht aufgelöst wird. Hier schlägt einer den Märchenton an, aber nicht um zu verklären, sondern um zu entzaubern. Das Erkennen sieht sich als Erfindung denunziert, die Spezies Mensch zu einer peripheren Erscheinung degradiert.

Allzu oft verkennt man, daß dieser Philosoph immer auch als (scheiternder) Komponist geschrieben hat. Nietzsches Texte haben entsprechend Partiturcharakter. Man muß in sie hineinzuhorchen lernen, muß seine Sprach-Crescendos beachten, seine Pausen, die sorgfältig gebauten Perioden, die Rhythmus-Wechsel. Es ist bezeichnend, daß Nietzsche im Rückblick auf sein Werk, namentlich auf »Zarathustra«, davon sprach, daß man den ›halkyonischen Ton« dieser philosophischen Dichtung »richtig hören« solle, um deren Bedeutung zu verstehen.[34] Der ›halkyonische Ton‹ – der Klang der Ruhe, ausgedrückt in ›stillen Worten‹, aber einer Ruhe im Eismeer: in diesem ›Ton‹ werden dionysische Ekstase und nüchterne Einsicht in die Leere eines Existierens nach dem Tod Gottes eins.

Aber zurück zum Denkvorspiel »Ueber Wahrheit und Lüge«. Man hat schon vor geraumer Zeit darauf aufmerksam gemacht, daß Nietzsche gerade in diesem Versuch zeigen wollte, wie »Philosophie und Kunst zusammenkommen und wie die Bildung der spezifischen Form der philosophischen Darstellung der Kunst aussieht«.[35] Das Wesentliche jedoch ist, daß Nietzsche dieses Zusammenkommen nicht nur analysiert, sondern selbst denk- und sprachschöpferisch in Szene setzt, wie die ersten (oben zitieren) Sätze dieses Versuchs belegen; denn sie leiten das Experiment ein, weniger durch kritische Analyse in den Bereich jenseits konventioneller Moral vorzudringen als vielmehr durch – Metaphern, Analogien, Sprach- und Denkbilder. ›Erkenntnis‹ im kantischen Sinne entlarvt Nietzsche als Kulthandlung der Vernunft und damit als Illusion. Er bezeichnet den Intellekt nicht als Instrument kritischer Analyse, sondern als »Meister der Verstellung«,[36] der am liebsten die Metaphern durcheinanderwerfe und die »Gränzsteine der Abstraktion« nach Belieben verrücke. Es ist der »unbesiegbare Hang des Menschen, sich täuschen zu lassen«, den Nietzsche als quasi anthropologische Begründung seines Ansatzes anführt; verbunden mit diesem Hang sei der »Trieb zur Metaphernbildung«.[37] Nietzsches Art, über Sprache nachzudenken, liefert dann den ›Beweis‹ für seine These: »Ein Nervenreiz zuerst übertragen in ein Bild! erste Metapher. Das Bild wieder nachgeformt in einem Laut!

Zweite Metapher. Und jedesmal vollständiges Ueber-springen der Sphäre, mitten hinein in eine ganz andere und neue.«[38]

Dieses Denken in Sprachbildern sollte Nietzsche bei-behalten. Was jedoch bezeichnen sie? Ein entschieden synästhetisches Verständnis von Sprache, aber auch von der Denktätigkeit: Bild, Laut, Bedeutung – und das aus-gelöst von einem neurologischen Impuls. Schon Herder und Humboldt, auch Rousseau, Condillac und in gewis-ser Weise Hamann hatten die Ursprünge der Sprache in einer solchen synästhetischen Einheit gesehen.[39] Nietz-sche geht jedoch einen Schritt weiter, indem er auf die zuweilen sprunghaften, dann wieder allmählichen Trans-formationsprozesse verwies, welche Sprache ausmachen. Wichtig in unserem Zusammenhang ist seine Neigung, nahezu jeden Gedankenschritt durch Analogien zu illu-strieren: »Man kann sich einen Menschen denken«, schreibt Nietzsche im selben Abschnitt, »der ganz taub ist und nie eine Empfindung des Tones und der Musik gehabt hat: wie dieser etwa die Chladnischen Klang-figuren[40] im Sande anstaunt, ihre Ursachen im Erzittern der Saite findet und nun darauf schwören wird, jetzt müsse er wissen, was die Menschen den Ton nennen, so geht es uns allen mit der Sprache. Wir glauben etwas von den Dingen selbst zu wissen, wenn wir von Bäumen, Farben, Schnee und Blumen reden und besitzen doch nichts als Metaphern der Dinge, die den ursprünglichen Wesenheiten ganz und gar nicht entsprechen.«[41]

Mit den Chladnischen Klangfiguren hatte Nietzsche nicht nur ein Bild gefunden, das die, wie er eigens beton-te, alogischen Übertragungsvorgänge in der Sprache veranschaulichte und ihre primär sinnliche Bedeutung hervorhob; sie dienten ihm auch dazu, zu begründen, weshalb für ihn j e d e Art des Schreibens allegorischen Charakter hatte und nie die Sache selbst, ›das Ding an sich‹ bezeichnen konnte. Die Folgerung aus diesen Beobachtungen lag auf der Hand. Die pilatisch-paulinische Frage »Was ist Wahrheit?« konnte Nietzsche nun neu beantworten: »Ein bewegliches Heer von Metaphern, Metonymien, Anthropomorphismen kurz eine Summe von menschlichen Relationen, die, poetisch und rhetorisch gesteigert, übertragen, geschmückt wurden, und die nach langem Gebrauche einem Volke fest, canonisch und verbindlich dünken: die Wahrheiten sind Illusionen, von denen man vergessen hat, dass sie welche sind […].«[42] Mit dieser These hatte das Denkvorspiel »Ueber Wahrheit und Lüge« sein erstes Hauptmotiv erreicht: Von »Menschliches, Allzumenschliches« an wird er dieses Motiv beinahe *ad libitum* variieren. Denn Nietzsche erteilte sich damit selbst die Lizenz, seine eigenen Metaphern und Metonymien quasi beliebig zu ›bewegen‹, ungeahnte ›Relationen‹ herzustellen und das Gedachte ›poetisch und rhetorisch‹ zu steigern, aber eben unter einer anderen Voraussetzung: Er will mit aller stilistischen Finesse daran erinnern, daß Wahrheiten eben nichts als ›Illusionen‹ sind, wobei er nicht müde werden wird zu betonen, daß nur die Kunst (einschließlich seines poetischen Philosophierens) dabei helfen könne, diese Wahrheit über die Wahrheiten zu ertragen. So verstanden empfiehlt sich die Kunst als ehrliche Lüge.

Man sollte sich mit Blick auf Nietzsche daran gewöhnen, Befunde wie diese nicht nur intellektuell zu werten;

sie sind immer auch ein bio-graphisches Datum und markieren einen Lebensabschnitt von mindestens ebenso tiefer Bedeutung wie eine neue (oder gebrochene) Freundschaft, ein signifikanter Ortswechsel, ein Krankheitssymptom oder eine Phase der Gesundung. Neben großen Teilen seiner »Ersten Unzeitgemäßen Betrachtung« sah sich Nietzsche angesichts der dramatischen Verschlechterung seiner Sehfähigkeit gezwungen, »Ueber Wahrheit und Lüge« im Frühsommer 1873 seinem Freund Gersdorff zu diktieren. Das mag zumindest teilweise erklären, weshalb sich Nietzsche in dieser Schrift so betont mit der sinnlichen Seite der Sprache auseinandergesetzt hat und, wie gesehen, von sinnlichen Defiziten ausging, gleichsam wie der Taube, der sich ein Bild machen will vom Wort ›Ton‹; später spricht Nietzsche von einem Maler ohne Hände, »der durch Gesang das ihm vorschwebende Bild ausdrücken wollte«.[43] Er unterstreicht wiederholt, daß es zwischen so verschiedenen ›Sphären‹ oder Sinnesbereichen keine kausal-logischen Verhältnisse geben könne, sondern nur ›ästhetische‹, worunter er folgendes versteht: »[…] eine andeutende Uebertragung, eine nachstammelnde Uebersetzung in eine ganz fremde Sprache. Wozu es aber jedenfalls einer frei dichtenden und frei erfindenden Mittel-Sphäre und Mittelkraft bedarf.«[44] Wohlgemerkt auch und gerade im philosophischen Denken. An Wagner schrieb er in jener Zeit: »[…] wenn man nichts Rechtes mehr sieht, weder an den Menschen noch an den bildenden Künsten und gar nichts Tröstliches erfährt, so genügt es dann freilich nicht immer, sich seine eigene Musik vorzumachen; auf die aber und nur auf die bin ich reducirt, da ich nicht mehr Noten lesen darf oder kann.«[45] Zu dieser Zeit dachte der Komponist des »Hymnus auf die Freundschaft« (erste Skizze im April 1873) noch daran, in seiner ›Musik‹, seinem Komponieren womöglich eine solche »Mittel-Sphäre« finden zu können. Es gehörte dann aber wesentlich zu Nietzsches geistiger Entwicklung, daß er den Eigenwert seiner Sprache als Musik des Denkens zu deuten und als ästhetische ›Mittelkraft‹ zwischen wahrnehmendem Subjekt und wahrgenommenem Objekt zu begreifen verstand.

»Ueber Wahrheit und Lüge« unterscheidet zwischen zwei Bereichen in der Sprache: zum einen die ›toten Begriffe‹ der Wissenschaft und die lebendigen Worte der Dichtung. Die Wissenschaftssprache seiner Zeit nannte Nietzsche eine »Begräbnisstätte der Anschauung«, dem von ihm diagnostizierten »Trieb des Menschen zur Metaphernbildung« selbst ohne Hemmungen nachgebend. Kühner noch, wie er überhaupt die Begriffsbildung des Menschen deutete. Nicht ohne ironischen Unterton schrieb er: »Man darf hier den Menschen wohl bewundern als ein gewaltiges Baugenie, dem auf beweglichen Fundamenten und gleichsam auf fliessendem Wasser das Aufthürmen eines unendlich complicirten Begriffsdomes gelingt.«[46]

Was sich in diesem prekären Sprachgebäude abspielt, verglich Nietzsche mit einem Würfelspiel: Jeder Begriff ein Würfel. Freilich ging er noch davon aus, daß sich damit der Gebrauchswert der vier Seiten des jeweiligen Begriffs noch genau (nach Anzahl der Augen) bestimmen lasse. Mit diesem Vergleich antizipierte Nietzsche jedoch *die* zentrale poetische Metapher der symbolistischen Moderne, ausgesprochen und ausgeführt in Stéphane Mallarmés Dichtung »Un Coup de Dés« (1897). Hierin *zeigte* Mallarmé, was geschieht, wenn Worte quer über den Druckbogen bis zum Rand der Bedeutung gewürfelt werden. »Jeder Gedanke ist ein Würfelwurf«, wird Mallarmés Gedicht am Ende behaupten[47] und damit das Denken zu einer ›zufälligen Notwendigkeit‹ erklären.

Was sich in der »Geburt der Tragödie« bereits abzuzeichnen begann, belegte die kleine, aber nicht minder explosive Schrift »Ueber Wahrheit und Lüge«: Nietzsche befand sich auf dem steinigen Weg ins ›Unzeitgemäße‹, gerade weil er die Kunst nicht als Ornament des Lebens betrachtet hatte, sondern jeden Lebensbereich von der Kunst her dachte oder von jeder Daseinserfahrung wiederum auf sie zu(rück)kam. Im Herbst 1873, kaum hatte er die Kritik an David Strauss beendet, konnte er Wagner mitteilen, daß er, halb europäischer Erasmus, halb Hoffmannscher Anselmus, wie er sich nannte, bereits über seine »zweite Zeitungemäßheit« nachdachte.[48] Was aber hatte es auf sich mit dieser ›Zeitungemäßheit‹? Welche Formen nahm sie an?

Unzeitgemäß werden

Gedanken zu einer »ersten unzeitgemäßen Betrachtung« stellten sich in Bayreuth ein, wo Nietzsche im April 1873 bei den Wagners zu Gast war. David Friedrich Strauß, liberaler Theologe, Ikone des neudeutschen Bildungsbürgertums und Verfasser des Buches »Leben Jesu« (1835/36), lieferte den Anlaß mit seiner jüngsten Veröffentlichung, die zugleich dessen letzte werden sollte: »Der alte und der neue Glaube«. Als große Synthese seiner Einsichten ins Wesen des Religiösen war dieses Buch gedacht. Durch Nietzsches Kritik wurde es zur Karikatur bildungsphiliströser Bemühungen.

Noch einmal galt es für Nietzsche, Wagner zu Diensten zu sein; denn dieser verachtete Strauß.[1] Und Nietzsche stand zu Diensten; mit der vom Bayreuther Meister geforderten Kritik an diesem Machwerk konnte Nietzsche nicht nur ein wesentliches Stück Kulturkritik am neuen Reich liefern (was freilich nicht in Wagners damaliger Intention lag!), sondern gegen seine eigene geistige Herkunft polemisieren, gegen die Pfarrhauswelt, die in Nietzsches Augen den Spießergeist genährt habe.

Die ›Straussiade‹, wie er sein Unternehmen schon bald nennen wird,[2] war der erste Versuch, sich vom theologischen Bildungsgut zu lösen, aufzuräumen in der deutschen Kultur. Aus einem Brief an seine florentinische Verehrerin, Emma Guerrieri-Gonzaga vom 10. Mai 1874 geht hervor, wie existentiell ihm diese Art kathartischer Kulturkritik in jenen Jahren geworden war. Erzieher in einem »großen Sinne« wolle er werden: »Inzwischen muß ich erst alles Polemische Verneinende Hassende Quälende aus mir herausziehn; und ich glaube fast, *wir* müssen das Alle thun, um frei zu werden: die ganze schreckliche Summe alles dessen, was wir fliehen, fürchten und hassen, muß erst zusammen gerechnet sein – dann aber auch kein Blick mehr zurück in's Negative und Unfruchtbare! Sodann nur noch pflanzen, bauen und schaffen!«[3]

Das Projekt unzeitgemäßer Betrachtungen geriet Nietzsche zunehmend zu einem Pflichtprogramm, das es zu absolvieren galt, bevor er den endgültigen Aufbruch ins philosophische Neuland wagen konnte, der einen Abbruch aller Brücken hinter ihm bedeuten sollte. Es war eine Pflicht, der er sich geradezu lustvoll unterzog. Eine ›Unzeitgemäße‹, davon ging er noch im September 1873 aus, würde die andere ergeben. Über ein Dutzend Titel hatte er vorgesehen, einen kulturkritischen Rundumschlag, wenn man so will, der von der ›Soldaten-Cultur‹ bis zu ›Staat Krieg Nation‹ die Krankheiten der Zeit schonungslos diagnostizieren wollte. Sogar eine »Gesellschaft der Unzeitgemäßen« war in seiner Strategie vorgesehen, ein Verein für widerborstige Zeitgenossen, die einen vierteljährlichen Bericht über ihre subversive Arbeit gegen den Zeitgeist abzuliefern gehabt hätten.[4]

In den »Unzeitgemäßen« probte Nietzsche vollends den Aufstand gegen das bildungsbürgerliche Establishment mit sprachlich radikalisierten Mitteln und einem Denken, das sich zum Ziel gesetzt hatte, die Wahrheit über die Verlogenheit in der Kultur bloßzustellen. Die vehemente Attacke gegen David Friedrich Strauß verdankt sich dabei einer spezifischen Stimmung, die Nietzsche aus Bayreuth nach Basel mitgebracht hatte. An Rohde schrieb er: »Ich kam von Bayreuth in einer solchen anhaltenden Melancholie zurück, daß ich mich endlich nirgends anderswohin retten konnte als in die heilige Wuth.«[5] Was meinte er damit? Melancholie über Bayreuth und die Wagners oder über die kulturellen Verhältnisse in Deutschland, von denen in Bayreuth die Rede war und die man in Straussens Machwerk aufs peinlichste gespiegelt sah?

Nahezu genau ein Jahr später wiederholte sich dieses Stimmungsmuster. Wieder erwähnte Nietzsche seine Melancholie in einem Brief an Rohde, über welche die Wagners sich »betrübt und beunruhigt« gezeigt hätten. Nietzsches Kommentar: »[…] aber wenigstens *das* weiss ich: es ist keine Verstimmung und Verdriesslichkeit.«[6] Einige Tage später präzisierte er, abermals in einem Brief an Rohde: Ich bin mir »immer einer tiefen Melancholie meines Daseins bewußt, bei aller Heiterkeit; da aber gar nichts zu ändern ist, lege ich es auf Fröhlichkeit an, suche das, worin mein Elend ein allgemeines ist und fliehe vor allem Persönlich-Werden.«[7] Es ist eine melancholische ›Fröhlichkeit‹, die unzeitgemäße Betrachtungen erlaubt, keine regelrechten Harlekinaden, aber immerhin Straussiaden, ein Galgenhumor, der ihn übertrieben gelöst erscheinen und als ›Hugo mit der dumpfen Geisterstimme‹ unterzeichnen ließ.

Unzeitgemäß *werden*, das war ein Vorhaben, von dem Wagner hoffte, daß sich dadurch sein philosophischer (Noch-)Propagandist von den Griechen lösen würde, um seine Stimme noch unmißverständlicher als in der »Geburt der Tragödie« für sein, Wagners Musiktheater der Zukunft zu erheben – gegen alle Zeit-Genossen, die das Projekt Bayreuth zu unterminieren versuchten. In der Gegenwart unzeitgemäß sein, um reif zu werden für die Zukunft, das war die Grundlage, auf der sich Wagner mit Nietzsche einig zu wissen glaubte. Die Anti-Strauß-Polemik sollte diese Grundlage befestigen.

Nietzsche verfolgte jedoch mit der Konzeption der ›Unzeitgemäßen‹ weitaus mehr als eine weitere Bayreuth-Apologie, wie aus seinen Notizen vom Frühjahr 1873 deutlich hervorgeht. Bevor er unzeitgemäße Gedanken zur Kultur propagierte, hatte er eingehende Überlegungen zum Wesen der Zeit angestellt. Sie führten ihn zu der an sich selbst gerichteten Forderung, eine ›Zeitatomenlehre‹ zu entwickeln, deren Kern das »Übersetzen aller Bewegungsgesetze in Zeitproportionen« sein sollte.[8] Bezeichnenderweise wollte sich Nietzsche jedoch nicht mit einer solchermaßen mechanistischen Interpretation der ›Zeitatomistik‹ begnügen; vielmehr behauptete er, und das ist im Hinblick auf den späteren Sinn des ›Unzeitgemäßen‹ nicht unwesentlich, daß diese Zeitatomistik auch psychologisch als Teil der ›Empfindungslehre‹ zu deuten sei. Seine These lautete: »Der dynamische Zeitpunkt ist identisch mit dem Empfindungspunkt. Denn es giebt keine Gleichzeitigkeit der Empfindung.«[9] Das wiederum meint, daß auch die Wahrnehmung der Gegenwart nur atomistisch vor sich gehen könne, punktuell, folglich nie umfassend. Wichtiger noch: Wenn es keine Gleichzeitigkeit der Empfindung gibt und ein Zeitpunkt auf den anderen ›dynamisch‹ und dynamisierend wirkt, dann ist die gemäße Form der Zeitgenossenschaft das –

Unzeitgemäße. Denn in der ihm innewohnenden Dynamik und Radikalität spaltet sich das scheinbare Zeitkontinuum in diverse Gedankenpartikel auf. Aus der mechanischen Bewegung wird die Eigenbewegung der Gedanken, denen ihrerseits bestimmte Zeitmomente zukommen.

Die Notizen, die der Niederschrift des ersten Stückes der »Unzeitgemäßen Betrachtungen« wie kurze Einübungen in die Materie vorangehen, verzeichnen einen wichtigen Gedankensprung von der implizierten Gedanken-Zeit-Atomistik, die Nietzsches späteres denkerisches Verfahren bereits ahnen läßt, zum Radikalismus eines Bakunin, von dem er sagt, er habe »im Haß gegen die Gegenwart die Geschichte und die Vergangenheit vernichten« wollen.[10]

Mit Melancholie, ›heiliger Wuth‹ und der Erinnerung an Bakunins Anarchismus, so hat es den sehr deutlichen Anschein, brachte sich Nietzsche in Stimmung für Unzeitgemäßes. Nicht unerwähnt bleiben darf Franz Overbecks Schrift »Über die Christlichkeit unserer Theologie« (1873), der Nietzsche einen vorbildlich »offensiven Charakter« bescheinigte.[11] Der ›Radikalismus‹ seines Basler ›Hausgenossen‹ empfand er als wohltuend und offenbar für seine unzeitgemäßen Zwecke ebenso inspirierend wie später Paul Rées »Psychologische Beobachtungen« (1875) im Vorfeld von »Menschliches, Allzumenschliches«.

Womit Nietzsche dann freilich schon in den ersten Kapiteln seiner ersten »Unzeitgemäßen« aufwartete, übertraf alles, was an Kulturkritik bis dahin im Deutschen bekannt war. Nein, das war keine ›Betrachtung‹, sondern eine Streitschrift, *cum ira et studio* verfaßt, ein Pamphlet, bei dessen Lektüre nicht nur Cosima Wagner äußerst unbehaglich zumute wurde: »[…] mit Betrübnis einen unerfreulichen Eindruck von vielem darin [in der Schrift über Strauß, d. Verf.] erhalten«, vermerkte sie in ihrem Tagebuch.[12] Die öffentliche Reaktion auf Nietzsches ›Broschüre‹ fiel heftig aus, gebührend polemisch, vom Betroffenen nicht ohne Genugtuung aufgenommen. Auch er wußte sich jetzt in einen »Kulturkampf« verstrickt, obwohl er den Ausdruck nicht schätzte.[13]

Nietzsche hatte sich zunächst einige Gedanken über die äußere Form dieses Angriffs gemacht. Ursprünglich sollten es ›unzeitgemäße Betrachtungen eines Ausländers‹ sein.[14] In der Tradition Montesquieus wollte er sich verfremden, die Außenperspektive wählen, ohne eine allzu exotische Identität anzunehmen. Aber nicht als Perser wollte er die deutsche Philister-Kultur betrachten, sondern als Europäer. Zum ersten und letzten Male erprobte er die Rolle des Engländers. Dieser fiktive ›gebildete Engländer‹, so der erwogene Rahmen, stieße auf David Friedrich Strauß' Schriften und erführe, daß dieser Publizist im zweiten deutschen Kaiserreich als einer der größten Stilisten gelte. Dieser Engländer nun »liest, liest wieder, staunt, fragt, horcht, untersucht – und endlich ergreift er, in Verzweiflung, die Feder, um das ihn so Beängstigende in einem Briefe loszuwerden – er wendet sich eben direkt an David Strauß.«[15]

Nietzsche entschied in der Endfassung seiner Streitschrift anders und ließ alle Masken fallen. Um über Strauß und die deutschen Philister die Wahrheit zu sagen, bedurfte es keiner englischen Außenperspektive. Basel bot Nietzsche genügend Abstand, um die vermeintlichen Auswüchse der deutschen Kulturkrankheit in Augenschein zu nehmen, als deren bedrohlichstes Gewächs er den ›Fall‹ David Friedrich Strauß darstellte. Was Nietzsche an Strauß so verfänglich und verwerflich erschien, war der Umstand, daß Strauß mit seinem weit ausgreifenden Versuch »Der alte und der neue Glaube« hinter das Erkenntnisniveau seiner früheren Schriften, namentlich »Das Leben Jesu« (1835/36), zurückgefallen sei. Doch ging es Nietzsche nicht eigentlich um das theologische Argument (Jesus zwischen Historisierung und Mythisierung) wie etwa seinem Freund Overbeck;[16] einmal auf das ›Unzeitgemäße‹ eingestellt, verfolgte er die kulturkritische Bedeutung von Straussens intellektuellem Regreß, die Gründe für dessen anhaltende Popularität trotz der gedanklichen und vor allem stilistischen Mängel des Buches.

Populär sei dieser stillose Publizist, so Nietzsche, unter Philistern. Anders gesagt: Wer Strauß goutiert, könne nur als Philister gelten. Nietzsche bediente sich damit eines Begriffs, dessen ›moderne‹ Bedeutung sich von Goethes Sprachgebrauch herleitet. In seinem großen Nekrolog auf Christoph Martin Wieland aus dem Jahre 1813 hatte er diesem Wort eine ausführliche Charakterisierung zuteil werden lassen. Wieland habe sich, meinte Goethe, »gegen alles, was wir unter dem Wort Philisterei zu begreifen gewohnt sind,« aufgelehnt, »gegen stockende Pedanterei, kleinstädtisches Wesen, kümmerliche äußere Sitte, beschränkte Kritik, falsche Sprödigkeit, platte Behaglichkeit, anmaßliche Würde, und wie diese Ungeister, deren Name Legion ist, nur alle zu bezeichnen sein mögen.«[17]

Nietzsches Pointe nun ist, daß er den ›Bildungsphilister‹ als neudeutschen Typus vorstellt: »Er wähnt selber

Musensohn und Kulturmensch zu sein«.[18] Im Bildungsphilister versinnbildliche sich eine Kultur der Selbsttäuschung, der Prätention, verfehlten Bildung und anmaßen-
den Urteile. In dieser Richtung hatte bereits Ludwig
Tieck Goethes Kritik am pseudogebildeten Philister wei-
tergedacht. In seiner Abhandlung »Die geschichtliche
Entwicklung der neueren Bühne« schrieb er: »Seit Göthe
ihn einführte, ist der Namen »Philister« bei uns eingebür-
gert und von allen Seiten hört man ihn von denen brauchen, die das Geniale, Freimütige, Edle gegen das Eng-
herzige und Beschränkte in Schutz nehmen wollen. Aber
nur zu oft sind diese Vertheidiger der Genialität selbst
die schlimmsten Philister, denn es charakterisiert den
Deutschen, daß er jeder neu aufdeckenden Thorheit, ver-
kündet sie nur ein neues Heil der Menschheit, neumodi-
sche Erziehung, Heilmethode, unerhörte Vaterlandsliebe,
Deutschheit, hohen Glauben, Freiheit etc. unbedingt und
Kopf über sich in die Arme wirft und auf lange Zeit
nicht hören und sehen will, als was seine Lieblingstöne
anschlägt und in der privilegierten Uniform wandelt.
Jeder Zweifel, Einwurf oder gar Scherz wird von diesen
fanatisierten Philistern als Kurzsichtigkeit oder gottlose
Bosheit abgewiesen, was der freien Genialität am meisten
entgegensteht.«[19]

Der (Bildungs-)Philister ist nach Tieck und Nietzsche
unfähig zu wirklicher Selbst- und Kulturkritik. Tiecks
sorgfältig abgewogenes Urteil über das Philiströse ist für
unsere Bewertung von Nietzsches Kritik am Bildungsphilister nicht ohne Bedeutung. Stand nicht auch der
Nietzsche des Jahres 1873 noch in der virulenten Gefahr,
als »Vertheidiger der Genialität« selbst philiströs zu er-

scheinen? War dies nicht der Fall, solange er auf Geheiß Wagners schrieb? Oder hatte er bereits ein Stadium erreicht, in dem selbst das, was auf Anregung oder Veranlassung Wagners entstand, ob gewollt oder nicht, zu seiner Emanzipation von Bayreuth beitrug?

Man mag die »Betrachtungen« als vier Kunststücke zu den Themen Stilkritik, Kulturkritik, Schopenhauer und Richard Wagner als geistig-kulturelle Institutionen lesen. Man kann aber nicht umhin, den Paukenschlag der »Ersten Unzeitgemäßen« zu vernehmen, die in ihrer Vehemenz aus dem Rahmen der übrigen fällt. Ihr Kern ist, wie gesehen, eine Buchrezension, die sich freilich ins Überdimensionale ausgewachsen hatte. Man muß hier bedenken, daß sich Nietzsche nur in seinen frühesten Schriften rezensierend betätigt hat, selbst aber seit der Veröffentlichung der »Geburt der Tragödie« zum Gegenstand scharfer Kritiken geworden war. Die ihn verletzendsten Kritiken bis zur Niederschrift der »Ersten Unzeitgemäßen« stammten von Ulrich von Wilamowitz-Moellendorf, der die »Geburt der Tragödie« und ihren Verfasser abgeurteilt hatte,[20] und aus einem Privatbrief von Hans von Bülow, dem Nietzsche 1872 seine Komposition »Manfred-Meditation« zur Beurteilung vorgelegt hatte.[21] Der Tenor von Bülows Kritik lautete, und das ist für unsere Zwecke nicht unerheblich, daß Nietzsche als Komponist ein dilettierender Philister sei. Nietzsches Betroffenheit über diese beiden maßlos überzogenen Kritiken dürfte die Maßlosigkeit seiner Kritik an David Friedrich Strauß, zumindest in ihrem Ton, nachhaltig beeinflußt haben. Mit der »Ersten Unzeitgemäßen« schaffte sich ein zweimal zutiefst Gekränkter Luft. Mit dieser groß angelegten Kritik bewies er in erster Linie sich selbst, daß er Angriffe vom Schlage Wilamowitz-Moellendorfs und Bülows noch überbieten konnte. Nicht nur das. Er vermochte, was seine Kritiker nicht zustande brachten: den Kontext der Kritik sichtbar zu machen, vom konkreten Gegenstand der Kritik immer auch zu abstrahieren, um das kulturelle Umfeld in seiner ganzen Problematik darzustellen. Und mit letzterem setzt denn auch die »Erste Unzeitgemäße« ein.

Nietzsche macht sogleich Front gegen ein Hauptübel philiströser Unkultur, den übersteigerten, siegestrunkenen Patriotismus, der in Deutschland 1870/71 zu dem Grundirrtum geführt habe, daß der Sieg über Frankreich mit einem Sieg der deutschen Kultur gleichbedeutend (gewesen) sei. Statt dessen befindet Nietzsche, daß der Kultur eine Niederlage drohe, »ja [die] Exstirpation des deutschen Geistes zu Gunsten des ›deutschen Reiches‹«.[22] In Fragen des Stils und Geschmacks, so Nietzsche weiter, hänge Deutschland nämlich mehr denn je von Paris ab; denn Frankreich verfüge – vor und nach ihrer militärischen Niederlage – über etwas, was in deutschen Landen unbekannt sei: die »Einheit des künstlerischen Stiles in allen Lebensäusserungen« des Volkes. Entsprechend definiert er Barbarei als »Stillosigkeit oder chaotisches Durcheinander aller Stile«,[23] als das also, was sich heutzutage noch immer ›postmodern‹ nennt.

Aufschlußreich an diesem Argument ist, daß Nietzsche fordert, das Leben habe sich an der Kunst, am »künstlerischen Stil« zu orientieren. Schon deswegen komme dem Schriftsteller eine spezifische Verantwortung zu, durch seine Art des Schreibens zu diesem ›künst-

lerischen Stil‹ im Sinne eines stilistischen Leitbildes beizu-
tragen. Nachlässigkeiten im Stil eines Publizisten wiegen
daher schwer.

In seinen ersten Kapiteln über das Phänomen David
Friedrich Strauß verweist Nietzsche somit auf einen doppelten Schein, über den Aufklärung not tue: Die militä-
risch siegreiche Gesellschaft, die in der, mit Tieck gesprochen, »privilegierten Uniform« wandelt, glaubt sich ebenso kulturell überlegen wie ihre Bildungsphilister davon
ausgehen, daß sie »ächte Kulturmenschen« seien. Die
Stilkritik, die Nietzsche nun im einzelnen an Straussens
Buch vornimmt, präsentiert er als Bewußtseinskritik, wobei er scheinbar beiläufig bereits das Hauptthema seiner
»Zweiten Unzeitgemäßen« anklingen läßt: »Durch das
historische Bewußtsein« retteten sich die Bildungsphilister »vor dem Enthusiasmus«. Auch in diesem Punkt entspricht Nietzsches These einer Auffassung Goethes, die
besagt: »Die Kunst überhaupt, besonders aber die der
Alten, läßt sich ohne Enthusiasmus weder fassen noch
begreifen.«[24] Der Bildungsphilister Nietzsches bringt es
aber allenfalls zu Schwärmerei; Thomas Mann wird das
›Enthusiasmierung‹ nennen.

Was Nietzsche dem theologischen Publizisten am wenigsten verzieh, war dessen Schwadronieren in den Ge-
filden der Kunst, und das in dürftigem Deutsch: »[...]
und endlich finden wir in den Schriften unsrer grossen
Dichter, bei den Aufführungen der Werke unserer großen Musiker, eine Anregung für Geist und Gemüth, für
Phantasie und Humor, die nichts zu wünschen übrig
lässt. So leben wir, so wandeln wir beglückt.«[25] Nietzsche
geißelt die Verlogenheit solchen beglückenden Genie-

ßens und ein Verständnis von Schönheit, das nur beschö-
nigen will. Seinen sechsten Abschnitt über Strauß eröff-
net er mit einem schauerlichen Bild, das bewußt die
Grenzen des ›guten‹, sprich philiströsen Geschmacks verletzen und den Leser schockieren will. Erinnerungen an
Baudelaires »Fleurs du Mal« stellen sich bei der Lektüre
des folgenden unwillkürlich ein: »Ein Leichnam ist für
den Wurm ein schöner Gedanke und der Wurm ist ein
schrecklicher für jedes Lebendige. Würmer träumen sich
ihr Himmelreich in einem fetten Körper, Philosophie-
professoren im Zerwühlen Schopenhauerischer Einge-
weide, und so lange es Nagethiere giebt, gab es auch
einen Nagethierhimmel. Damit ist unsere erste Frage:
Wie denkt sich der neue Gläubige seinen Himmel? beant-
wortet. Der Straussische Philister haust in den Werken
unserer großen Dichter und Musiker wie ein Gewürm,
welches lebt, indem es zerstört, bewundert, indem es
frißt, anbetet, indem es verdaut.«[26]

Inhaltlich kritisiert Nietzsche an Straussens Ansatz,
daß er die ›neue Religion‹ der modernen Wissenschaft
preisgegeben und diese sogar mit ihr gleichgesetzt habe.
Der Glaube dagegen sei bei Strauß kraftlos, ›exstimulirt‹,
dem Leben entwöhnt: »Aber, wie gesagt, ob neu oder alt,
original oder nachgemacht, das möchte gleichgültig sein,
wenn es nur kräftig, gesund und natürlich zugienge.
Strauß selbst läßt diesen herausdestillirten Nothglauben,
so oft es geht, im Stich, um uns und sich mit seinem
Wissen schadlos zu halten, und um seine neu erlernten
naturwissenschaftlichen Kenntnisse mit ruhigerem Gewissen seinem ›Wir‹ zu präsentiren.«[27] In seiner Kritik an
Strauß, das illustrieren Stellen wie diese, artikulierte sich

Nietzsches wachsendes Unbehagen an einem Denken (oder Glauben), das sich im Namen vermeintlicher Wissenschaftlichkeit zunehmend entpersönlichte und es dem Individuum absprach, Wahrheiten aufzudecken und eigene Schlüsse zu ziehen. Das ›Wir‹ des David Friedrich Strauß bezeichnete demnach für Nietzsche eine erheuchelte Gemeinschaft, allenfalls ein Kollektiv abgedankter, dem Leben entfremdeter Individuen. (Zu eben dieser Zeit thematisierte Wilhelm Raabe das ›Man‹ als ein erstes sprachliches Symptom der Vermassung.[28])

In der »Ersten Unzeitgemäßen Betrachtung« hatte Nietzsche auf eine Vorrede verzichtet; genauer gesagt: er hatte sie in Gestalt der beiden ersten kulturkritischen, die Philister-Thematik aufwerfenden Kapitel in den Haupttext integriert. Anders im ›zweiten Stück‹ der »Betrachtungen«, das, wie die Vorstudien belegen, nahezu übergangslos aus der Streitschrift gegen Strauß hervorgegangen ist: »Vom Nutzen und Nachtheil der Historie für das Leben« (1874). An seine bereits geübte Kunst des Vorworts anknüpfend, exponierte Nietzsche zu Beginn seines groß angelegten Versuchs über den Wert des Geschichtlichen – sich selbst. Seine eigene Erfahrung, sein Empfinden nennt er als Anlaß für diese Schrift, auch wenn er sich eingangs mit einem Goethe-Zitat in der Tradition vergewissert: »Übrigens ist mir Alles verhaßt, was mich bloß belehrt, ohne meine Thätigkeit zu vermehren, oder unmittelbar zu beleben.«[29]

Ideengeschichtlich gesehen, steht Nietzsches geschichts- und wissenskritischer Ansatz jener Tradition entgegen, die, wie schon Theodor Lessing richtig bemerkt hat, mit Giambattista Vicos »Prinzipi di una szienza nuova« (1725) und ihrem wissensgetränkten Fortschrittspathos begann und im 19. Jahrhundert durch Hegels zum »absoluten Wissen« hinstrebende Seinsgeschichte, Marxens historischen Materialismus und Darwins evolutionäres Geschichtsdenken um ein Vielfaches verstärkt wurde. Und sofern man Schillers einflußreiche Jenaer Antrittsvorlesung »Wozu und zu welchem Ende studiert man Universalgeschichte« dahingehend interpretiert, daß er den Sinn der Geschichtsbetrachtung im Verankern menschlichen Handelns gesehen habe, wofür es gute Gründe gibt,[30] dann ließe sich Nietzsches »Zweite Unzeitgemäße« als Versuch deuten, es Schillers Ansatz zumindest gleichzutun oder ihn gar noch zu überbieten.

In seinem Vorwort nun lieferte Nietzsche eine Definition des ›Unzeitgemäßen‹ nach: »Unzeitgemäß ist auch diese Betrachtung, weil ich etwas, worauf die Zeit mit Recht stolz ist, ihre historische Bildung, hier einmal als Schaden, Gebreste und Mangel der Zeit zu verstehen versuche, weil ich sogar glaube, daß wir Alle an einem verzehrenden historischen Fieber leiden und mindestens erkennen sollten, daß wir daran leiden.«[31] Wirken wolle er, so Nietzsche abschließend, mit der Analyse der Zeitkrankheit des Historismus »zu Gunsten einer kommenden Zeit«; entsprechend schließt auch seine Historien-Schrift, ein wirkungsvoller Kunstgriff, mit einem Appell an die Jugend: auf ihn kam es Nietzsche ganz besonders an, wie aus einem Brief an Rohde vom Sylvestertage 1873/74 hervorgeht.

Es hat etwas Tragikomisches: Nietzsche, der in Basel zuweilen noch ganze zwei Studenten hat, um sie in griechischer Rhetorik zu unterrichten, empfiehlt sich mit der

»Zweiten Unzeitgemäßen« erstmals als der große Erzieher der Jugend, als Verkünder einer Erziehung gegen den herrschenden Zeitgeist, aber für künftige Zeiten. Die Kunst der Argumentation gelang Nietzsche mit dieser Schrift zum erstenmal vollkommen, überzeugender als in seiner dritten Betrachtung über »Schopenhauer als Erzieher«. Ein genauerer Blick auf diese Kunst lohnt schon deswegen, weil »Vom Nutzen und Nachtheil« auch jene Trennung aufhebt, die er in seiner Polemik gegen Strauß noch gefordert hatte: logischer und künstlerischer Zusammenhang dürfen fortan »verwechselt« und mithin gleichgesetzt werden. Denn Nietzsche erkannte, daß er nur durch eine ›Ästhetisierung‹ der Geschichte, durch ihre ›Versinnlichung‹ die Logik ihrer Faktizität ›für das Leben‹ transparent machen konnte. Stilistisch bedurfte es da der Gleichnisrede: »Betrachte die Heerde, die an dir vorüberweidet: sie weiss nicht was Gestern, was Heute ist …«.[32] In diesem quasi biblischen Ton beginnt Nietzsche seine Kritik an der (Un-)Kultur des Historismus. Nachdem er die polemische Auseinandersetzung mit Strauß hinter sich gelassen hatte, konnte er nun selbst predigen – wider den von Hegel geprägten Zeitgeist, wider die Reichskultur, die den Barbarossa in preußische Kürrassierstiefel zu stecken sich anschickte, und im Namen Goethes wider die Rankes und Mommsens, deren historische Gelehrsamkeit, so Nietzsche, das Leben verschütteten. (Seltsam genug, als er im Juli 1880 vom Brand in Mommsens Haus erfahren wird, dem ein Großteil von Mommsens Bibliothek und Papieren zum Opfer gefallen war, deutet er dieses Unglück zunächst nicht als eine im Sinne seiner Historienschrift geradezu wünschenswerte

›Läuterung‹, sondern gesteht, daß sich ihm »das Herz im Leibe umgedreht« und er physisch bei dem Gedanken an dieses Freuer gelitten habe, um sich dann jedoch schon im nächsten Satz, übergangslos, zur Räson zu bringen: »Aber was geht mich M(ommsen) an? Ich bin ihm gar nicht gewogen. –«[33])

Nietzsche predigte einer Jugend, die nach seiner Auffassung durch eine rein geschichtlich ausgerichtete Bildung Schaden nehmen müsse. Indem von ihr gefordert werde, historische Fakten zu lernen, verlerne sie das Leben, bevor es richtig für sie begonnen habe. Seine Pointe dagegen lautet: es sei ein Gebot der Vernunft, das Vergessen zu lernen, und zwar »auf der Schwelle des Augenblicks«.[34] Das Vergessen erklärte Nietzsche zur Kunstübung, die unerläßlich sei, um das Leben als reine Gegenwärtigkeit zu erfahren. Entsprechend forderte er, daß die Historie es ertragen solle, »zum Kunstwerk umgebildet, also reines Kunstgebilde zu werden«, damit sie die primären Lebensinstinkte »erhalten oder sogar wecken« könne.[35]

Nietzsche wußte, daß dies einen radikalen Bruch mit einer Geschichtsschreibung bedeutete, die sich gerade auf ihren »analytischen und unkünstlerischen Zug« im Einklang mit dem positivistischen Zeitgeist etwas zugute hielt. Dagegen stellte er eine Bildung im Sinne des ›Lebens‹, welche die Umbildung der Geschichte im Zeichen des eigentlichen Lebensvollzuges meinte. Als ein Gebot der Wahrhaftigkeit gegenüber der Natur des Menschen verlangte Nietzsche die Ausbildung von dessen Illusionsfähigkeit.[36] »Instincte und kräftige Wahnbilder«, so Nietzsche,[37] hätten das ursprüngliche Leben des Menschen –

vor dessen historistischer Verbildung – gleichsam ummantelt. Er glaubte nun, durch die Kunst des Vergessens diese ›Wahnbilder‹ wiederherstellen zu können – als Schutz gegen den schnöden Zeitgeist.

»Feuer, Trotz, Selbstvergessen und Liebe«, nach Nietzsche die »stärksten« und schützenswertesten »Instincte der Jugend,« seien durch den Historismus »entwurzelt« worden.[38] Die ›Historie‹ schade demnach dem jugendlichen ›Enthusiasmus‹, indem sie jede Tat und jedes (Kunst-)Werk relativiere. Die Kunst des Vergessens schließt jedoch nur vordergründig das ›jugendliche Selbstvergessen‹ mit ein, da es Nietzsche ja auch wie schon in seinem Angriff auf Strauß darauf ankam, das ›Wir‹ in seine ›wunderlichen Einzelleben‹ aufzulösen. Das Selbstvergessen verträgt sich insbesondere nicht mit Nietzsches Forderung nach der Heranbildung von ›Persönlichkeiten‹, die gleichsam primär gegenwartserfüllt seien.

Der moderne Mensch, so Nietzsche, leide an einer »geschwächten Persönlichkeit«, weil sein Aktionsradius, sein Wille zum Handeln durch übertriebene Rücksichtnahmen auf die ›Historie‹ beschränkt worden sei. Unter dem Ballast historischen Wissens verkümmere die Persönlichkeit. Nietzsche sieht in ihr nur noch den »genießenden und herumwandelnden Zuschauer«, der in einem Zustand lebte, in dem nicht einmal mehr große Revolutionen oder Kriege etwas zu ändern vermögen: »Noch ist der Krieg nicht beendet, und schon ist er in bedrucktes Papier hunderttausendfach umgesetzt, schon wird er als neuestes Reizmittel dem ermüdeten Gaumen der nach Historie Gierigen vorgesetzt. Es scheint fast unmöglich, daß ein starker und voller Ton selbst durch das mächtigste Hineingreifen in die Saiten erzeugt werde: sofort verhallt er wieder, im nächsten Augenblicke bereits klingt er historisch zart verflüchtigt und kraftlos ab [...] Vollbringt das Größte und Wunderbarste: es muß trotzdem sang- und klanglos zum Orkus ziehn. Denn die Kunst flieht, wenn ihr eure Thaten sofort mit dem historischen Zeltdach überspannt.«[39]

Die Krise der Persönlichkeit ist eine Bewußtseinskrise, die Nietzsche zwar als objektiven Mißstand der modernen Kultur beschreibt, der ihn jedoch durchaus auch selbst betraf. Das geht zumindest aus zwei Hinweisen hervor, die er in seinem Historien-Essay und einem Brief an Gersdorff gegeben hatte. In der Historienschrift mokiert er sich auffallend demonstrativ über einen Satz des Philosophen Eduard von Hartmann, der Zielscheibe der »Zweiten Unzeitgemäßen« und gleichsam ihr David Friedrich Strauß: »Darum rüstig vorwärts im Weltprozeß als Arbeiter im Weinberge des Herrn, denn der Prozess allein ist es, der zur Erlösung führen kann!«[40] Nietzsche störte daran der Primat des zur Erlösung führenden Werdens, das einer rein ›historischen‹ Bildung entstamme. Diesem Werden hält er mittelbar das vorsokratische Bekenntnis zum augenblickserfüllten Sein entgegen. Aber die eigentliche Spitze seiner Kritik an Hartmanns Erlösungszuversicht scheint – Richard Wagner und dessen musikdramatisches Erlösungspathos zu sein, das sich ja auch primär historisierender Stofflichkeit verdankte. Spannungen mit Wagner – auch und gerade latenter Art – führten immer zu Bewußtseinskrisen in Nietzsche. Und Bewußtseinskrisen konnten das Vorspiel zu möglichem

Persönlichkeitsverlust bedeuten. So mag man denn bereits in der »Zweiten Unzeitgemäßen« weitere Anzeichen für eine Destabilisierung des Verhältnisses zu Wagner erkennen. Anders gesagt: Nietzsche scheint hier (erstmals) gespürt zu haben, daß erst die Loslösung von der musikdramatisch aufbereiteten Historienwelt Wagners einen entscheidenden Beitrag zu seiner eigenen Persönlichkeitsbildung bedeuten würde.

In seinem Brief an Gersdorff vom 1. April 1874 begründet Nietzsche die eher verhaltene Reaktion auf seine »Zweite Unzeitgemäße« in einer für seine eigene Befindlichkeit aufschlußreichen Weise: »Ich dachte, wenn man von der Noth redet, daß solche die, welche ›in der Noth‹ sind, einen verstehen werden. Das ist auch gewiß wahr: aber‹ wo sind die, welche ›in der Noth‹ sind?«[41] Demnach war er es selbst gewesen, der in geistige Nöte geraten war; und seine »Zweite Unzeitgemäße« wäre folglich als ein einziger langer ›Notschrei‹ eines Gelehrten zu lesen, dem es unbehaglich in seiner Rolle geworden war. Mit seiner Historien-Schrift wie auch mit den drei anderen »Unzeitgemäßen« hatte er den Aufstand gegen das sekundäre Wissen geprobt.

Nietzsches großer Kollege in Basel, Jacob Burckhardt, antwortete auf Nietzsches Historismus-Kritik bezeichnenderweise mit dem selbstrechtfertigenden Hinweis, daß er selbst Geschichte nie »um der Weltgeschichte willen« gelehrt habe, sondern als Vorbereitung und Einübung in lebenspraktische Probleme.[42]

Es hat den Anschein, als habe Nietzsches wissensskeptischer Ansatz in Burckhardts Kapitel »Die freie Persönlichkeit« im dritten Band seiner »Griechischen Kulturgeschichte« seine Entsprechung gefunden, auch wenn er als Sinnbild dieser freien Persönlichkeit ausgerechnet jenen griechischen Philosophen anführt, dem Nietzsche die Verwissenschaftlichung der Kultur angelastet hatte: Sokrates. Burckhardt skizzierte einen Sokrates, der auf alles »eigentliche Wissen verzichtet« habe. Sokrates sei es nicht um Kenntnisse (mathémata) gegangen, sondern um ethische Einsichten.[43] Ein in diesem Zusammenhang weiterer wichtiger Unterschied zwischen Nietzsche und Burckhardt betrifft das Verständnis des Kosmopolitischen; Nietzsche sah es zum Zeitpunkt der »Zweiten Unzeitgemäßen« als eine kulturelle Verfallsform, als das Sich-Verlieren einer Kultur in vager Weltläufigkeit, während Burckhardt stets daran festgehalten hat, daß der Kosmopolitismus die, wie es in der »Kultur der Renaissance« heißt, »höchste Stufe des Individualismus« sei.[44]

Was Nietzsche mit seinem Plädoyer für eine aus heutiger Sicht problematische Enthistorisierung der Kultur und Kunst des Vergessens in erster Linie erreichen wollte, war eine Befreiung vom Verdikt des Epigonalen, mit dem der Historismus jeden Neubeginn relativieren und damit in seiner Wirkung abschwächen konnte. Mit seinem die »Zweite Unzeitgemäße« abschließenden Aufruf an die Jugend klagte er ihr Recht auf das Neuartige, Unverbildete ein. Jeder Jugend ihr unbeschriebenes Blatt, schien er auszurufen, jeder neuen Generation ihre Art der Lebenskunst. Wenn Nietzsche forderte, daß die Historie zum Kunstwerk ›umgebildet‹ werden solle, dann meinte dies auch einen quasi künstlerischen Umgang mit ihr: frei im Gestalten geschichtlicher Themen – notfalls wohl auch auf Kosten historischer Richtigkeit.

Was genau hat es mit dieser problematischen Kunst auf sich? In Nietzsches Augen solle sie sich eines wesentlichen ›modernen‹ Stilmittels begeben: der Ironie. Eigenartig genug: Der angehende Meister polemischen Denkens, der längst Ironie, ja, Sarkasmus virtuos zu handhaben wußte, ausgerechnet er argumentierte gegen die »ironische Existenz« und das »ironische Selbstbewußtsein« des modernen Menschen.[45] Auf ironische Weise entlarvte er den ironisch gewordenen Zeitgeist: »Unsere Zeit machte einen Ruck zur Selbstironie, und siehe! da war auch E[duard] von Hartmann dabei und hatte seine berühmte Philosophie des Unbewußten oder – um deutlicher zu reden – seine Philosophie der unbewußten Ironie geschrieben.« Hartmann nannte er zudem den »ersten philosophischen Parodisten«, weil er durch sein Wuchern mit dem Wort ›Welt‹ für sein Denken Welthaltigkeit erschleichen wollte.

Warum aber diese Kritik an der Ironie? Nietzsche entwarf in seinen beiden ersten »Unzeitgemäßen Betrachtungen« das Ideal einer originären, ursprünglichen, von Reflexion noch ungetrübten Kunst, die sich am Genie-Gedanken orientierte. Die Chiffre für diese Kunst ist in beiden »Unzeitgemäßen« – Hölderlin. In seinen Notizen zur »Ersten Unzeitgemäßen« zitierte er Hölderlins Hoffnung auf Deutschland:

Noch säumst und schweigst du, sinnest ein freudig Werk,
 Das von dir zeuge, sinnest ein neu Gebild,
  Das einzig wie du selber, das aus
   Liebe geboren und gut, wie du, sey.

Wo ist dein Delos, wo dein Olympia,
   Daß wir uns alle finden am höchsten Fest?
      Doch wie erräth dein Sohn, was du den
         Deinen, Unsterblichen, längst bereitest?[46]

Um dieses Hölderlinsche »neu Gebild« ging es Nietzsche, um genuinen Ausdruck, der sich nicht von historischem Wissen über, um in Hölderlins Sprachbildern zu bleiben, Delos oder Olympia verschütten läßt. Nietzsche strebte eine »Cultur der Einhelligkeit zwischen Leben, Denken, Scheinen und Wollen« an – ganz ohne »Verstellung und Convention«.[47] Genau hier setzt, in die philosophische Pädagogik übertragen, die »Dritte Unzeitgemäße Betrachtung« über »Schopenhauer als Erzieher« an.

Man schreibt das Jahr 1874. Nietzsche begann es mit einem Vorsatz: »[…] wenn man keine Gesundheit hat, soll man sich eine anschaffen.«[48] Seine Lebenskunst bestand aus einer Reihe von selbst erstellten Diätvorschriften nebst genauem Zeitplan für die diversen maßvollen Speisen. Die »vereinfachte Esseinrichtung« solle seinen Magen erleichtern. Seinem »Nervenunwesen« versuchte er dadurch beizukommen, daß er sich vornahm, »bis Ostern nichts Neues zu schreiben«.[49] An Bayreuth wagte er dabei nicht zu denken; »denn sonst ist es mit aller Nervenerholung zu Ende«.

Viel »Staatlich-Politisches« ging ihm durch den Kopf, und das meinte nach wie vor ›Reichsangelegenheiten‹, in diesem Falle die im Reichstag debattierten Militärgesetze, für Nietzsche Anlaß genug, von Gersdorff »militärische Litteratur« anzufordern. Schon im Februar konzipierte er in Gedanken »Richard Wagner in Bayreuth« und überdies eine Abhandlung zum Thema »Cicero und der romanische Begriff der Kultur«.[50]

Seltsam berührte ihn dann doch die Nachricht vom Tode des von ihm zum Erzbildungsphilister erklärten David Friedrich Strauß, den er wie folgt kommentierte: »Ich hoffe sehr daß ich ihm die letzte Lebenszeit nicht erschwert habe und daß er ohne etwas von mir zu wissen gestorben ist. – Es greift mich etwas an.«[51] Nietzsche schwankte zwischen kühnem Selbstbehauptungswillen, der ihn seinen Gegner Wilamowitz als ›Wilamops‹ verspotten und sich seinen Lehrer Ritschl bei dessen kopfschüttelnder Lektüre der »Zweiten Unzeitgemäßen« vorstellen ließ, und unverkennbarer Verunsicherung über seine Rolle als Universitätslehrer; Gersdorff gegenüber sprach er von einer »gewissen noch nicht wunsch- und wahnlosen Resignation«. Im selben Brief[52] vermeldete Nietzsche Fortschritte an der »Dritten Unzeitgemäßen«, die er noch unter dem an Hölderlins »Hyperion« gemahnenden Arbeitstitel »Schopenhauer unter den Deutschen« stand,[53] sowie die Fertigstellung seiner Komposition »Hymnus an die Freundschaft« für vier Hände »und ebenso viele Freundesherzen«. Noch einmal wollte Nietzsche die Parallelität von sprachlicher und musikalischer Komposition erzwingen, das Diskursive ins Kreative umschlagen lassen und umgekehrt. »Schopenhauer unter den Deutschen« sollte gleichsam ein Hymnus an diese Geistesfreundschaft werden und der »Hymnus« die österliche Feier des Willens zur Freundschaft darstellen.[54]

Die Arbeit an der »Dritten Unzeitgemäßen« ging dann im Sommer des Jahres 1874 im Hochgebirge weiter, in Bergün zwischen Schwefelbädern und Wanderungen mit

Freund Romundt. Die Entscheidung war gefallen, Schopenhauer als Erzieher vorzustellen, den Philosophen als einen ›ganzen Menschen‹, der aus den Niederungen des Philiströsen führt. In einem Fragment zur »Dritten Unzeitgemäßen« schrieb Nietzsche zu dieser Zeit: »Das eigenthümlichste Product eines Philosophen ist sein Leben, es ist sein Kunstwerk und als solches eben sowohl dem, welcher es schuf, wie den andern Menschen zugekehrt.«[55]

Als Nietzsche im August nach Bayreuth reiste, schien er das beinahe abgeschlossene Schopenhauer-Manuskript nicht im Gepäck gehabt zu haben; dafür aber seinen »Hymnus an die Freundschaft«. Zudem besaß er die Ungeschicklichkeit, das »Triumphlied« von Johannes Brahms den Bayreuthern zu empfehlen, die zu der Zeit ganz im Banne jener Bruchstücke stand, die Wagner an gewissen Abenden aus der im Vollenden begriffenen »Götterdämmerung« zum Besten gab. Oder war diese ›Ungeschicklichkeit‹ seitens Nietzsches, die zu ernsten Verstimmungen führte,[56] nichts weniger als eine kalkulierte Bösartigkeit? Hatte er das ›Triumphlied‹ von Brahms, eine ausgreifende, an Händels »Dettinger Te deum« ausgerichtete Oratorien-Komposition, durchaus ein Kunstwerk im Vergleich zu Wagners Beitrag zur Reichsgründung, der knappen Pflichtübung, dem »Kaisermarsch«, dessen Beitrag zur Reichsgründung, nicht wider besseres Wissen ›empfohlen‹? In Basel hatte Nietzsche das Werk im Juni 1874, von Brahms selbst dirigiert, zum ersten Mal gehört und Rohde gestanden: »Es war mir eine der schwersten aesthetischen Gewissens-Proben, mich mit Brahms auseinanderzusetzen; ich habe jetzt ein Meinungchen über diesen Mann. Doch noch sehr schüchtern.«[57]

Was hatte es auf sich mit diesen ›ästhetischen Gewissens-Proben‹? Sollte sich Nietzsche an den Kritiker-Manövern beteiligen, die Wagner und Brahms nach den Vorgaben des Wiener Musikkritikers, Eduard Hanslick, gegeneinander ausspielten? Oder ging es Nietzsche um die Frage, ob eine »Synthese« beider Musikauffassungen möglich sei, wie Janz vermutet?[58] Glaubte Nietzsche im Ernst, selbst eine solche ›Synthese‹ bewerkstelligen zu können? Und wenn nicht mit seinen musikalischen Kompositionen, dann vielleicht mit seinem Philosophieren oder seiner philosophischen Kunst?

Wenn man Nietzsche nach seiner »Vierten Unzeitgemäßen Betrachtung« zu Recht zugesteht, der erste Analytiker der Wagnerschen Scheinwelt gewesen zu sein, dann darf man aber auch umgekehrt behaupten, was oft versäumt wird, daß Wagner über ein sicheres Gespür für Nietzsches Schwächen verfügte. So erkannte er genau das Manko der Historienschrift, und das in einer Weise, die Nietzsches neuen Ansatz in »Schopenhauer als Erzieher« geradezu seherisch vorwegnahm. »Vom Nutzen und Nachtheil der Historie« beurteilte Wagner gegenüber Cosima wie folgt: »Es ist die Schrift eines sehr bedeutenden Menschen, und wenn er sehr berühmt werden sollte, wird auch diese Schrift einst beachtet werden. Sie ist aber noch sehr unreif, alle Anschaulichkeit fehlt ihr, weil er niemals Beispiele aus der Geschichte gibt und doch viele Wiederholungen und keine eigentliche Eintheilung hat. Diese Schrift ist zu schnell erschienen. Ich weiß niemanden, dem ich sie zur Lektüre geben könnte, weil ihm kein Mensch folgen kann. Die Grundidee hat Schopenhauer schon ausgesprochen, N. hätte sie viel mehr vom pädagogischen Standpunkt aus beleuchten sollen.«[59] Oder hatte sich Wagner nur deswegen so kritisch geäußert, weil er, der narzißtische Monomane, sich nicht gebührend in der Historienschrift wiedergefunden hatte? Wie dem auch sei: Obgleich Nietzsche diese Kritik Wagners nicht kennen konnte, setzte er genau diesen kritischen Ansatz, zu dem er selbst gefunden haben mußte, in der »Dritten Unzeitgemäßen« um. Die Essenz der Historienschrift blieb für ihn verbindlich, der Historismus als Grundübel der Kultur, wobei er nun als Kronzeugen Schopenhauer aufrief und ihn in erzieherischer Hinsicht erörterte oder zumindest: zu erörtern vorgab. Denn im Grunde kam es Nietzsche darauf an, am Beispiel Schopenhauers die Bedeutung des Philosophen in der Moderne zu bestimmen.

Von symbolischer Bedeutung dabei ist, daß er diesen Versuch autobiographisch ansetzte: »Will ich beschreiben, welches Ereignis für mich jener erste Blick wurde, den ich in Schopenhauer's Schriften warf ...«.[60] Nietzsche schildert, wie er den »wahren Philosophen als Erzieher« gesucht habe, der »einfach und ehrlich, im Leben und Denken, also unzeitgemäß« sei in einer Welt, in der nur noch das »Vielfache und Komplizierte« existiere. Nietzsche sieht Schopenhauer aus vorsokratischer Perspektive, auch wenn er als dessen ›Vorbild‹ Montaigne anführt, in bezug auf dessen »Ehrlichkeit« und »Heiterkeit«. Seltsam genug für Nietzsche – als Ideal bezeichnet er, zumindest eine Seite lang, mit einem Satz Schopenhauers den unkünstlerischen Denker: »Ein Philosoph muß sehr ehrlich sein, um sich keiner poetischen oder rhetorischen Hülfsmittel zu bedienen.«[61] Doch bereits im folgenden Kapitel empfiehlt er die Künstler als die wahren Unzeitgemäßen: »Unsre Künstler leben kühner und ehrlicher; und das mächtigste Beispiel, welches wir vor uns sehn, das Richard Wagners, zeigt, wie der Genius sich nicht fürchten darf, in den feindseligsten Widerspruch mit den bestehenden Formen und Ordnungen zu treten, wenn er die höhere Ordnung und Wahrheit, die in ihm lebt, an's Licht herausheben will.«[62] Kein Wunder, daß der so Gepriesene wesentlich günstiger über die Schopenhauer-Schrift seines schwierig gewordenen jungen Basler Freundes urteilen sollte.

Wichtig zu sehen ist, daß Nietzsche auch seine »Dritte Unzeitgemäße« als kulturkritische Studie gedacht hatte, wobei er die Kultur subjektivistischer denn je definierte: »[…] sie ist das Kind der Selbsterkenntnis und des Ungenügens an sich.«[63] Es ging ihm nicht um die eigentlichen Inhalte des Schopenhauerischen Denkens, sondern um die Frage, wozu Schopenhauer und das, wofür dieser Denker stand und steht, nämlich für das reflektiert Unzeitgemäße, erziehen solle: zu einem Kulturverständnis, und das sagte Nietzsche hier nachdrücklicher denn je, das die »Erzeugung des Philosophen, des Künstlers und des Heiligen in uns und außer uns« fördere. Aufklärung über sich selbst sei das Wesentliche des Schopenhauerischen Denkens gewesen; Nietzsche deutete dies als einen ›metaphysischen Zweck‹, wobei die Erfahrung des »Heiligen« oder des Größer-als-man-selbst-Seins hinzukommen müsse, damit sich das »Wunder der Verwandlung« erfahren lasse. Die Pointe dieses fünften ›Schopenhauer‹-Kapitels lautet dann: Das Interesse am eigenen Subjekt sei deswegen vonnöten, damit man im ›Heiligen‹, im »hellsten liebevollsten Feuer« das Wort ›ich‹ nicht mehr verstehe.[64] Wer, anders gesagt, nicht von sich selbst abzusehen lernt, kann nicht wirklich zu sehen hoffen, schon gar nicht die »metaphysische Bedeutung der Kultur«.

Vor diesem Hintergrund entwickelte Nietzsche dann im siebenten Kapitel seines Schopenhauer-Essays seine Hauptthese – vor allem auch in eigener Sache: Philosoph und Künstler seien komplementär in ihrem Bestreben zu verstehen, das Leben zu veredeln. »Der Künstler und der Philosoph sind Beweise gegen die Zweckmäßigkeit der Natur«, so Nietzsche.[65] Schon allein dadurch sehe es oft so aus, als sei »ein Künstler und zumal ein Philosoph nur zufällig in seiner Zeit«, und zwar »als Einsiedler oder als versprengter und zurückgebliebener Wanderer«.

Wohlweislich brachte Nietzsche im Zusammenhang mit Schopenhauer die Musik nur mittelbar ins Spiel; denn vor ihm hatte bereits Wagner in seinem Essay über Beethoven (1870) Schopenhauers »Metaphysik der Musik« in ihrem kulturstiftenden Sinne ›ausgewertet‹. Nietzsche setzte sich freilich von Schopenhauers These ab, nach welcher die Musik als der höchsten Kunstform »den Willen selbst« darstelle,[66] indem er behauptete, daß der Künstler, also auch der Musiker, »sein Werk nach dem Willen der Natur zum Wohle der anderen Menschen« schaffe.[67] Damit lag Nietzsche jedoch näher bei Schelling als bei Schopenhauer. Schließlich hatte Schelling die Natur als einen kunstvollen Organismus beschrieben und als organischstes Kunstwerk.[68] Es kann hier nur angedeutet werden, daß Nietzsche von Schelling auch dessen These von der Poetisierung der Philosophie übernommen hatte, die für Schelling von der folgenden Überlegung ausgegangen war: »Was wir Natur nennen, ist ein Gedicht, das in geheimer wunderbarer Schrift verschlossen liegt.«[69]

Wie auch immer: Die Bühne innerhalb der »Unzeitgemäßen Betrachtungen« war nunmehr frei für den Auftritt des »kühnsten Künstlers«, Richard Wagner, wenn auch Nietzsche noch zehn weitere »Unzeitgemäße« Anfang 1875 geplant und für ihre Ausarbeitung noch fünf weitere Jahre vorgesehen hatte, um seine »Seele von all dem polemisch-leidenschaftlichen Wuste möglichst zu säubern«.[70]

Die »Unzeitgemäßen« beschreiben Nietzsches Weg zur Analyse des Phänomens Richard Wagner gleichsam als des Urkünstlers der Moderne. Sie kulminieren in einem Versuch, der die zwingende Notwendigkeit der Kunst im Leben nachzuweisen sich vornimmt. Nietzsche idealisierte das »Bayreuther Ereigniss« als »erste Weltumseglung im Reiche der Kunst« und als Entdeckung der Kunst an sich.[71] Wie gesehen, hatte sich spätestens seit seinem Essay über »Schopenhauer als Erzieher« abgezeichnet, daß Nietzsche sich ausführlicher mit Wagner im Rahmen der »Unzeitgemäßen« auseinandersetzen würde. Und doch sind die Umstände der Entstehung der Schrift über »Richard Wagner in Bayreuth« eigenartig genug. Gesundheitliche Probleme zwangen ihn im Sommer 1875 zu einem längeren Kuraufenthalt im badischen Schwarzwald.[72] Die vorläufige Diagnose lautete: »Chronischer Magenkatarrh mit bedeutender Erweiterung des Magens«, zudem eine nervöse Disposition, die zu Erbrechen auch bei leerem Magen führte. Nietzsche wußte sich vorläufig gut bei dem Steinabader Kurarzt, Dr. Josef Wiel, aufgehoben, der ihm das Arbeiten durchaus nicht verbot, jedoch strikte Diät anordnete; Diätpläne, die Nietzsche inzwischen selbst aufzustellen verstand, wurden mehr und mehr Bestandteile seiner Lebenspläne. Und die verordneten langen Spaziergänge in den umliegenden Wäldern kamen Nietzsches peripatetischer Lebensweise ohnehin entgegen.

›Eigenartig‹ sind also nicht diese Umstände für seine Arbeit an der »Vierten Unzeitgemäßen« gewesen, sondern eher die Lektüre, die er zur Einstimmung las: Nationalökonomische Studien, Werke zur Handelsbetriebslehre und zu Welthandelsfragen, eine Theatergeschichte von Edouard Schuré, ein »inhaltsreiches Manuscript über J. Burckhardt's griechische Cultur«, ein Lehrbuch über »Die Erhaltung der Energie« von Basil Stewart und vor allem Karl Eugen Dührings 1865 erschienenes Buch »Der Werth des Lebens«, aus dem Nietzsche ausführliche Auszüge anfertigte und kommentierte. Eine wichtige Bemerkung, die Nietzsche aus seiner Dühring-Lektüre gewann und die auch für sein Verständnis von Kunst erhebliche Bedeutung haben sollte, lautet: »Wir sind von vornherein unlogische und daher auch ungerechte Wesen und können dies erkennen! Das ist eine der ungeheuersten Disharmonien des Daseins! Wir tragen doch ein Maaß in uns, womit wir hier das Dasein messen und das ganz unverrückbar ist: es wird wohl der Satz der Identität sein. Wiederum ist dieses Maaß gerade die einzige Harmonie, welche wir kennen.«[73] Die Kunst hat diese ›Disharmonien‹ zum Gegenstand, Wagners Kunst zumal. Und gleichfalls mit Blick auf Wagner konnte dieser Satz aus seinem von Dühring abgeleiteten »Evangelium« entstanden sein: »Wen man verehrt, den liebt man nicht, das ist bekannt. Und der würde am reinsten lieben, der das geliebte Ding gar nicht verehren, sondern verachten müßte.«[74] Hinsichtlich Wagners und Bayreuths begann Nietzsche diese Art der verachtenden ›reinen Liebe‹ in sich zu entwickeln.

Was bedeutet nun Nietzsches in bezug auf Wagner ›fachfremde‹ Beschäftigung? Warum diese Lektüreumwege, wenn es ihm doch darum ging, die »allmähliche Fortsetzung meiner Unzeitgemäßen Betrachtungen zunächst mit ›Richard Wagner in Bayreuth‹« anzugehen?[75] Aller Wahrscheinlichkeit nach dürfte der Grund Abstand vom Stoff, Distanz zum Gegenstand ›Richard Wagner‹ gewesen sein.

Eine Spur jedoch hinterließ die nationalökonomische Lektüre in Nietzsches Aufzeichnungen über Wagner sogleich: Die Bayreuther Unternehmung begriff er als quasi »genossenschaftliche« Organisation.[76] Ansonsten aber schien sich Nietzsche seit seinem alles in allem ernüchternden zweiwöchigem Bayreuth-Aufenthalt im August 1874 darüber im klaren geworden zu sein, daß kritischer Abstand zu dieser ›Unternehmung‹ unabdingbar war, um das ›Maaß‹ beurteilen zu können, das an Wagner in Bayreuth angelegt werden müsse. Nietzsches Gesundheitszustand, dies zeichnete sich in Steinabad ebenfalls ab, würde es ihm nicht erlauben, im Sommer 1875 wieder nach Bayreuth zu gehen, um die großen Proben für die Bayreuther Premiere im darauf folgenden Jahr miterleben zu können. Freund Gersdorff würde ihn dort zu vertreten haben, wie er diesem im Juli 1875 mitteilte.[77] Doch nicht nur seinem Magen, sondern auch der Niederschrift

der »Vierten Unzeitgemäßen« wäre ein neuerlicher Bayreuth-Aufenthalt abträglich gewesen. Nur aus beträcht-
licher Entfernung konnte die Idealisierung Wagners noch
einmal, ein letztes Mal gelingen. Nur das ›Pathos der
Distanz‹ erlaubte es ihm, auf subtilste Weise in seine Bay-
reuth-Hymne Kritik an Wagners gigantomanischem Projekt einfließen zu lassen. Was dabei entstand, hielt Nietzsche, wieder zurück in Basel, freilich zunächst für »unpu-
blicirbar«;[78] zu offensichtlich erschien ihm die Kritik an
Wagner in seiner »Vierten Unzeitgemäßen«. Noch wagte
er keinen offenen Bruch mit dem geliebt-verachteten
Meister. Deutlicher gar, aber auch widersprüchlicher in
einem Brief an Rohde: »Meine Betrachtung unter dem
Titel ›Richard W. in Bayreuth‹ wird nicht gedruckt, sie ist
fast fertig, ich bin aber weit hinter dem zurück geblieben,
was ich von mir fordere; und so hat sie nur für mich den
Werth einer neuen Orientierung über den schwersten
Punkt unserer bisherigen Erlebnisse. Ich stehe nicht darüber und sehe ein, daß mir selber die Orientierung nicht
völlig gelungen ist – geschweige denn daß ich andern helfen könne!«[79]

Was Nietzsche in den Wäldern des Steinathals entwik-
kelte und in langen Notizen ausarbeitete, wurde sein
Credo in Sachen Kunst und gleichzeitig sein erster ent-
scheidener Schritt weg von Wagner. Was dieser später als
reine Festschrift rühmen sollte, war bereits das erste Stadium *reinen* Widerspruchs zu Bayreuth, Loslösung vom
romantischen Kunstbegriff und eine Reihe durch Natur-
nähe inspirierter Reflexionen über die drohende Künst-
lichkeit des Schauspiels von Bayreuth. Noch rechnete
Nietzsche nicht ab mit Wagner; aber er, der Leser gewis-

ser Handelsbetriebslehren, rechnete die geistige Substanz dieses Projekts nach. Sein Ergebnis waren Skepsis, Zwiespältigkeit und Fragen über Fragen, die er jedoch noch rhetorisch wirksam zu verkappen wußte.

Die Reihe der Zweideutigkeiten beginnt mit dem seherischen Satz: »In Bayreuth ist auch der Zuschauer anschauenswerth, es ist kein Zweifel.«[80] Daß die Rezipienten Wagners ihrerseits zu einem Fall der Rezeption wurden, war zu diesem Zeitpunkt für Nietzsche noch Anlaß, sich scheinbar mit ihnen gemein zu machen; auch sie erklärt er zu »unzeitgemäßen Menschen«, die »anderswo ihre Heimath als in der Zeit« haben.[81] Die sogenannten »Gebildeten« der Zeit kämen Wagner und den Bayreuthern nur durch das Mittel der Parodie bei, die wiederum in Feindseligkeit umschlagen könne, womit sich Nietzsche sein eigenes Verhalten zum Fall Wagner und der Wagnerianer gleichsam vorschrieb.

In Wagners Werk sah Nietzsche die »wiederauferstandene Kunst« am Ende der Religion. Es ist für Stil und Rhetorik der »Vierten Unzeitgemäßen« charakteristisch, daß sie Wagners Kunst in quasi heilsgeschichtlicher Sicht vorstellt, als säkularisierte Religion der Kunst. In ihr erlebe, so Nietzsche, die Welt der griechischen Tragödie, aber auch der Weimarer Klassiker ihre unüberbietbare Vollendung.[82] Mehr noch: In den fragmentarisch überlieferten Vorarbeiten zu »Richard Wagner in Bayreuth« geht Nietzsche sogar so weit, zu behaupten, daß »alle Gelehrten nur für ihn [Wagner] gearbeitet« hätten. Ihre Forschungen zur Mythologie, ihre kulturwissenschaftlichen Einsichten würden in (und durch) Wagners Kunst aufgehoben.[83] Und warum? Weil Wagner die großen Synthesen gelungen seien. Weil er das Synthetisieren zur Kunst erhoben habe. (Nietzsche wies sich schon hier die Rolle des großen Analytikers dieser ›Synthesen‹ zu; er glaubte sich bereits sicher genug, um kundzutun, daß er dieses Synthetisieren zu *durchschauen* in der Lage sei.)

Was es mit diesem Synthetisieren auf sich habe, erklärte Nietzsche nicht mit Verweisen auf Hegelsche Denkmuster, sondern mit mythologischen Anspielungen. Wagner nannte er einen »Gegen-Alexander«, weil es in der Moderne, nach dem legendären Durchschlagen des gordischen Knotens darauf ankomme, diesen neu zu knüpfen. Wagner habe, so Nietzsche, die Enden dieses Knotens, die umherliegenden ›Kultur-Stücke‹ aufgenommen und neu zusammengeschlossen: »Denn er [Wagner] ist ein Zusammenbildner und Beseeler des Zusammengebrachten, ein Vereinfacher der Welt.«[84]

Da eine solche synthetisierende Großtat durch Wagners Können gelungen ist, wozu dann noch Analyse, wozu dann den Nach-Denker Nietzsche? Das ist eine Frage, die durch den ganzen rhetorischen Aufwand der »Vierten Unzeitgemäßen« hindurch erkennbar bleibt. Nietzsches Antwort: weil einer da sein muß, der ausspricht, daß diese dem modernen Menschen lebensnotwendige ›Vereinfachung‹ der Welt, diese »kürzere Lösung der Lebens-Räthsel« Schein sei.[85] Weil Kunst interpretationsbedürftig bleibe. Und weil die Kunst keine »Lehrerin und Erzieherin für das unmittelbare Handeln« sei.[86]

Das Leiden an der Zivilisation, die Zivilisationskrankheit überhaupt sei, so Nietzsche, die dem Natürlichen entfremdete Sprache. »Der Mensch kann sich in seiner Noth vermöge der Sprache [...] nicht wahrhaft mittheilen.«[87] Sogar vom »Wahnsinn der allgemeinen Begriffe« ist in diesem Zusammenhang bei Nietzsche die Rede, von dem Wagners Musik befreien könne, da sie »wiedergefundene Sprache« sei. In Wagners Kunst habe »die Seele der Musik sich einen Leib gestaltet«. Das brachte Nietzsche sogar so weit, gegen Platon in Wagners Namen zu fordern, »den Staat auf Musik zu gründen«, da sie alles Menschliche und Soziale durchdringen könne.[88]

›Gesamtkunstwerk‹ bedeutet nach Nietzsche die Bühne für diesen ›Staat‹, genauer: Zustand des Empfindens, Denkens und Handelns; es ergibt sich dadurch, daß Wagners Kunst ihn immer einen »doppelten Weg führt, aus einer Welt als Hörspiel in eine räthselhaft verwandte Welt als Schauspiel und umgekehrt«.[89] In diesem Zusammenhang nannte Nietzsche Wagner, wiederum in anzüglicher Zweideutigkeit, den »größten Zauberer und Beglücker unter den Sterblichen«, einen »Kritiker des ›Effectes‹« à la Grande Opéra, aber auch einen »Revolutionär der Gesellschaft«, indem er den »Gedanken von Bayreuth« entwickelt habe.[90] In seinen Notizen bezog Nietzsche Wagners »Revolution« noch auf dessen Forderung, der Kunst ihre »öffentliche Würde«[91] zu geben, mithin soziale und politische Anerkennung.

Das eigentliche Crescendo in Nietzsches »Vierter Unzeitgemäßer Betrachtung«, der Höhepunkt seiner Argumentation ist im neunten Kapitel erreicht. Zwar handelte Nietzsche in diesem Kapitel dezidiert über Wagner, aber gleichzeitig meinte er sich selber und seine Aufgabe als Denker, genauer: als Durch- und Zuende-Denker der Wagnerschen Kunst. Dabei bedachte er Wagners Musik aus dem Blickwinkel von dessen dichterischem Vermögen, das er empfiehlt, (endlich) ernst zu nehmen. Wagner denke mythisch, urteilte Nietzsche, und nicht primär in Begriffen. Dann die erste Hauptthese, die auf die Essenz der »Geburt der Tragödie« aufbaute: Der Mythus »ist selber ein Denken; er theilt eine Vorstellung von der Welt mit, aber in der Abfolge von Vorgängen, Handlungen und Leiden. Der Ring des Nibelungen ist ein ungeheures Gedankensystem ohne die begriffliche Form des Gedankens.«[92] Nun scheint sich Nietzsche die ihn selbst betreffende Aufgabe zu stellen: »Vielleicht könnte ein Philosoph etwas ganz Entsprechendes ihm zur Seite stellen, das ganz ohne Bild und Handlung wäre und blos in Begriffen zu uns spräche: dann hätte man das Gleiche in zwei disparaten Sphären dargestellt: einmal für das Volk und einmal für den Gegensatz des Volkes, den theoretischen Menschen.«[93] Aber aus der »Dritten Unzeitgemäßen« ist bekannt, daß Nietzsche gerade nicht mit dem ›theoretischen Menschen‹, dem Bildungsphilister, gemeinsame Sache machen möchte. Was sich ihm als Aufgabe aufdrängt, ist die Ermittlung einer Position zwischen dem (›naiven‹) Volk und dem ›theoretischen Menschen‹, zwischen dem reinen Künstler und bloßen Philosophen. Nietzsche betonte, daß Wagners musikdramatische Kunst auch durch die Art der Sprachbehandlung revolutionär sei; denn es sei ihm gelungen, die Sprache in einen »Urzustand zurückzuführen, wo sie fast noch nicht in Begriffen denkt, wo sie noch selber Dichtung, Bild und Gefühl ist«.[94] Das ist ein unmittelbares Echo auf Wagners Frage gewesen, die er in einem Gespräch mit Nietzsche in Bayreuth im November 1873 aufgeworfen hatte: »Ist es jetzt noch möglich, auf den Quell der [deutschen]

Sprache zurückzugehen« und sich auf den Reichtum der Flexionen zu besinnen?[95] Bedenkt man Wagners leidenschaftliches Interesse an der deutschen Sprache, mußte ihn Nietzsches Zweifel am Ausdruckswert des Deutschen besonders treffen.[96]

Indem Nietzsche geradezu hymnisch Wagners (dichterische) Sprache pries und dessen Fähigkeit, »die tonvolle Kraft ihrer Wurzeln« freizulegen, indem er auf die »unsingbaren Hülfszeitwörter« und das »schwerfällige Partikelwesen unserer Satzfügung« weitgehend verzichte, entwarf er mittelbar seine eigenen Stilprinzipien, auf die als einem Abbild seiner Denk-Kunst noch einzugehen sein wird. Bei Wagner stellte er eine nur noch mit Goethe vergleichbare »Lust an dem Deutschen« fest; im einzelnen bedeutete das: »Leiblichkeit des Ausdruckes, verwegene Gedrängtheit, Gewalt und rhythmische Vielartigkeit, ein merkwürdiger Reichthum an starken und bedeutenden Wörtern, Vereinfachung der Satzgliederung, eine fast einzige Erfindsamkeit in der Sprache des wogenden Gefühls und der Ahnung, eine mitunter ganz rein sprudelnde Volksthümlichkeit und Sprüchwörtlichkeit...«.[97]

Was Nietzsche über Wagners Stil schrieb, beeinflußte seinen eigenen: In der »Vierten Unzeitgemäßen« entfaltete sich Nietzsches Sprachkunst in einer bis dahin nicht gekannten Weise; seine darin vorgetragenen Gedanken sind gewissermaßen ›gesungene‹ Gedanken. Man nehme allein den folgenden Abschnitt:

Von Wagner, dem Musiker, wäre [...] zu sagen, daß er Allem in der Natur, was bis jetzt nicht reden wollte, eine Sprache gegeben hat: er glaubt nicht daran, daß es etwas Stummes geben müsse. Er taucht auch in Morgenröthe, Wald, Nebel, Kluft, Bergeshöhe, Nacht-schauer, Mondesglanz hinein und merkt ihnen ein heimliches Begehren ab: sie wollen auch tönen. Wenn der Philosoph sagt, es ist Ein Wille, der in der belebten und unbelebten Natur nach Dasein dürstet, so fügt der Musiker hinzu: und dieser Wille will, auf allen Stufen, ein tönendes Dasein.[98]

Entsprechend konnte Nietzsche auch notieren, aber nur für sich selbst, daß das Wesen dieser Wagnerschen Kün-ste »Selbstentäußerung« gewesen sei, ein »Eingehen in fremde Seelen« und Lust an »Vertauschung«.[99] Im eigent-lichen Versuch über Wagner ging Nietzsche im Grunde jedoch noch einen Schritt weiter, indem er von dessen »unersättlichen Trieb« sprach, sich mitzuteilen; ja, er sprach sogar von Wagners »dämonischer Mittheilbar-keit«.[100] Wagner habe nun, so Nietzsche, »im Bereiche der Musik das Gleiche gethan, was im Bereiche der Plastik der Erfinder der Freigruppe that.«[101]

Was ist damit gemeint? Daß Wagner seine Kunst frei-gesetzt, freigestellt und mithin willentlich exponiert habe. Im solchermaßen Ungeschützten komme diese Kunst zu sich selbst. Wiederum verbirgt sich hinter dieser These eine Aufforderung Nietzsches an sich selbst: im Bereich des Denkens gelte es für ihn, eine solche ›Freigruppe‹ der Gedanken zu schaffen.

In der »Vierten Unzeitgemäßen Betrachtung« mobili-sierte Nietzsche noch einmal seinen ganzen Enthusias-mus für Wagner und das Bayreuther Projekt, aber das in einem so dramatischen Ausmaß, daß es verdächtig wir-ken mußte – vor allem auf ihn selbst. Die verschleierte Kritik, die unter anderem in Begriffen wie »dämonische

Mittheilbarkeit« Wagners und dessen »unersättlichem Trieb« zur Selbstentäußerung aufschien, zeigt sich deutlicher in den fragmentarischen Vorarbeiten zu »Richard Wagner in Bayreuth«; doch auch hier hat es zuweilen den Anschein, als habe Nietzsche sich selbst seine Irritation mit dem Phänomen Wagner und Bayreuth nicht eingestehen wollen. Gelegentlich tauchen in den Notizen zur »Vierten Unzeitgemäßen« bange Fragen auf: »Was Wagner sein wird? —«[102]

Es ist dies der Typus der feststellenden Frage, die Nietzsche bis »Ecce homo« pflegen wird. In der »Vierten Unzeitgemäßen« gehen ihr die rhetorischen Fragen: »Was er ist und wie er es ward« sowie: »Was er kann« voraus. Um einiges bedenklicher notierte Nietzsche einige Aufzeichnungen später: »Das Gefährliche in Wagner«,[103] ein Stichpunkt, der in der Bayreuth-Schrift offenbar als ein eigenständiger Abschnitt geplant war. Dann — nach einigen Seiten des Rühmens — die Frage: »Was ist Bayreuth? Nichts Harmloses«, gefolgt von einer Spur Selbstkritik: »Vielleicht übertreibt unsere Empfindung etwas: wir sind genöthigt, zuviel Nöthe durch Eins wieder gut zu machen, durch Bayreuth.« Schließlich noch unumwundener: »Das ist eine Revolution, was jetzt in Bayreuth vor sich geht, die Constitution einer neuen Macht, die fern davon ist, sich nur aesthetisch zu fühlen.«[104]

Neben schwerwiegenden Bedenken dieser Art findet sich in den besagten Notizen jedoch auch eine treffende Charakterisierung der Werke Wagners, die bis 1875 vorlagen und die nach Nietzsches Ansicht neben dessen synthetisierender Kraft auch dessen polarisierendes Vermögen unter Beweis stellten. Letztere betonte er hier:

Rienzi – Gegensatz zur ›Ordnung‹, der Reformator.

Holländer – das Mythische gegen das Historische.

Tannhäuser Lohengrin – das Katholische gegen
das Protestantische (das Romantische gegen die
Aufklärung).

Meistersinger – Gegensatz zur Civilisation, das
Deutsche gegen das Französische.

Tristan – Gegensatz zur Erscheinung, das Metaphysische gegen das Leben.

Nibelungen – freiwilliges Verzichten der bisherigen
Weltmächte: Gegensätze von Weltperioden –
mit Umwandlung der Richtung und der Ziele.[105]

Nietzsches Erkenntnis dieses ›Gegensatzes‹ oder der
Entgegensetzungen in Wagners Werk und die Gegnerschaft dieses Komponisten zu herkömmlichen an die
Oper gerichteten Erwartungen bedeutete gleichzeitig den
ersten Schritt zu seiner, Nietzsches, Gegnerschaft zu
Wagner. Kein Zweifel, Nietzsche hatte begonnen, sich
dieses ›Gegen‹ selbst zueigen zu machen. Dieses ›Projekt‹
sollte dreizehn Jahre später in der Schrift »Nietzsche contra Wagner« zum Abschluß kommen. Was Nietzsche in
seiner »Vierten Unzeitgemäßen« über Wagner schrieb,
traf in vollem Umfange auch auf ihn selbst zu: »[…] er
ist immer ein Leidender, wenn er schreibt […]«.[106] Für
Nietzsche galt jedoch auch: »Der moderne Künstler hat
immer erst zu reinigen, ehe er schaffen kann – meistens
wird die Reinigung zuerst eine persönliche sein.«[107] Man
gewinnt den Eindruck, daß dieser erste Schritt in Richtung einer Klärung des Verhältnisses zu Wagner, die immer auch eine versuchte Selbstklärung bleiben sollte, eine
solche ›Reinigung‹ bedeutete. Erst jetzt, vor allem aber

nach seiner Krise im Bayreuther Sommers 1876, als er vorzeitig abreisen mußte, weil er den Festspielbetrieb nicht mehr aushielt, erst jetzt konnte er sich *frei*denken; erst jetzt konnte er damit beginnen, seine Gedanken zu einer plastischen ›Freigruppe‹ zu formen; und erst jetzt wurde es ihm möglich, einen neuen Stil des Denkens zu wagen.

Stilfragen

Nichts belegt Nietzsches denkästhetischen Ansatz anschaulicher als seine Arbeit am eigenen Stil. Wie bereits verschiedentlich bemerkt, hatte diese Arbeit schon seine ersten intellektuellen Entwicklungsstufen maßgeblich begleitet. Von seinem Schulpfortaer Sallust-Erlebnis, das er selbst als eine besondere Stil-Erfahrung beschrieben hatte, war die Rede gewesen, desgleichen von seiner Neigung, den Stil der Briefe seiner Schwester zu kritisieren; der Bonner Student hatte die Stilfrage an sich selbst gerichtet, um zu entscheiden, was der Unterschied zwischen einem Philologen und einem Philosophen sei. Im Frühjahr 1867 war er dann sogar in eine regelrechte Stilkrise geraten. Seinen philologischen Arbeiten wollte er ein »künstlerisches Kleid« geben,[1] mußte aber feststellen, daß er zu lange »in einer stilistischen Unschuld« gelebt und »schlechterdings keinen Stil« habe.[2] Und im März 1870 schreibt der junge Basler Professor seinem einstigen Lehrer, Friedrich Ritschl, nach Leipzig: »Mich freut es übrigens, wieder einmal eine Nöthigung zum Lateinschreiben zu haben, um durch Übung meinen bald fadenscheinigen bald fetten, immer ungesunden Stil etwas zu bessern.«[3] Drei Jahre später wiederholt er dieses Argument gegenüber Malwida von Meysenburg, wenngleich in allgemeinerer Form und in unüberhörbar kulturkritischer Absicht: Für ein deutsches Kind sei es ein »wahres Glück, zuerst in einer regelrechten strengen Cultursprache, Französisch oder Latein, erzogen zu werden, damit sich ein kräftiges Stilgefühl entwickle, das nachher auch der später gelernten, etwas barbarischen Muttersprache zugute käme«. Dem folgt die polemische Überbietung dieser These in der Tonlage ›unzeitgemäßer Betrachtungen‹: »Warum schreibt denn Schopenhauer so vortrefflich? Weil er viele Jugendjahre hindurch fast nur französisch oder englisch oder spanisch gesprochen hat. Dann hat er, wie er selbst sagt, außerordentlich den Seneca, zu diesem Zwecke studirt und nachgeahmt. Aber wie ein Deutscher, durch deutsche Lektüre, zu einem Stil kommen soll oder gar durch deutsche Unterhaltung und Geselligkeit, begreife ich nicht. Das Schwankende soll sich am Festen bilden: aber in Deutschland, im Lande der wüstesten Buch- und Zeitungsmacherei (im Jahre 1872 allein 12000 deutsche Bücher!) da sollte Jemand im Sprechen und Schreiben Stil lernen?«[4] Stilkritik bedeutete für Nietzsche, das geht bereits aus diesen wenigen Zitaten überdeutlich hervor, Bewußtseins- und Kulturkritik mit kathartischen Zügen.

Es schien, daß Nietzsche mit »Richard Wagner in Bayreuth« wie überhaupt mit den »Unzeitgemäßen Betrachtungen« seinen Stil gefunden habe, den Stil einer Kulturkritik, die sich vor allem als Kontrapunkt zum nationalen Pathos verstand. Freilich: Nietzsches »Vierte Unzeitgemäße« war für ihn selbst weitaus mehr gewesen als nur ein Stück Kulturkritik: »Es ist fast als ob ich mich selber aufs Spiel gesetzt hätte« durch diese letzte »Betrachtung«, bekannte er in einem Briefentwurf an die Wagners im Juli 1876.[5] Das meinte doch wohl auch: Diese Auseinandersetzung mit dem übergroßen Vorbild überstanden zu haben war einer Selbstüberwindung Nietzsches gleichgekommen. Um so krasser die Fallhöhe, als er im Sommer jenes Jahres mit der Wirklichkeit seines Bayreuth-Ideals konfrontiert wurde. Diese Wirklichkeit, der Kultur-Betrieb des ersten Festspielsommers, vor dem ihm buchstäblich übel wurde, konnte er nur fliehen (nach Klingenbrunn in den bayerischen Wald); stilbildend vermochte diese Erfahrung nicht zu werden. Auch das ist wörtlich zu verstehen: Nietzsche sah sich nicht in der Lage, in jenem Stil weiterzuschreiben, mit dem er die ›Idee Bayreuth‹ propagiert hatte. Die Kritik der ersten »Unzeitgemäßen Betrachtungen« hatte zur Bayreuth-Schrift geführt; in ihr sollte sie umschlagen in die Bejahung eines unzeitgemäßen Ideals. In Bayreuth, so hatte Nietzsche ursprünglich gedacht, sollte eine ganze Epoche ihre ›Erlösung‹ vom Banalen, Trivialen finden. Nun hatte sich vor seinen Augen dieses ›Ideal‹ als allzu ›zeitgemäß‹ erwiesen, hatte sich kompromittiert, ja, prostituiert, der Macht angebiedert und sich läppischer Bierseligkeit in den Pausen der Mythenopern ergeben. Der Flammenkreis, den Wotan um Brünnhilde legte und der sich, so wäre es Nietzsche recht gewesen, auch um den Grünen Hügel hätte legen sollen, hatte sich als Strohfeuer erwiesen, zur belustigenden Erbauung der ›Bildungsphilister‹.

Nietzsche selbst war offenbar nur noch danach zumute gewesen, aus diesen Wagnerschen Kreisen (des »Rings« und der Bayreuther Gemeinde) auszubrechen. Wie am Ende der »Walküre« Wotans Speerspitze zu bannen vermochte, so ging Nietzsche nun dazu über, mit speerspitzengleichen Sätzen dieses Wagnersche Werk ›zu bannen‹. Werner Ross hat auf den Unterschied zwischen Wagners von weit ausgreifenden Perioden geprägten »Styl« und Nietzsches seit der Attacke auf David Friedrich Strauß federnden »Stil« hingewiesen.[6] Das ist im Prinzip durchaus zutreffend, wenngleich er den »Streit über die Schreibung« dieses Wortes etwas überbetonte. »Styl« findet sich bei Nietzsche auch nach 1876 dann, wenn er nicht auf Wagner Bezug nahm.

Nietzsche sah, daß Wagner »als Künstler der Zukunft nach der Begründung einer Styl-Tradition« strebte,[7] einer Tradition, von der er sich jedoch absetzen wollte. Er verlor mit diesem Vorhaben keine Zeit. Wie die Notizbücher, die nachgelassenen Fragmente zeigen, begann Nietzsche, sofern die Datierung »Frühling 1876« zutrifft, unmittelbar nach Abschluß seiner »Vierten Unzeitgemäßen« mit stilkritischen Aufzeichnungen, die von der Überzeugung geleitet waren, daß es nunmehr die rechte Zeit sei, sich »mit der deutschen Sprache endlich artistisch zu befassen«, also mit ihrer ästhetischen Qualität. Bereits seine erste Überlegung zu Stilfragen beinhaltete eine Abgrenzung von Wagner, dem er einen irreführenden Gebrauch »hypothetischer Sätze« vorwarf, desgleichen seine »langen Perioden«.[8] Noch im Winter 1883/84 versuchte er, sich über den »Stil des Verfalls bei Wagner« klarzuwerden. Er begründete ihn mit dessen Neigung, »einzelne Wendung[en] souverän« zu setzen, ohne sich um »die Unterordnung und Einordnung« zu kümmern; Fragen der Syntax, aber eben auch des musikalischen Periodenbaus seien bei Wagner »zufällig« geworden.[9]

Rückert wiederum kreidete Nietzsche an, daß dieser »Imperfect, Präsens und Perfect in verderblicher Weise« nebeneinander gestellt habe; der nachlässige Gebrauch

des Genetivs sorgt ihn, das um sich greifende »Hülfs-
zeitwort[un]wesen, die »Einschachtelung der Präposi-
tionen«, die übermäßige »Bildung mit ›daß‹«. Dann
nimmt er sich »die Wirkungen Hegel's und Heine's auf
den deutschen Stil« vor und befindet: »Letzterer zerstört
das kaum fertige Werk unserer grossen Sprachkünstler,
nämlich das kaum errungene Gefühl für einheitliche
Farbe des Stils; er liebt die bunte Hanswurstjacke. Seine
Einfälle, seine Bilder, seine Beobachtungen, seine sen-
timents, seine Worte passen nicht zu einander, er be-
herrscht als Virtuose alle Stilarten, aber benutzt diese
Herrschaft nur um sie durcheinander zu werfen. Bei
Hegel ist alles nichtswürdiges Grau, bei Heine electri-
sches Farbenspiel, das aber die Augen eben so fürchterlich angreift, als jenes Grau sie abstumpft. Hegel als Stilist
ist ein Factor, Heine ein Farceur. –«[10]

Nietzsche wollte sich zu diesem Zeitpunkt Klarheit
über grundlegende Fragen des Stils verschaffen, um gegen das »unreine Denken« in sich selbst und in der ihn
umgebenden Kultur anzugehen. Entsprechend forderte
er eine »Ernüchterung der Denkart« vermittels eines intellektuellen Stils, der sich im Gegensatz zum »Stil des
Willens« heranbildet, wobei er das ›Ethos‹ des Sehers
nutzt, aber nicht das »Pathos«.

Der »Stil unreinen Denkens« versteht sich fraglos als
Chiffre für Wagners Sprache; gegen sie hält er das Gebot
der Kürze. Dieses Gebot ergab sich für Nietzsche aber
auch aus einem anderen Grund, der mit seiner prinzipiel-
len »Schriftskepsis« zu tun hatte: Das geschriebene Wort
hielt er im Vergleich zum gesprochenen für defizitär, da
ihm die Möglichkeit der Betonung fehle. Folglich müsse,

so Nietzsche, »die Schriftsprache übersichtlicher kürzer unzweideutiger sein, ihre größte Mühe ist es aber, die Leidenschaften der Betonung ungefähr nachfühlen zu lassen. Frage: wie hebt man ein Wort heraus, ohne den Ton zu hülfe zu nehmen (da man kein Tonzeichen hat)? Zweitens: wie hebt man ein Satzglied heraus? Vielfach muß anders geschrieben als gesprochen werden. Deutlichkeit ist Vereinigung von Licht und Schatten.«[11]

Wenig später notierte er: »Mein Styl hat eine gewisse wollüstige Gedrängtheit«,[12] wobei zu ergänzen wäre: zu dieser ›Gedrängtheit‹ war Nietzsche zu diesem Zeitpunkt erst unterwegs; die Notizen des Sommers 1876, die diese Reflexionen über den Stil enthalten, boten eine erste Kostprobe für solche ›wollüstige‹ Sprachdichte. Was es damit auf sich hatte, wird einige Notate später erkennbar. Mit dem Ethos des Sehers schreibt er: »Ich will den Menschen die Ruhe wiedergeben, ohne welche keine Cultur werden und bestehen kann.«[13] Die stilistische Seite dieser Absicht liest sich dann wie folgt: »Auch im Styl ein Abbild dieses Strebens, als Resultat der concentrirtesten Kraft meiner Natur.«[14]

Diese Aufzeichnungen zum Thema Stil lesen sich wie ein erster Entwurf zu Nietzsches im August 1882 für Lou von Salomé in Tautenburg formulierten zehn Thesen »Zur Lehre vom Stil«, auf die später noch einzugehen sein wird. Was er im Anschluß an die »Vierte Unzeitgemäße« über die Bedeutung des Stils notiert hatte, stand offensichtlich noch im Zusammenhang einer geplanten fünften unzeitgemäßen Betrachtung, von der er im Oktober 1876 der Schwester gegenüber sagen konnte, sie sei ›fertig‹, im Kopf konzipiert, aber noch nicht diktiert. Was in diesen Notizen jedoch auftaucht, ist eine schlichte Formel, die zum Titel seines nächsten Buches werden sollte: »Menschliches und Allzumenschliches«.[15] Aus den Notizen geht überdies hervor, daß Nietzsche sich nach der »Vierten Unzeitgemäßen« aphoristisches Schreiben geradezu verordnet hatte: »Zu jeder [unzeitgemäßen] Betrachtung Nachtrag in Aphorismen.«[16] Was aus diesem Vorsatz wurde, ist bekannt. Nicht nur vermeintliche ›Nachträge‹ fielen aphoristisch aus. Sein ganzes Denken gewann nun aphoristischen Charakter und damit eine neue (auch gegen Wagner gerichtete) Prägnanz.

Es kann nicht darum gehen, Nietzsche hier als verhinderten Verfasser einer Stilfibel für angehende Philosophen vorzustellen; andererseits geht es auch nicht an, diesen Aspekt seines Denkens zu übergehen, der schließlich zentral blieb bis zum »Abbruch seines Werkes durch die Natur« (Karl Jaspers). Zu fragen ist dagegen, was sich in diesem ›Stilbewußtsein‹ Nietzsches artikulierte. Im Sommer 1876 sowie während der darauf folgenden Arbeit an »Menschliches, Allzumenschliches« hatte Nietzsches neue Stilistik emanzipatorischen Charakter. Sie gehörte, wie gesehen, ursächlich zur beginnenden Ablösung von Wagner. Sie war gleichbedeutend mit der Befreiung zu sich selbst, wie er im Zusammenhang mit seiner Bemerkung notiert hatte, daß der Stil ein Abbild seines Bestrebens sei, »den Menschen die Ruhe wiederzugeben«. Der Stil stand für Nietzsche mithin nicht für eine nicht weiter definierbare Freiheit, sondern für das, was Max Stirner »die Eigenheit« genannt hatte.[17] Im Stil verwirklicht sich die Eigenheit des Ichs; im Stil gewinnt das Ich seine spezifische sprachliche Gestalt; durch seinen

Stil ›hat‹ es sich und wird zum (partiellen) Eigner der Sprache.

Damit stellte sich Nietzsche in eine Denk- und Schreibtradition, die sich nicht nur auf Horaz und dessen »Ars poetica« zurückführen läßt, sondern gerade in der deutschen Kultur auf die Aufklärung und dort insbesondere auf Johann Georg Hamanns Aufsatz »Über den Styl« (1776) sowie Karl Philipp Moritz' »Vorlesungen über den Stil« (1793). Es ist unwahrscheinlich, daß Nietzsche die »Vorlesungen« von Moritz gekannt hat; ihr Ansatz, den Stil in der »Eigentümlichkeit der Vorstellungsart eines jeden gegründet« zu sehen,[18] wäre Nietzsches eigenen Überlegungen fraglos entgegengekommen. Auf Hamann dagegen war Nietzsche, wie bereits im Kapitel über die ›Philosophische Kunst des Vorworts‹ bemerkt, bereits Anfang 1873 aufmerksam geworden. Zitieren wir die den ›Magus im Norden‹ betreffende Stelle in Nietzsches Brief an Rohde vom 31. Januar jenes Jahres noch einmal, um sie in stilkritischem Zusammenhang zu reflektieren: »Sodann lese ich Hamann und ich bin sehre [sic!] erbaut: man sieht in die Gebärzustände unserer Deutschen Dichter- und Denker-Kultur. Sehr tief und innig, aber nichtswürdig unkünstlerisch.«[19] Daß Hamann vor allem im späten Nietzsche tiefe Spuren hinterlassen hat, ist vielfach erkannt worden.[20] Hamanns möglichen Einfluß auf Nietzsches stilkritische Ansätze gilt es dabei jedoch gleichfalls zu bedenken, gerade weil er das vermeintlich »Unkünstlerische« in Hamanns Stil eigens hervorgehoben hatte; denn es spricht manches dafür, daß Nietzsche nicht nur Gefallen am rhapsodischen Denken dieses Königsbergers gefunden, sondern es für den Wandel seines

eigenen Denk- und Sprachstils fruchtbar gemacht hatte –
nur eben ›künstlerischer‹, als dies Hamann möglich gewesen war.

Mit Hamann hatte Nietzsche gemein, daß er bereit
dazu wurde, das Logisch-Diskursive aufzubrechen und
ganz und gar Georges Buffons These zu bestätigen, daß
der Stil der Mensch sei, eine These, auf die sich Hamann
explizit berufen hatte.[21]

Zwar läßt sich nicht genau ermitteln, welche Hamann-
Lektüre der Briefstelle Nietzsches zugrunde lag; die Ähn-
lichkeit der Überlegungen zum Stil zwischen Hamann
und Nietzsche sind freilich frappierend. Das gilt besonders für die Tautenburger Thesen zum Stil, die mit folgender Aussage beginnen: »Das Erste, was noth thut, ist
Leben: der Stil soll leben.«[22] Dieser Vitalismus hatte bei
Nietzsche mit seinen Grund darin, daß seine Lou zuge-
dachte aphoristische ›Lehre vom Stil‹ Teil seines intensi-
ven Werbens um die junge Russin war.[23] Nietzsche, von
Lou erotisiert, rang sichtlich um Fassung: Der ›Stil‹ wurde
so Form einer sublimierten Erotik. »Der Reichthum an
Leben verräth sich durch Reichthum an Gebärden«, lautet These fünf. »Man muß Alles, Länge und Kürze der
Sätze, die Interpunktionen, die Wahl der Worte, die Pausen, die Reihenfolge der Argumente – als Gebärden empfinden lernen.« Spürbar dringlicher diese Thesen: »Der
Stil soll beweisen, dass man an seine Gedanken glaubt,
und sie nicht nur denkt, sondern empfindet.« Und: »Je
abstrakter die Wahrheit ist, die man lehren will, um so
mehr muß man erst die Sinne zu ihr verführen.«

Der Stilist als Erotiker, als Verführer durch Sprache
und Gebärden. Doch er rief sich selbst zur Ordnung;

schließlich handelte es sich bei diesen Thesen um einen Morgengruß für Lou, den sie nach dem Aufwachen vorfinden sollte: »Der Takt des guten Prosaikers in der Wahl seiner Mittel besteht darin, dicht an die Poesie heranzutreten, aber niemals zu ihr überzutreten.« Man muß nicht Freud bemühen, um zu erkennen, daß »der gute Prosaiker« (wie in »Menschliches, Allzumenschliches« der ›gute Europäer‹) Nietzsches Rolle ist, wobei Lou zur personifizierten ›Poesie‹ wird. Am Schluß steht die Aufforderung Nietzsches an ›seinen Leser‹, gemeint ist abermals Lou, »die letzte Quintessenz unserer Weisheit selber auszusprechen«. Das meint: Ihr war es überlassen, hinter den Sinn dieser Stilregeln zu kommen.

Mit dieser »Lehre vom Stil« dürfte Nietzsche einer der originellsten Liebesbriefe gelungen sein. Es fällt nun auf, daß auch Hamann in seinem Versuch »Über den Styl« das Erotische keineswegs verleugnet hatte. Der Leib rede zum Leib; so Hamanns knappe Formel für sinnliche Kommunikation. Aber er geht noch weiter. Er spricht von der »Schäferstunde« der Schreibfeder mit dem zu beschreibenden Gegenstand, vom »Zeitpunkt der Reife für die Geburt seines Geistes«, wobei ihm dann »das Schreiben eine Wollust seyn« werde. Der Schreibakt als Liebesakt: »[…] der Styl wird gleichsam Hände und Füße bekommen, Wärme aus dem Genusse entspringen, sich überall ausbreiten und jeden Ausdruck beseelen.«[24]

Hamanns vitalistische Stillehre besagt, daß »das Leben des Styls von der Individualität unserer Begriffe und Leidenschaften« abhänge, vom »Verhältniß zur Beschaffenheit des Gegenstandes«, wobei er dann doch fordert, daß der Stil nicht rein sinnlich bleiben dürfe, sondern »edel, hoch und erhaben« sein müsse, um zu überdauern.[25] In seinem Verhältnis zu Hamann befolgte Nietzsche ein Gebot Herders, ohne daß er es gekannt haben dürfte: »Hamanns Stil soll kein Muster für andere sein, aber als sein Stil bekömmt er uns wohl.«[26]

Man könnte das auch von Nietzsches Stil sagen, von seinem suggestiven Denken und Schreiben. Nichts ist verlockender als *diese* Sprache, nichts betörender als ihr Duktus. Sie ist Rede, Abhandlung und Gespräch in einem: Herausfordernd bis in die Interpunktion, entwaffnend selbst da, wo sie sich für haarsträubende Vorurteile hergibt. Ihre rhetorische Substanz ist lutherischer Herkunft: Nietzsche, der Philosoph, als Wanderprediger, der seine Kanzel in freier Natur aufzustellen verstand; solange er reden konnte, hatte er so gut wie keine Zuhörer. Als sie in Scharen kamen, war er verstummt.

Was sich nun im Namen Voltaires in »Menschliches, Allzumenschliches« (erster Teil: 1878, zweiter Teil: 1880) ereignete, war eine Inszenierung des Denkens, das seinen bezwingenden Stil gefunden hatte. Nietzsche beginnt sein Buch mit einer Forderung: Eine »Chemie der Begriffe und Empfindungen«, eine sprachlich-gedankliche Elementenlehre solle unsere Einsichtfähigkeit in die Substanzen der Sprache und Gefühle erhöhen.[27]

Man nennt das gewöhnlich den Beginn von Nietzsches positivistischer, zunehmend von naturwissenschaftlichen Vorgaben geprägter Phase. Betrachtet man den Stil von »Menschliches, Allzumenschliches«, dann fällt vor allem auf, daß er mit seiner Forderung nach Deutlichkeit im Ausdruck radikal ernst machte, ohne die Vieldeutigkeit seiner Metaphern einzuschränken. Nietzsche, der be-

gnadete »Sprachbildner‹, um einen seiner Lieblingsaus-
drücke zu gebrauchen, blieb freilich auch in diesem Buch
seiner Sprachskepsis treu. Zu lange habe man geglaubt,
meinte er, daß die Sprache das »höchste Wissen über die
Dinge« ausdrücke und mithin die »erste Stufe der Bemühung um die Wissenschaft« sei.[28] Schon die Entwürfe
zu »Menschliches, Allzumenschliches« zeigen, daß Nietzsche den Irrtum dieser Annahme auf den falschen Gebrauch einer Präposition zurückführte. Das Stichwort
›über den Dingen‹ kommentierte er wie folgt: »Wer die
Präposition ›über‹ ganz begriffen hat, der hat den Umfang des menschlichen Stolzes und Elends begriffen. Wer
über den Dingen ist, ist nicht *in* den Dingen – also nicht
einmal in sich!«[29] Das erklärt zumindest teilweise das
Dringliche von Nietzsches Sprache. Es kam ihm darauf
an, die ›Diskurse‹ *in medio rerum* zu führen, in der Mitte der
Dinge und in sie selbst.

Auch in »Menschliches, Allzumenschliches« war für
ihn Stilkritik gleichbedeutend mit Kulturkritik: »Der
überladene Stil in der Kunst ist die Folge einer Verar-
mung der organisirenden Kraft bei verschwenderischem
Vorhandensein von Mitteln und Absichten. – In den An-
fängen der Kunst findet sich mitunter das gerade Gegenstück dazu.«[30] Er selbst wollte als philosophischer
Sprachbildner beides: Vom Reichtum der vorhandenen
stilistischen Mittel Gebrauch machen und dabei quasi
vorsokratisch schlicht bleiben.

Im persönlichen Rahmen verstand Nietzsche Stilkritik
als Freundschaftsdienst. Carl Fuchs bekommt im Juli
1878 folgendes zu hören: »Meinen Bekannten mißfällt
Ihr Stil in den gedruckten Sachen. Die Gründe sind 1) die

Sätze sind 4mal zu lang 2) Sie affektiren Gelehrten-
haftigkeit, recht künstlerhaft, aber eine schreckliche Ge-
schmacksverirrung (fremde wissenschaftliche Worte und
Begriffe im Überfluß) 3) die Hauptsachen kommen nicht
stark und stämmig heraus, die Neben-Einfälle überwu-
chern sie. Sie schneiden nicht genug weg und arbeiten
nicht genug um 4)Ihr Geist liebt es spitz zu werden, es ist
das Geheimniß der guten Schriftsteller, nie für die subtilen und spitzen Leser zu schreiben.«[31] Nietzsche nannte
dergleichen ›epistula didactica‹, die er auch selbst zu erhalten hoffte, freilich nur von ganz bestimmten Freunden. Als er im Frühjahr 1879 in elendem Zustand einige
Zeit am Genfer See verbringt und sich regelrecht »blutsverwandt« mit den »Dialogues des morts« Fontenelles
weiß, helfen ihm zwei Gedanken dabei, auszuharren: In
Fariola zu leben, zwischen Pallanza und Stresa, am Lago
Maggiore, »dort, wo die Simplonstraße an den See stößt«,
und – Fragen des Stils. An Heinrich Köselitz schreibt er:
»Ich denke über den Stil nach. Bitte, schreiben Sie zu meinem Nutz und Frommen mir einige Thesen über meinen
jetzigen Stil (Sie sind dessen einziger Kenner) – was ich
kann und nicht kann, über die Gefahr von Manieren usw.
Wir müssen uns helfen, besser zu werden und immer
Besseres zu machen.«[32]

Aus dieser Briefstelle wird deutlich ersichtlich, daß
Nietzsche die Stilfrage, zumindest mittelbar, sogar in phy-
siologischem Zusammenhang gesehen hatte: Das ›Bes-
ser-Werden‹ hatte eine gesundheitliche und sprachliche
Seite. Zu seinem Befinden trugen entsprechend nicht nur
die ihn überall, auch im feinen Genfer Hotel Richmond,
erreichenden Versorgungspakete aus Naumburg bei, son-

dern auch die »Fortschritte«, die Schwester Elisabeth, genannt ›das Lama‹, in ihrem Stil machte, wie er auf einer Postkarte aus jener Zeit eigens vermerkte.[33]

Als er im Herbst 1879 wieder einmal schmerzzerrüttet in Naumburg weilte, ließ er sich von seiner Mutter vorlesen. Auf dem Programm standen die großen Novellisten des Jahrhunderts, von Stifter bis Lermontov und Mark Twain. Im Gegensatz zu ihrem ausgreifenden Schildern beklagte er seine Kürze, den »verwünschten Telegrammstil, zu dem mich Kopf und Auge« nötigten.[34] Er wußte, daß sein Jahrhundert das Jahrhundert der Prosa war, sah, wie seine eigene Art des Schreibens sich davon unterschied. Den »Unzeitgemäßen Betrachtungen« war ein entschieden ›unzeitgemäßer Stil‹ gefolgt, auf den er einerseits hingearbeitet hatte, der ihm andererseits aber auch aus physischen Gründen aufgenötigt wurde. Sein Gesundheitszustand verbot es ihm immer mehr, lange zusammenhängende Texte zu schreiben.

Mit »Menschliches, Allzumenschliches« hatte er ein stilistisches Verfahren gefunden, das sich bis zu den letzten Schriften – mit der großen Ausnahme des »Zarathustra« – im Prinzip nicht mehr änderte: Auf ein gesperrt gedrucktes Stichwort folgten Erläuterungen, Improvisationen, kleine Etüden. Die einzige Variation: stichwortlose Kurzkapitel voll gedanklichen »Explosivstoffs«, wie sich Nietzsche ausdrückte. Dieses Stichwort-Denken gleicht streckenweise einer Parodie enzyklopädischer Wissensvermittlung. Auch wenn er im Nachtrag zu »Menschliches, Allzumenschliches« den »gefundenen Stil« als eine »Beleidigung für den Freund des gesuchten Stils« bezeichnet hatte,[35] galt für sein eigenes Schreiben, daß es seinen gefundenen Stil als etwas bleibend Gesuchtes vermitteln konnte.

In der Frage des Stils erwies sich für Nietzsche das Ästhetische als existentiell. Die ästhetische Rechtfertigung des Daseins, die er in der »Geburt der Tragödie« postuliert hatte, konkretisierte sich gleichsam im Stil. Als philosophierender ›Sprachbildner‹ kam es ihm dabei auf jede stilistische Nuance an. An Köselitz, der mit den Korrekturen der »Morgenröthe« betraut war, schrieb er im Februar 1881: »Mitunter mache ich Sprachfehler z. B. in der Bildung der Conjunctive: verbessern Sie mich in allen Stücken, ohne irgend ein weiteres Wort.«[36]

Entwicklung war für Nietzsche immer auch Entwicklung des Stils. Dem jungen Wagnerianer, Heinrich von Stein, bekannte er im Dezember 1882, daß er Wagners einstiges Wort, er, Nietzsche, schreibe im Grund »lateinisch und nicht deutsch«, als Kompliment aufgefaßt habe. Daraufhin kokettierte er einmal mehr mit seinem vermeintlichen »Halbdeutschthum«, seiner ans Mythische reichenden polnischen Herkunft, aus der er dann wiederum ein stilistisches Argument ableitete: er nahm für sich in Anspruch, gerade weil er auch mit anderen Augen das Deutsche zu betrachten vermochte, »mehr von der Kunst der Sprache zu verstehen als es Deutschen möglich ist«.[37]

Die unablässige Spracharbeit Nietzsches, die Bemühungen um die Entwicklung des eigenen Sprachstils veranlaßte Nietzsche bereits im Frühjahr 1883 und nicht erst im »Ecce homo«, über eine stilistische Revision seiner früheren Schriften nachzudenken. »Gar zu gerne möchte ich auch noch den Stil meiner älteren Schriften reinigen und klären; aber das ist nur bis zu einer gewissen Grenze möglich.«[38]

Welche ›Grenze‹ war hier gemeint? Letztlich jene des Einfühlungsvermögens in frühere Gedanken und Stimmungen, die in einem bestimmten Stil ihren Ausdruck gefunden hatten. Als sich für Nietzsche in den Jahren 1886/88 die Frage einer Revision des Gesamtwerks immer dringlicher stellte, reflektierte er dieses Problem noch einmal: »Nichts liegt mir ferner, als der Glaube an einen ›allein selig machenden Stil‹ […] Hat nicht die Absicht einer Schrift nicht immer erst das Gesetz ihres Stils zu schaffen? Ich verlange, daß, wenn diese Absicht sich ändert, man auch unerbittlich das ganze Procedurensystem des Stils ändert. Dies habe ich zum Beispiel im ›Jenseits [von Gut und Böse]‹ gethan, dessen Stil meinem früheren Stil nicht mehr ähnlich sieht: die Absicht, das Schwergewicht war verlegt.«[39] Was er nun schreibe, geschehe unter musikalischen Vorzeichen: »Allegro feroce« lautete die Tempo- und Stimmungsangabe, wogegen »Jenseits von Gut und Böse« noch von »raffinirter Neutralität und zögernden Vorwärtsbewegungen« gekennzeichnet gewesen sei. Seinem Kritiker, Carl Spitteler, der in der Neujahrsausgabe 1888 des »Berner Bund« eine Betrachtung zu Nietzsches Schriften veröffentlicht hatte, hielt er vor, daß er, Nietzsche, mehr Artist sei, als dies Spitteler seinen Lesern vermittelt habe. Spitteler hatte unter anderem den »besinnungslosen Stil« des »Zarathustra« kritisiert, worauf ihm Nietzsche antwortet: »Haben Sie einen Begriff davon, was ich geleistet habe? – Aber Sie haben keinen Begriff von mir.«[40]

Nietzsche kam es darauf an, *verstanden* zu werden. Darin ist ein ebenso offensichtlicher wie wesentlicher Grund für seinen Willen zum Stil zu suchen. Das Unerhörte, das er zu denken wagte, und diese komplexe Persönlichkeit, die dieses Unerhörte dachte, brauchte ›Begriffe‹, über die, davon war er überzeugt, nur er selbst verfügte. Spitteler hatte behauptet, wie Nietzsche in seinem Brief an den Kritiker referierte, daß der Verfasser des »Zarathustra« alles aufs Papier geworfen habe, was ihm gerade so eingefallen sei. Nietzsche hielt dagegen, daß er nicht nur einen neuen Stil erfunden habe, sondern eine »neue Gebärde von Sprache«.[41] Diese ›Gebärde‹, die gleichsam die Mimik und Gestik der Sprache umfaßt, stellt, wenn man so will, den Gedanken dar, ›spielt‹ und parodiert ihn womöglich auch. Der Gefahr, die in einem solchen sprachlichen Verfahren liegt, war sich Nietzsche selbst nur zu bewußt gewesen; andernfalls hätte er nicht so heftig auf Spitteler reagiert. Dieser hatte nämlich einen Punkt getroffen, der die Schwachstelle des ›Willens zum Stil‹ offenlegte: das Blendende, Verführerische, wodurch sich Nietzsches philosophische Artistik zu verselbständigen drohte. Spittelers Kritik zeigte ihm, daß zumindest bei manchen seiner (inzwischen zahlreicher werdenden) Leser tatsächlich der Eindruck entstanden war, daß sein Denken nur Mittel zum Zweck stilistischen Brillierens gewesen und mithin philosophisch in seiner Radikalität nicht ernst zu nehmen sei. Mußte somit die sprachästhetische Rechtfertigung seines philosophischen Daseins nicht zwangsläufig zur Entwertung seines Denkens durch den Stil beitragen?

Als sich Nietzsche in der »Götzen-Dämmerung« seiner Anfänge als bewußter Stilist erinnerte, hob er eigens seinen »Sinn für das Epigramm als Stil« hervor, der sich

»fast augenblicklich bei der Berührung mit Sallust« eingestellt habe.[42] Was er bei Sallust fand, habe ihn fortan geprägt: »Gedrängt, streng, mit so viel Substanz als möglich
auf dem Grunde, eine kalte Bosheit gegen das ›schöne
Wort‹, auch das ›schöne Gefühl‹ – daran errieth ich
mich.«[43] Das meint, Nietzsche erkannte sich in der Sprache Sallusts, die er fortan bis zu »Menschliches, Allzumenschliches« vor allem in seinen Notizen pflegte, in
den Abhandlungen, einschließlich der »Unzeitgemäßen
Betrachtungen« jedoch verdrängen mußte, um den akademischen Anschein gerade noch zu wahren.

Das Gegenstück zu Sallust war dann die Horazische
Ode gewesen: Ein »Mosaik von Worten, wo jedes Wort
als Klang, als Ort, als Begriff, nach rechts und links und
über das Ganze hin seine Kraft ausströmt, dies minimum
in Umfang und Zahl der Zeichen, dies damit erzielte ma-
ximum in der Energie der Zeichen«,[44] das war es, was
Nietzsche unter ›römischem Stil‹ verstand. Das Philosophieren mit dem Hammer, das Nietzsche als Programm
seiner »Götzen-Dämmerung« ausgegeben hatte, sollte
auch ein Abklopfen der Sprache beinhalten. Nietzsche
wollte Stimmgabeln aufstellen, um den Ton der hohlen
Götzen, aber auch der Leerstellen der Sprache, der nichts-
sagenden Begriffe vernehmbar zu machen. »Stil ist nichts
als der Hammer, mit dem das Dargestellte aufs sachlich-
ste herausgearbeitet wird«, sollte Alfred Döblin mit unüberhörbar nietzscheanischer Metaphorik behaupten,
aber mit dem bezeichnenden Zusatz versehen: »Es ist
schon ein Fehler, wenn Stil bemerkt wird.«[45] Bei Nietzsche aber ›bemerkt‹ man den Stil, die Bemühung, vermittels des Stils zu wirken. Man hat bei ihm den sehr be-

stimmten Eindruck, als habe er mit jeder dieser Bemühungen versucht, Ludwig Börnes Bemerkung zu wider-
legen, nach der die Deutschen zu furchtsam seien und
es nicht wagten, einen Stil zu haben.

Zum eigentlich philosophischen Argument erhob
Nietzsche die Stilfrage in »Ecce homo«, insbesondere im
Kapitel ›Warum ich so gute Bücher schreibe‹, und zwar
mit Thesen, die ihn im Zusammenhang mit Carl Spittelers Kritik bereits beschäftigt hatten. So nahe waren ihm
diese stilistischen Einwände des Schweizer Kritikers gegangen, daß er die Auseinandersetzung mit ihnen in sein
neben »Zarathustra« wohl persönlichstes Buch aufgenommen und in den Zusammenhang seiner denkerischen Entwicklung gestellt hat.

In jenem dritten Kapitel des »Ecce homo« behauptet
Nietzsche die unbedingte Identität von seinem Denkstil
und Sprachstil. Diese Identität sichere ihm das, was ihm
immer wichtiger werde: Unverwechselbarkeit: »Ich will
nicht verwechselt werden, – dazu gehört, daß ich mich
selber nicht verwechsele.«[46] Unverwechselbar sei er, behauptete Nietzsche, bereits als Leipziger Student gewesen. Denn er zitiert nicht nur Spittelers Kritik an seinem
Stil, sondern auch einen Kommentar seines akademischen Lehrers Ritschl, der behauptet habe, Nietzsche
habe selbst noch seine »philologischen Abhandlungen
wie ein Pariser romancier concipirt«. Dem folgt der bezeichnende Zusatz: »absurd spannend«.[47] Ohne hier auf
die Bedeutung des Wortes ›absurd‹ für Nietzsche eingehen zu wollen,[48] lohnt es doch, diese Stelle zu bedenken.
Es sei dahingestellt, ob Ritschl tatsächlich diese Bemerkung gemacht hatte; wenn sie erfunden ist, hat Nietzsche

sie gut erfunden. Mit ihr unterstreicht er sein frühes Anderssein in der Zunft der Philologen, seine Unverwechselbarkeit im deutschen Sprachraum. ›Absurd‹ daran ist, daß Nietzsche nie episch ausgreifend wie ein ›Romancier‹ schrieb. ›Spannend‹ konnte er den Vergleich nennen, weil er die sinnlich-›romanische‹ Qualität seiner Sprache hervorhob. ›Absurd spannend‹, das trifft aber auch seine Lebenssituation zur Zeit der Niederschrift von »Ecce homo«. Unverwechselbar konnte Nietzsche eben auch sein, weil er das Absurde lebte: als Philosoph des Lebens, das man in seinem Fall immer geneigt ist, in Großbuchstaben zu schreiben, als Prophet einer höheren ›Gesundheit‹, der selbst aber nichts als Krankheit kannte und ihre diversen Symptome minuziös protokollierte.

»Ich kenne einigermaßen meine Vorrechte als Schriftsteller«, bekannte er seinen Lesern, kokett untertreibend, um dann gleich zur Sache zu kommen: »[…] in einzelnen Fällen ist es mir auch bezeugt, wie sehr die Gewöhnung an meine Schriften den Geschmack ›verdirbt‹. Man hält einfach andre Bücher nicht mehr aus, am wenigsten philosophische.«[49] Genüßlich registriert er das Verstörende, das von seinen Büchern ausgehe: »Es giebt durchaus keine stolzere und zugleich raffinirtere Art von Büchern: – sie erreichen hier und da das Höchste, was auf Erden erreicht werden kann, den Cynismus […].«[50]

Das wiederum veranlaßt Nietzsche zu einem »allgemeinen Wort über meine Kunst des Stils«. Er definiert den »Sinn des Stils« als einen Zustand, eine »innere Spannung von Pathos durch Zeichen, eingerechnet das Tempo dieser Zeichen, mitzutheilen«.[51] Stil ist demnach das semiotische Erscheinungsbild seelischer Zustände. Aufgrund der außerordentlichen Vielheit seiner inneren Zustände konnte sich Nietzsche mit charakteristischer ›Ecce homo‹-Gebärde die »vielfachste Kunst des Stils, über die je ein Mensch verfügt hat« bescheinigen.[52] Das wiederum läßt die ›ästhetische Rechtfertigung des Daseins‹ der Tragödienschrift in einem etwas anderen Licht erscheinen: Das Ästhetische rechtfertigt sich vermittels des Stils, indem es die seelische Vielschichtigkeit des ›Daseins‹ in ›Zeichen‹ zu verwandeln versteht.

Damit hatte Nietzsche die existentielle Seite seines Willens zum Stil selbst auf den Begriff gebracht: Er *mußte* Stilist werden, um seine inneren Spannungen ›übersetzen‹ zu können, *mußte* diese Spannungen auf ›Zeichen‹ überleiten, damit er seine ›Zustände‹ auszuhalten vermochte. Noch im Oktober 1888 bescheinigte sich Nietzsche mit unüberhörbarer Genugtuung und weiterhin in der Tonlage des »Ecce homo«: »[…] zuletzt bin ich selber jetzt der einzige raffinirte deutsche Stilist.«[53]

In der ersten Phase der Nietzsche-Rezeption war es Kurt Eisner, der einen kritischen Sinn für Nietzsches unerhörten Stil an den Tag legte: »Ein Sprachbändiger ist er«, schrieb Eisner über den Verfasser des »Zarathustra«, »wie kaum ein zweiter, diese Sprache berauscht durch Farbe und Duft. Sein Stil ist ein Narkotikum aus grübelndem Tiefsinn, bildprächtigem Geist, verwegenem Witz und – spärlich nur – freudvoller, fast kindlicher Schalkhaftigkeit. Man vergißt fast ganz, daß dieser Witz häufig rein sprachlich-assoziativer Art ist, und daß, wo wir nach Beweisen rufen, der also geartete Schalknarr Witz antwortet.«[54] Eisner hatte deutlich erkannt, daß Nietzsches Stil, seine Sprachformen dazu angetan waren, den logischen Diskurs zu untergraben, ja, gelegentlich zu ersetzen. Im Zweifelsfall schien Nietzsche tatsächlich eine sprachlich gewitzte Assoziation wichtiger gewesen zu sein als schlüssiges Argumentieren. Anders gesagt: Nietzsches Philosophieren erhob den Stil selbst zum Argument. Seine Sprache ›kleidete‹ nicht nur seine Gedanken; sie wurde Gedanke.

Schattenbilder
oder die Kunst der Freundschaft

Daß Freundschaft mit Stil im Sinne von Umgangsformen zu tun hat, bedarf keiner Erwähnung. Weniger üblich dagegen ist, Fragen des Sprachstils so nachdrücklich mit persönlicher Freundschaft, aber auch mit der Idee der Freundschaft in Verbindung zu bringen, wie Nietzsche dies getan hat. Die Tautenburger Aufzeichnungen über den Stil, als verkappter Liebesbrief und ›Morgengabe‹ für Lou von Salomé konzipiert, haben diese Verbindung, wie im vorigen Kapitel gezeigt, sinnfällig gemacht.

Oft und ausführlich sind die diversen Freundschaften Nietzsches geschildert worden;[1] hier geht es mehr um sein *Bild* von Freundschaft, um den Charakter ihres Ideals, sofern sich dies aus seinen Selbstäußerungen entnehmen läßt. Philosophisch gesehen, erschließt sich über Nietzsches Reflektieren des ›Prinzips Freundschaft‹ ein möglicher Zugang zu seinem Verständnis des ›Anderen‹. Hier sei darüber hinaus eine Quelle berücksichtigt, die bislang in dieser Hinsicht zu wenig beachtet worden ist: Montaignes »Essais« und ihr Kapitel »Über die Freundschaft«.[2]

Es war die Weihnacht des ›Tribschener Idylls‹ des Jahres 1870, die Nietzsche »eine stattliche Ausgabe des ganzen Montaigne« bescherte; ausdrücklich vermerkte er in seinem Bericht über die Tribschener Weihnacht, daß er Montaigne sehr verehre.[3] Er las Montaigne wie einen vorweggenommenen Voltaire, einen Frühaufklärer, mit dem ihn, Nietzsche, ein analytisches Interesse an moralischen Fragen verband, nicht minder aber auch die Denk- und Sprach-Form Montaignes, das Essayistische.

›Über die Freundschaft‹ gehört zu Montaignes umfangreicheren Essays im ersten Buch. Der Beginn dieses Essays ist kurios und scheint von der Thematik eher wegzuführen als sie einzuleiten: »Als ich einem Maler, der für mich tätig ist, bei der Verrichtung seiner Arbeit zuschaute, überkam mich die Lust, es ihm nachzutun. Im mittleren Teil jeder Wand wählt er die jeweils günstigste Stelle, um dort ein mit seiner ganzen Meisterschaft ausgeführtes Gemälde anzubringen; den leeren Raum rundherum jedoch füllt er mit Grotesken aus, das heißt: bizarren Phantasiegebilden, deren einziger Reiz in ihrem Variationsreichtum und ihrer Absonderlichkeit liegt.«[4]

Der Ausgangspunkt von Montaignes Überlegungen zum Thema Freundschaft ist mithin ein künstlerischer. Von ästhetischen Verhältnissen ist die Rede, jenem des Ichs zum Künstler und jenem der Meisterwerke zu der sie umgebenden Leere, später den ›bizarren Phantasiegebilden‹. Das Ich Montaignes deutet nun seine Essays in Analogie zu diesen absonderlichen Phantasiegebilden: »Was aber sind diese Essais hier in Wahrheit anderes als auch nur Grotesken und monströse, aus unterschiedlichsten Gliedern zusammengestückelte Zerrbilder, ohne klare Gestalt, in Anordnung, Aufeinanderfolge und Größenverhältnis dem reinen Zufall überlassen?«[5] Welchem Leser Nietzsches wäre nicht schon Ähnliches in den Sinn gekommen, wenn er sich aufrichtig darum bemüht, ›Strukturen‹, Kompositionsprinzipien in, sagen wir »Menschliches, Allzumenschliches«, »Jenseits von Gut und Böse«, »Fröhliche Wissenschaft« und »Morgenröthe«, zu finden.

Montaigne nun stellte die Freundschaft als ein ›meisterliches Gemälde‹ vor, als einen Kunstakt der besonderen Art, den er vom »irrsinnigen Verlangen der geschlechtlichen Liebe« scharf abgrenzte.[6] Freundschaft definierte er als das »Harmonisieren zweier Willen«, als »convenance des volontez«.[7] Mehr noch: »Bei der Freundschaft [...]von der ich spreche, verschmelzen zwei Seelen und gehen derart ineinander auf, daß sie sogar die Naht nicht mehr finden, die sie einte.«[8] Wie es sich für Gebildete seiner Zeit gehörte, leitete Montaigne sein Verständnis von Freundschaft von der Antike, namentlich von den Stoikern her. Nietzsches Freundschaftsideal verdankt sich dann beiden, der Antike und Montaigne.

Bei Nietzsche symbolisierte kein ›Gemälde‹ die ästhetische Dimension der Freundschaft, sondern eine Komposition: sein 1873/74 entstandener und Franz Overbeck gewidmeter »Hymnus auf die Freundschaft« (fertiggestellt im April 1874).[9] Sein Motto könnte konventioneller nicht sein: »Freunde, Freunde! haltet fest zusammen«. Zu mehr Hymnen-Text brachte es Nietzsche nicht. Dieser Text sollte eine Gemeinschaftsaufgabe der Freunde sein, wie er in einem Brief an Rohde vom 5. Mai 1873 vorschlägt und ein metrisches Schema vorgibt, das freilich nicht mit der eigentlichen Musik übereinstimmt.[10] Nietzsches sechsteilige Komposition hatte also 1874 keinen Text, sondern lag als Klavierauszug zu zwei Händen vor. Acht Jahre später, Ende August oder in den ersten September-Tagen 1882, kurz bevor er nach einem Zerwürfnis mit seiner Mutter Lou Salomés wegen Naumburg wieder verließ, unterlegte er seiner Komposition Lous Gedicht ›Lebensgebet‹. Aus dem ›Hymnus auf die Freundschaft‹ wurde der ›Hymnus an das Leben‹. Damit war eine Situation entstanden, die er in einem Brief an seinen Musikerfreund Köselitz im Januar 1883, also unmittelbar nach seiner schweren Nervenkrise im Anschluß an den sich abzeichnenden Bruch mit Lou und Rée, zu objektivieren versuchte, ja, gegen Wagners kompositorisches Verfahren halten wollte: »Der eigentliche Text mußte erst gedichtet werden, nachdem die Musik fertig ist, in einer fortwährenden Anpassung an die Musik: während bis jetzt das Wort es war, das die Musik mit sich fortschleppte.«[11] Noch wenige Monate vor seinem Zusammenbruch erwähnte er in einem Brief an Carl Spitteler diesen »Hymnus an das Leben« als etwas, das »»zu meinem Gedächtniß«« gesungen werden solle. Das solle von ihm, der »im Grunde ein alter Musikant« sei, »übrigbleiben«.[12] Die Aussicht, daß Felix Mottl in Karlsruhe eine Aufführung des Hymnus ihm in Aussicht gestellt hatte, wirkte auf Nietzsche geradezu wie ein Elixier. Keine seiner Kompositionen hatte Nietzsche mehr bedeutet als dieser »Hymnus auf die Freundschaft«, gerade weil er durch seine in Nietzsches Augen idealtypische Art das ›Ästhetische‹ an der ›Idee Freundschaft‹ wahren und als ›erlebte‹ Kunst bestehen konnte. Durch die Verwandlung dieses Hymnus in ein Epitaph seines Verhältnisses zu Lou hatte Nietzsche gewissermaßen das ›Schöne‹, Einzigartige in seiner Beziehung zu dieser sinnlichen Intellektuellen gegen alles ›Häßliche‹, Bittere, das die Trennung von ihr mit sich brachte, für sich ›gerettet‹.

Ein ganz im Montaigneschen Sinne groteskes Bild besteht von dieser Freundschaft auch: Das bekannte Photo, das Jules Bonnet in seinem Luzerner Studio im Mai 1882 von der auf einem Handwagen stehenden (›peitschenden‹) Lou und den von ihr ›eingespannten‹ Freunden, Rée und Nietzsche, aufgenommen hat. (Dieses Luzerner Bild sollte dann auch den Streit zwischen Nietzsche und seiner Mutter Anfang September 1882 auslösen, wobei ihr böses Wort fiel, das Nietzsche eine »Schande für das Grab seines Vaters« sei.[13]) Fürwahr ein kurioses Bild: Rée schaut eher betreten abseits, ein Schmunzeln allenfalls andeutend, in jedem Fall sich der grotesken Situation bewußt. Lou posiert kamerawirksam, die Überlegene spielend. Dann Nietzsche: Offenbar von ähnlicher Statur wie Rée blickt er mit sichtlich ergriffenem Blick eher nach oben, etwas zu pathetisch für den Anlaß. Wenig später schreibt er: »Meine liebe Freundin Lou, über ›Freunde‹ und den Freund Rée insonderheit will ich mündlich mich erklären: ich weiß sehr wohl, was ich sage, wenn ich ihn für einen besseren Freund halte als ich es bin und sein kann. – Oh der schlechte Photograph! Und doch: was für ein lieblicher Schattenriß sitzt da auf dem Leiterwägelchen!«[14] Und an Rée einen Tag später: »Ich lache öfter über unsre pythagoreische Freundschaft, mit dem sehr seltenen ›phílois pántha koinà‹. Es giebt mir einen besseren Begriff von mir selber, einer solchen Freundschaft wirklich fähig zu sein. – Aber zum Lachen bleibt es doch?«[15] Was der griechische Teil andeutet, die umfassende Gemeinschaft der Freunde, parodiert das Photo. Wichtig, bezeichnend, das Fragezeichen nach: ›Aber zum Lachen bleibt es doch‹. Wie, wenn es nicht zum Lachen wäre?

Vor oder nach dieser Atelierszene hatten sich Lou und Nietzsche vor einem anderen Emblem getroffen, dem Löwendenkmal in Luzern, an das sich Nietzsche noch in der Basler Nervenklinik im Januar 1889 zeichnend erinnern sollte. Man hat inzwischen den emblematischen Zusammenhang bis auf den gezähmten Löwen am Schluß von Goethes »Novelle« zurückgeführt und Nietzsche auf besagtem Photo als Löwen vor dem Liebeswagen der Venus ›identifiziert‹.[16] Wichtiger erscheint mir der symbolische Gehalt im Sinne Montaignes: Das Photo wie auch das Treffen vor dem schlafenden Löwen, der die Helvetia bewachen soll, dokumentieren das beabsichtigte oder unfreiwillig Komische, Groteske, das im Verhältnis gerade auch einander sehr nahestehender Menschen auftreten kann. Nietzsches Unsicherheit darüber, ob er über solche Grotesken lachen solle oder nicht, spricht dabei für sich.

Gemessen an Montaignes Verständnis von Freundschaft hatte sich für Nietzsche durch seine Begegnung mit Lou *eine* Prämisse grundlegend geändert. Der französische Edle und Intellektuelle hatte noch vorurteilsbefangen behauptet, daß »das geistige Vermögen der Frauen gewöhnlich den Anforderungen des engen Gedankenaustausches und Umgangs nicht gewachsen« sei. Er konnte sich jedoch einen Idealfall vorstellen: »Freilich, wenn das anders wäre und man mit den Frauen eine derart freie, freiwillige und vertrauensinnige Beziehung aufbauen könnte, daß darin nicht nur Geist und Seele ihren vollen Genuß fänden, sondern auch die Körper an der Vereinigung teilnähmen und folglich der ganze Mensch sich hingäbe, dann würde das gewiß eine noch umfassendere und erfülltere Freundschaft sein.«[17] Es kann kein

Zweifel daran bestehen, daß Nietzsche geglaubt hatte, in Lou einem solchen ›Ausnahmefall‹ begegnet zu sein, der ihm eine allumfassende, geistige wie physische Vereinigung ermöglichen würde. Deutlich genug sind etwa seine Anspielungen gegenüber Lou auf seine »fürchterliche Existenz der Entsagung«.[18] Noch vor seiner Begegnung mit Lou hatte Nietzsche Freund Rée, der ihm brieflich von »dieser Russin« Verlockendes zu berichten wußte, wissen lassen, daß er »nach dieser Gattung von Seelen lüstern« sei.[19]

Solchen Empfindungen waren lange Phasen der Entbehrung und der Krankheit vorausgegangen. Ein Tiefpunkt in dieser Hinsicht war etwa die zweite Oktober-Hälfte des Jahres 1880 gewesen, die er am Lago Maggiore in Stresa verbracht hatte. Um sich »Muth zu machen«, habe er sich, wie es in Briefen an Overbeck und Köselitz heißt, »zehnmal jedes Tags« den Satz »Was liegt an mir!« zugerufen. Dem folgt das Eingeständnis: »Ich weiß nämlich sehr oft nicht, wie ich meine Schwäche (an Geist und Gesundheit und andern Dingen) und Stärke (im Schauen von Aussichten und Aufgaben) mit einander ertragen könne. Meine Einsamkeit, nicht nur in Stresa, sondern in Gedanken ist außerordentlich. Umso erquicklicher ist jedes Wort und jede That der wahren Freunde, ach, ein wahres Bedürfnis!«[20]

Dieser Brief spiegelt ein Empfindungs- und Denkmuster, das Nietzsche im wesentlichen bis zuletzt beibehalten wird, sieht man von der kurzen Zeitspanne ab, während der er an eine Lebensgemeinschaft mit Lou (und Rée) glaubte. Mehr und mehr wurde ihm »der Freund« ein (bloßer) Gedanke; in Stresa erschien er ihm

»köstlicher als hier die Vielsamen« auf der Promenade. In Gestalt des mit ihm und für ihn Korrekturen lesenden Peter Gast, alias Heinrich Köselitz, erwies sich dieser personifizierbare ›Gedanke‹ sogar als überaus nützlich.

In solchen Zuständen ›dürstete‹ ihn nach gleichgestimmten Seelen, zuweilen auch nach »komischer Musik«. Vor allem wollte er eines, wie er (vermutlich) in Stresa notierte: »Die Freundschaft höher herauf heben«.[21]

Was in ihm widerstritt, war nicht nur das Gefühl von Schwäche und Stärke (zur Selbstüberwindung), sondern auch das Verlangen nach schonungsloser (Selbst-)Analyse und Idealisierung. Was eine Analyse des ›Prinzips Freundschaft‹ für Nietzsche bedeutete, hatte er bereits im ersten Teil von »Menschliches, Allzumenschliches« ausgeführt und an den Schluß des sechsten Abschnitts (›Der Mensch im Verkehr‹) gestellt. In diesem Abschnitt hatte er eine, wenn man so will, praktische Kommunikationstheorie entworfen, die in kritischen Reflexionen über »Freunde« kulminierte. Da es sich um die einzige zusammenhängende Betrachtung über Freundschaft in einem von Nietzsche veröffentlichten Werk handelt, sei dieser Abschnitt vollständig zitiert:

Überlege nur mit dir selber einmal, wie verschieden die Empfindungen, wie geteilt die Meinungen selbst unter den nächsten Bekannten sind; wie selbst gleiche Meinungen in den Köpfen deiner Freunde eine ganz andere Stellung oder Stärke haben, als in deinem; wie hundertfältig der Anlaß kommt zum Mißverstehen, zum feindseligen Auseinanderfliehen. Nach alledem wirst du dir sagen: wie unsicher ist der Boden, auf dem alle unsere Bündnisse und Freundschaften ruhen, wie nahe sind kalte Regengüsse oder böse Wetter, wie vereinsamt ist jeder Mensch! Sieht Einer dieß ein und noch dazu, daß alle Meinungen und deren Art und Stärke bei seinen Mitmenschen ebenso nothwendig und unverantwortlich sind wie ihre Handlungen, gewinnt er das Auge für diese innere Nothwendigkeit der Meinungen aus der unlösbaren Verflechtung von Charakter, Beschäftigung, Talent, Umgebung, – so wird er vielleicht die Bitterkeit und Schärfe jener Empfindung los, mit der jener Weise rief: ›Freunde, es giebt keine Freunde!‹ Er wird sich vielmehr eingestehen: ja es giebt Freunde, aber der Irrthum, die Täuschung über dich führte sie dir zu; und Schweigen müssen sie gelernt haben, um dir Freund zu bleiben; denn fast immer beruhen solche menschliche [sic!] Beziehungen darauf, daß irgend ein paar Dinge nie gesagt werden, ja daß an sie nie gerührt wird; kommen diese Steinchen aber in's Rollen, so folgt die Freundschaft hinterdrein und zerbricht. Giebt es Menschen, welche nicht tödtlich zu verletzen sind, wenn sie erführen, was ihre vertrautesten Freunde im Grunde von ihnen wissen?

– Indem wir uns selbst erkennen und unser Wesen selber als eine wandelnde Sphäre der Meinungen und Stimmungen ansehen und somit ein Wenig geringschätzen lernen, bringen wir uns wieder in's Gleichgewicht mit den Uebrigen. Es ist wahr, wir haben gute gründe, jeden unserer Bekannten, und seien es die größten, gering zu achten; aber eben so gute, diese Empfindung gegen uns selber zu kehren. – Und so wollen wir es mit einander aushalten, da wir es ja mit uns aushalten; und vielleicht kommt Jedem auch einmal die freudigere Stunde, wo er sagt: ›Freunde, es giebt keine Freunde!‹ so rief der sterbende Weise; ›Feinde, es giebt keinen Feind!‹ – ruf' ich, der lebende Thor.[22]

Das waren die Sätze eines Verletzten, Getroffenen, der dennoch hochgemut bleiben wollte. In diesen Gedanken spiegelten sich die herben Freundschaftsverluste der Vorjahre: Marchesa Guerrieri antwortete ihm seit 1875 nicht mehr; Romundt hatte sich von ihm abgewandt; die Entfremdung von Wagner ließ sich nicht länger verbergen, der Bruch kaum vermeiden. In dieser Stimmung hatte Nietzsche seinem »Hymnus auf die Freundschaft« einen »Hymnus auf die Einsamkeit« folgen lassen wollen, an dem er zeitweise »alle paar Wochen zehn Minuten« komponierte. Aber der Einsamkeit konnte er denn doch keine Musik abgewinnen; dieser Hymnus blieb Fragment.[23]

Nietzsches Analyse der ›Freundschaftsfrage‹ in »Menschliches, Allzumenschliches« kam dabei zu dem Ergebnis, daß das Selbstverhältnis über die Art der Beziehung zu Freunden entscheide – und die Fähigkeit, das zwischen Freunden Unausgesprochene unausgesprochen zu lassen. Die eigentliche Zumutung für Nietzsches Freunde bestand dann aber in seiner Behauptung, daß im Grunde nur Mißverständnisse Freundschaften zugrunde lägen. Marie Baumgartner etwa, die mütterliche Freundin und Übersetzerin aus Lörrach, schrieb ihm im November 1878: »Wie können Sie nur das Gefühl haben, daß Sie von Ihren Freunden nur nehmen und ihnen nichts geben! Wie hätten Sie sich diese lieben Freunde je erworben, wenn nicht an Ihnen etwas wäre, das an sich der tiefsten Zuneigung wert und würdig ist? Wohl, Sie tun wenig, um diese Zuneigung anders zu ermutigen – und Ihr letztes Buch (›Menschliches, Allzumenschliches‹) schien an vielen Stellen sie geradezu abschrecken zu wollen, jede Annäherung sich zu verbitten – und doch ist Ihr ganzes Tun und Wesen so, daß man Sie lieb haben muß...«[24]

Im zweiten Teil von »Menschliches, Allzumenschliches« sprach Nietzsche vom »hohen Merkmal von Humanität« in der Freundschaft, einem Ideal, das für ihn aus einer Art wechselseitiger Ergänzung bestand: ›Gehst du gen Morgen: so werde ich gen Abend ziehen.«[25] Das für seine Freunde Beängstigende an Nietzsches Verständnis von Freundschaft, wie er es in »Menschliches, Allzumenschliches« an den Tag gelegt hatte, wurde an Stellen wie dieser deutlich: »Wenn wir uns stark verwandeln, dann werden unsere Freunde, die nicht verwandelten, zu Gespenstern unserer eigenen Vergangenheit: ihre Stimme tönt schattenhaft-schauerlich zu uns heran – als ob wir uns selber hörten, aber jünger, härter, ungereifter.«[26] Zur Kunst der Freundschaft gehörte für Nietzsche mithin die Fähigkeit gemeinsamer Verwandlung, ein Anspruch, dem in seinen Augen wohl nur Overbeck und Köselitz genügten, in gewissem Sinne auch der Musikschriftsteller Carl Fuchs und der Essayist und einstweilige Privatsekretär Heinrich Heines, Karl Hillebrand; Rohde, Gersdorff und Rée aber nur zeitweise und der eigenwillige Musiker, Hugo von Senger, gar nicht. Malwida von Meysenburg, die ›Urfreundin‹ und selbsterklärte Idealistin, befand sich sozusagen ›außer Konkurrenz‹.[27]

Eine weitere und letzte Stelle aus »Menschliches, Allzumenschliches« vermittelt einen noch deutlicheren Eindruck von dem, was die ›Kunst der Freundschaft‹ nach

Nietzsches Ansicht ausmachte: »Die gute Freundschaft entsteht, wenn man den Anderen sehr achtet und zwar mehr als sich selbst, wenn man ebenfalls ihn liebt, jedoch nicht so sehr als sich, und wenn man endlich, zur Erleichterung des Verkehrs, den zarten Anstrich und Flaum der Intimität hinzuzuthun versteht, zugleich aber sich der wirklichen und eigentlichen Intimität und der Verwechslung von Ich und Du weislich enthält.«[28]

Die Freundschaft als Balanceakt, als Schein von Nähe – das war für Nietzsche schon deshalb wichtiger geworden, weil bei allen nach 1876 gewachsenen Freundschaften er selbst in deren Zeichen stand – kein Dritter, in dessen Namen man Freundschaft schloß wie zuvor in jenem Schopenhauers oder Wagners.

Als Nietzsche im Herbst 1885, gleichsam zwischen »Also sprach Zarathustra« und »Jenseits von Gut und Böse« daran dachte, »Menschliches, Allzumenschliches« umzuarbeiten, notierte er sich den Beginn einer neuen Vorrede zu diesem Werk, die »An meine Freunde« gerichtet war. Er begründet die geplante Neufassung damit, daß gerade dieses Buch seinen ›Freunden‹ am unverständlichsten geblieben sei. Der Grund: Das einschneidende Ereignis des Sommers 1876 (in Bayreuth): Die Entfremdung von seinem Ideal Wagner und dessen Musiktheater. »[…] und von da an gieng ich unbarmherzig über all die schönen Wünschbarkeiten hinweg, an die meine Jugend ihr Herz verschenkt hatte«,[29] das heißt, er mußte auch mit der Idee der Freundschaft hart ins Gericht gehen, was für ihn gleichbedeutend wurde mit Selbstkritik.

Wie im Falle der kulturbedingenden Kräfte, des Apollinischen und Dionysischen, fragte Nietzsche auch in Sachen Freundschaft, ob und wie ihr antikes Ideal in seiner eigenen Zeit erfahren und gelebt werden könne. Entsprechend konnte er die Geschichte der Freundschaft zur Grundlage erfahrbarer Freundschaft, aber auch zu ihrem Projekt erklären, wie aus seinem Brief an Overbeck vom 11. April 1879 hervorgeht: »Lieber Freund, wir haben jetzt wieder einen Wunsch gemeinsam: daß Jemand das überreiche Philosophieren des Alterthums über Freundschaft zusammenfasse und wiedererwecke: es muß einen Klang wie von hundert verschiedenen Glocken geben.«[30]

Neben die Exzentrizität der Stimmungen, neben die Kontrapunktik der Gedanken rückte Nietzsche die Polyphonie der Freundschaften – gerade in Zeiten, man kann es schwerlich anders denn paradox ausdrücken, ekstatischer Niedergeschlagenheit. *Per aspera ad astra*: Im ›Rauhen‹ der widrigen Lebenserfahrung bewährte sich für ihn der Glaube an die Freundschaft, für Augenblicke sogar eine ›Sternenfreundschaft‹ (mit Lou), ein Glaube, den er, wie es schien, beliebig zu intensivieren oder schonungslos zu entzaubern verstand. Mangelte es an Freunden, so blieb ihm der schmerzliche Trost der Selbstzerteilung, wie es zu Beginn von »Menschliches, Allzumenschliches« hieß,[31] der dividualen Existenz, die Haßliebe der beiden Hälften seines Ichs füreinander.

Denkkunst, morgenröthend und frohsinnig

Der Freund des Einsamen ist sein Schatten. Man könnte auch sagen: der Schatten sei das schwarze Abbild der ›zweiten Natur‹ des Menschen. Als im Dezember 1879 der große Schlußteil von »Menschliches, Allzumenschliches« unter dem Titel »Der Wanderer und sein Schatten« vorlag, schrieb Nietzsche seinem Verleger, daß dieses Buch »aus der Zeit der bittersten und anhaltendsten Schmerzen« dennoch ein »Ding voller Gesundheit« sei und – sein ›Triumph‹«.[1]

Nietzsche konnte dieses Buch mit einigem Recht ein Dokument der Selbstüberwindung nennen, ein Schattenwerk voll lichter Scharfsinnigkeit, ein gewagtes Denkprojekt, aphoristisch ausgeführt und einem Verfahren folgend, bei dem er, der denkende Wanderer zwischen Meer und Gebirge, sich selbst Stichworte lieferte, über die er dann reflektierte oder improvisierte. Diese Stichworte gleichen Steinen am Weg, die der Wanderer aufnimmt und betrachtet, sie gleichsam geistig betastend sich aneignet, mitnimmt oder wieder fallen läßt: ›Dunkel-Zeiten‹, ›Der Traum‹, ›Einfach leben‹, ›Zuviel und zu wenig‹, ›Sonnenbahn der Idee‹. Magische Sprachsteine, die funkeln und, denkend gefaßt, zu einem Mosaik werden.

Freund Köselitz, der die Manuskripte des beinahe blinden ›Wanderers‹ druckfertig zu machen hatte, konnte Nietzsche anvertrauen, daß sein »leidendes Gehirne« bei »längeren Gedankenketten … ihren Zusammenhang aus dem Gedächtnis« verliere und er sich deswegen auf diese Denk- und Schreibmethode habe verlegen müssen.[2]

Im Herbst 1879 befand sich Nietzsche quasi als Frühinvalide wieder in der (ihn bald erdrückenden) Obhut der Mutter in Naumburg; aber er war nicht mehr in der Lage, seinen Basler Lehrverpflichtungen auch nur annähernd nachzukommen. In den Augen des Naumburger Bürgertums glich er einer gescheiterten, weil gottlosen Existenz. Man mochte es als folgerichtig empfunden haben, daß die Frau Pastorin Nietzsche für ihren Sohn ein Domizil in den Turmresten der alten Stadtbefestigung gepachtet hatte. Die Wehrtürme waren seit alters den geistig Derangierten vorbehalten. (So hatten es auch die Tübinger im Falle ihres Hölderlin gesehen!) Mutter Franziska pflegte ihn, riet zur Gartenarbeit, las ihm vor: Mark Twain, Edgar A. Poe und Gogol.[3] Man vergegenwärtige sich diese Szene einen Augenblick lang: Die urfromme Franziska Nietzsche liest ihrem Sohn aus Gogols »Tagebuch eines Wahnsinnigen« vor … Russische Prosa über die Welt der ›Überflüssigen‹ im Sinne Lermontows übte auf Nietzsche in jener Zeit eine unwiderstehliche Anziehungskraft aus.

Was die Mutter ihm vorlas, stand in krassem Gegensatz zu jenem Naumburger Protestantismus und jener bigotten Frömmelei, die ihm den Aufenthalt unerträglich machte. Nietzsche stand jetzt in jenem Alter, in dem sein Vater einen qualvollen Tod gestorben war. Die Krankheitsanfälle des Sohnes erinnerten Franziska nur zu deutlich an das Ende ihres Mannes. Die Entschiedenheit freilich, mit der Nietzsche sich von der Naumburger Welt abstoßen wollte und »eine Flucht nach dem Süden« erwog, legen die Vermutung nahe, er habe geglaubt, sein Vater sei *auch* an dem, wie er glaubte, scheinheiligen Moralismus der Kirche zugrunde gegangen.

Wie immer in Krisen linderte zeitweise allein schon die Aussicht auf ›den Süden‹ Nietzsches Befinden. Wie schlecht seine Verfassung in jenen letzten Wochen und Monaten des Jahres 1879 gewesen sein muß, geht jedoch daraus hervor, daß er dabei war, seinen Glauben ›an den Süden‹ aufzugeben. Verleger Schmeitzner erhält im Dezember einen Brief seines (bis dahin nahezu unverkäuflichen) Autors, in dem es heißt: »Aber vielleicht giebt es keinen ›Süden‹ mehr.«[4]

In jenem Jahr zählte Nietzsche einhundertachtzehn »Anfallstage«, oft mehrtägiges Erbrechen, gegen Ende 1879 gar »bedenklich lange«Bewußtlosigkeiten, wie er dem Frankfurter Arzt (und guten Bekannten der Wagners), Otto Eiser, mitteilte.[5] Den Januar über fühlte er sich noch zu krank, um weiter an die »Flucht nach Süden« zu denken. Die Tage in Naumburg heiterten sich jetzt vor allem durch Paul Rées Besuch etwas auf, auch wenn zwischen ihm, Rée und seiner Mutter allzu zäh darüber gestritten wurde, ob den Patienten der tägliche Verzehr wenigstens eines rohen Beefsteaks kräftigen könne oder nicht.

Einen Monat später und die ›Flucht‹ aus Naumburg gelang – mit der Bahn von Leipzig über München nach Innsbruck, über den Brenner in den ersehnten Süden. Weitere Anfälle zwangen ihn, in Bozen zu pausieren; schließlich erreichte er Riva. In der Entfernung war der Groll gegen die Mutter rasch vergessen; ohne ihre Versorgungslieferungen ging es eben nicht. Kaum in Riva angekommen, bittet er sie um eine graue Hose, ein

Nachthemd und zwei Zahnbürsten, »die härtesten … (abgerundet).« Und Mutter Franziska lieferte – in längst bewährter Manier. In Riva war dann auch bald Freund Köselitz zur Stelle, der sich als »angenehm und nützlich« erwies, und in dessen Begleitung Nietzsche Mitte März nach Venedig ging.

Venedig bis Sommer, dann zwei volle Monate zurück in Bad Marienbad, wo dank seiner Anwesenheit, so Nietzsche, »seit Goethe noch so viel gedacht worden«; mehr noch: »und auch Goethe wird nicht so principielle Dinge sich haben durch den Kopf gehen lassen – ich war über mich selber weit hinaus«, heißt es in einem Brief Nietzsches aus jenem böhmischen Sommer, in dem er Freund Köselitz gleichfalls anvertraut hatte, daß ihm »durch nichts« der Verlust der Sympathie Wagners ausgeglichen werden könne.[6] Ähnliches hatte er am Jahresanfang auch Malwida von Meysenburg gegenüber geäußert.[7] Wagner selbst verfügte durchaus über genügend Einfühlungsvermögen, um zu wissen, daß Nietzsche unter dieser Trennung litt: »Nur, um von mir sich zu befreien, ergibt er [Nietzsche] sich allen Platitüden.«[8] Er hatte gleichfalls erkannt, daß Nietzsches häufige Verweise auf das Vorbildliche der französischen Kultur unmittelbar gegen ihn, Wagner, gerichtet waren.

Von Marienbad war es unter großen gesundheitlichen Beschwerden in Etappen über Frankfurt, Heidelberg, den Gotthard nach Stresa gegangen, wo er am Lago Maggiore einen Monat ausharrte, einem See, der ihm jedoch nicht ›südlich‹ genug war. Schließlich erreichte er Genua, wo er beinahe ein halbes Jahr ohne Unterbrechung zubringen sollte, für Nietzsches damalige Verhältnisse eine geradezu unvorstellbar lange Zeit. Die ›principiellen Dinge‹, von denen Nietzsche in Marienbad gesprochen hatte, betrafen das, was er in jenen Wochen und Monaten in Angriff genommen hatte und im darauffolgenden Genueser Winter unter dem Titel »Die Pflugschar. Gedanken über die moralischen Vorurtheile« zusammenfassen wollte. Schließlich wurde daraus, im Titel auf Jakob Böhme und den Rigweda anspielend, sein Aphorismen-Buch »Morgenröthe«. Ganz ohne bestimmten oder unbestimmten Artikel, gleichsam auf sich selbst gestellt, sollte diese ›Morgenröthe‹ dastehen. »Jeder Titel muß vor Allem citirbar sein: also müssen wir ändern!«, forderte er seinen Freund, Korrektor und Komponisten anti-wagnerischer ›südlicher Musik‹, Köselitz, auf. »Nicht ›Eine Morgenröthe‹, sondern nur: ›Morgenröthe‹. So klingt es auch nicht so prätentiös.«[9]

Nietzsche stellt sich in der Vorrede als »einen ›Unterirdischen‹ an der Arbeit, einen Bohrenden, Grabenden, Untergrabenden« vor, kurz: als einen »Maulwurf«, aber auch als einen Genesenden: »Ich bin zurück gekommen und – ich bin davon gekommen.«[10] Das Ich der »Morgenröthe« hatte seinen eigenen Morgen gefunden, glaubte sich vor seiner ›eigenen Erlösung‹. Wenn der erste Teil von Nietzsches »Zarathustra«, wie Werner Ross vermutet, »im Stile des ersten Satzes der Neunten Symphonie [Beethovens] geschrieben« worden ist,[11] dann hat die Vorrede der »Morgenröthe« etwas von der Stimmung des dritten Satzes von Beethovens Streichquartett op. 132 (»Gebet nach längerer Krankheit«), wenngleich man den Text nicht mit ›molto adagio‹ überschreiben würde, sondern eher mit ›allegro con moto‹.

Wiederholt hat man darauf aufmerksam gemacht, daß seit 1880 an Nietzsche eine »tiefgreifende Veränderung« bemerkbar wurde. »Sie zeigt sich nicht nur in den Inhalten seines Gedankens, in neuen Schöpfungen«, wie Karl Jaspers schrieb, »sondern in der Form des Erlebens; Nietzsche taucht gleichsam in eine neue Atmosphäre; was er sagt, gewinnt einen anderen Ton; die alldurchdringende Stimmung ist etwas, das keine Vorboten und Anzeichen vor 1880 hatte.«[12] Jaspers ging sogar soweit zu behaupten, daß die »alldurchdringende Stimmung« in der Art seines Schreibens etwas sei, das keine Vorboten und Anzeichen vor 1880 hat.« Auch wenn dieses Urteil fraglos überzogen wirkt, vor allem angesichts der bis 1878 tatsächlich unerhörten Konzeption von »Menschliches, Allzumenschliches«, eines ist nahezu gewiß: Nietzsche wußte sich mit der »Morgenröthe« unterwegs zu neuen Ufern. Nicht umsonst faszinierte ihn die Stadt des Columbus: Genua, wo große Teile seines neuen Buches entstanden.

Was machte diesen neuen Stil aus? Soll man ihn philosophischen Impressionismus nennen? Dafür war er zu expressiv. War es die aphorisierende Intensität seines Schreibens, die nun mehr denn je auffiel? Janz hat auf Baudelaires Einfluß hingewiesen und eine zeitgenössische lexikographische Charakterisierung von dessen Stil herangezogen, um Nietzsches Schreiben nach 1880 zu kennzeichnen: »Hingabe an sinnliche und geistige Reize, an persönliche Stimmung und psychologische Nuancierung, ausgedrückt durch verfeinerten Rhythmus und Klang […].«[13] War das wirklich das ›stilistische Geheimnis‹ der »Morgenröthe« und des anschließenden Werkes

»Die fröhliche Wissenschaft«? Oder verhielt es sich nicht vielmehr so, daß sich Nietzsches zuspitzendes Argumentieren, seine Fähigkeit, die in Rede stehenden Dinge auf ihren Punkt zu bringen, sein gedanklicher und sprachlicher ›Pointilismus‹ gerade nicht der ›Hingabe‹ an diverse Reize verdankte, sondern daß sie dergleichen ›Reize‹ erst auslösten.

In seinen Notizen im Umkreis der »Morgenröthe« finden sich auffallend wenige Bemerkungen zu stilistischen Fragen; genau genommen nur eine, aber eine bezeichnende: »Mein früherer Stil: weite Perspektiven, viel Verhülltes, Geheimnißvolles Wunderbares. Die Thatsachen aufblitzend, wie scheinbare Erhellungen dieser Geheimnisse. Grundglaube: das Wesen nicht mittheilbar, eine gehobene ahnungsvolle Stimmung macht Offenbarungen […].[14] Anders ausgedrückt: Im Gegensatz zu seinem ›früheren Stil‹ hielt Nietzsche *nun* ›das Wesen‹ der Dinge für ›mittheilbar‹. Das ›Verhüllte‹ wollte er jetzt augenscheinlich dazu zwingen, die Schleier zu lüften. Im ›Geheimnißvoll Wunderbaren‹ sah er nunmehr allenfalls einen Anlaß, es zu entmythologisieren. Und schließlich: die ›weiten Perspektiven‹ sollten endlich verengt werden, und zwar auf die Aufgabe, die herkömmlichen (christlich geprägten) Moralvorstellungen zu untergraben. Mit dieser ›Arbeit‹ begann Nietzsche bereits in der Vorrede zur »Morgenröthe« und ließ keinen Zweifel daran, daß er aufs Ganze zu gehen gewillt war. Er denunzierte die Moral als »Teufelei von Überredungskunst«, überdies als »größte Meisterin der Verführung« und als »Circe der Philosophen«. Auch was er anstrebte, gab er unumwunden preis: die »Selbstaufhebung der Moral«.[15]

Der Hauptunterschied zwischen »Menschliches, All-zumenschliches« und »Morgenröthe« lag demnach in der Radikalität des Ansatzes und weniger in der Art der Aus-führung. In der »Morgenröthe« zeichnete sich nämlich bereits das Projekt einer ›Umwertung aller Werte‹ ab; und die Kampfansage in Richtung paulinisches Christentum und seine Scheinmoral läßt erahnen, was die Diatribe »Der Antichrist« mit äußerster Konsequenz auf die Spitze trieb: Den Versuch einer Denkrevolution, die den Allein-vertretungsanspruch des Christentums in moralischen Fragen ein für allemal zerstören sollte.

Nietzsche denkt nicht nur anti-paulinisch, sondern anti-dogmatisch; seine aphoristische Denkkonzeption gleicht einem Verhöhnen systematischen Philosophie-rens. In der »Morgenröthe« besteht seine Erkenntnis-theorie aus zwei Sätzen: »Erst am Ende der Erkenntniss aller Dinge wird der Mensch sich selber erkannt haben. Denn die Dinge sind nur die Gränzen des Menschen.«[16] Eben deswegen fühlte er sich dazu veranlaßt, gegen den ersten Apostel, Paulus, vorzugehen; er nennt ihn einen Fanatiker, gleichsam einen ersten Ideologen, dem er frei-lich eines indirekt bescheinigt: Stilvermögen. Unter den Briefen des Paulus befinden sich rhetorische Meister-werke, die Nietzsche mißfallen, weil sie im Dienste der Moral stehen. Bemerkenswert ist in diesem Zusammen-hang auch ein Wort über Hegel, dem Apostel des absolu-ten Geistes. Er wiederum habe über einen, laut Nietz-sche, »eigenthümlich schlechten Stil« verfügt, geschaffen, eine immerhin originelle Begründung, durch seine Angst vor dem französischen Esprit.[17]

Mit seinen Bemerkungen über die »Eitelkeit der Morallehrer« und die »sogenannte classische Erziehung« nimmt Nietzsche seine aus den »Unzeitgemäßen Betrachtungen« bekannten Argumentationsmuster wieder auf. Er geht aber deutlich über sie hinaus, wenn er die einzig akzeptable Moralität in der Aufhebung der Moral sieht. Gleichfalls blieb für ihn die so 1878 erstmals ausgesprochene Forderung an sich selbst gültig, die Aufklärung fortzusetzen – gegen seine anscheinend antiaufklärerisch gesonnenen Deutschen.

In diesem Kontext fällt dann auch Nietzsches Wort vom »Künstler des Worts und der Gedanken«.[18] Als Sprach- und Denkkünstler will Nietzsche durch die Art des Sagens Wirkung erzielen; als Aufklärer ist es ihm gleichzeitig darum zu tun, über die Gründe solchen Wirkens zu informieren, das dahinter verborgene Denken freizulegen und den Zauber seiner Sprache zu entzaubern. Das probateste Mittel scheint bei dieser Doppelaufgabe die Rede in Paradoxa zu sein, etwa so: »Wir werden einsamer, – und zwar *weil* die ganze Fluth der Menschheit in uns rauscht.«[19] Entsprechend fordert er eine Pädagogik, die lehrt, wie man Einsamkeit ertragen kann.

Doch was es heißt, Denk- und Sprachkunst zu praktizieren und gleichzeitig über sie aufzuklären, veranschaulicht der 427te Aphorismus der »Morgenröthe«, den es hier vollständig zu bedenken gilt:

Die Verschönerung der Wissenschaft. – Wie die Rococo-Gartenkunst entstand, aus dem Gefühl »die Natur ist häßlich, wild, langweilig, – auf! wir wollen sie verschönern (embellir la nature)!« – so entsteht aus dem Gefühl »die Wissenschaft ist häßlich, trocken,

trostlos, schwierig, langwierig, – auf! laßt uns sie verschönern!« immer wieder Etwas, das sich die *Philosophie* nennt. Sie will, was alle Künste und Dichtungen
wollen, – vor Allem *unterhalten*: sie will dieß aber,
gemäß ihrem ererbten Stolze, in einer erhabeneren
und höheren Art, vor einer Auswahl von Geistern. Für
diese eine Gartenkunst zu schaffen, deren Hauptreiz
wie bei jener ›gemeineren‹ die Täuschung der Augen
ist (durch Tempel, Fernblicke, Grotten, Irrpfade, Was-
serfälle, um im Gleichnisse zu reden), die Wissenschaft
in einem Auszuge und mit allerlei wunderbaren und
plötzlichen Beleuchtungen vorzuführen und so viel
Unbestimmtheit, Unvernunft und Träumerei in sie
einzumischen, daß man in ihr »wie in der wilden Natur« und doch ohne Mühsal und Langeweile wandeln
könne, – das ist kein geringer Ehrgeiz: wer ihn hat,
träumt sogar davon, auf diese Art die Religion ent-
behrlich zu machen, welche bei den früheren Menschen die höchste Gattung von Unterhaltungskunst
abgegeben hat. – Dieß geht nun seinen Gang und erreicht eines Tages seine hohe Fluth: jetzt schon beginnen die Gegenstimmen gegen die Philosophie laut zu
werden, welche rufen »Rückkehr zur Wissenschaft!
Zur Natur und Natürlichkeit der Wissenschaft!« –
womit vielleicht ein Zeitalter anhebt, das die mächtigste Schönheit gerade in den »wilden, häßlichen« Thei-
len der Wissenschaft entdeckt, wie man seit Rousseau
erst den Sinn für die Schönheit des Hochgebirges und
der Wüste entdeckt hat.[20]

Was hier vor uns liegt, ist ein rhetorisches Meisterstück
von ungewöhnlichen Graden. Selten hatte Nietzsche so

wirkungsvoll Parallelismen in seiner Syntax eingesetzt wie in diesem Abschnitt. Selten hatte er seine eigentlichen Absichten so geschickt verborgen gehalten. Zunächst erweckte er nämlich den Anschein, als identifiziere er sich mit dem Programm, die Wissenschaft – analog zur Natur – zu verschönern. (Diese im Rokoko nach außen hin betriebene ›Verschönerung‹ der als ›wild‹ empfundenen Natur stellte der Idealismus als eines seiner Projekte vor; es bestand aber in der wechselseitigen Durchdringung des, wie Hölderlin sagte, aorgisch Wilden und organisch Kultivierten.[21])

Dann überrascht er mit dem Argument, daß die Philosophie als eine Kunstform in erster Linie ›unterhalten‹ wolle. So wie die ›Gartenkunst‹ die Beherrschung der Natur vortäusche, so gelinge es der Philosophie, gleichsam eine Gartenkunst des Denkens zu schaffen und die Wissenschaft zu ›kultivieren‹. Doch dieses Kultivieren beruhe auf einer Täuschung; und diese wiederum auf der Metaphernsprache, derer sie sich bediene. Freilich handelte es sich dabei vor allem um Nietzsche selbst, der vorzugsweise in Metaphern sprach, ja, der die Metapher dachte und sie oft genug von ihrem Kontext emanzipierte.

Spätestens an dieser Stelle wird erkennbar, daß Nietzsche dieses ihm eigene philosophische Verfahren kritisieren wollte, zumal er dazu auffordert, zurück zur ungeschönten Erkenntnis zu gehen, zurück zur herben Schönheit wissenschaftlicher Fakten, die ohne Metaphern auskommen. Durch diese verdeckte Selbstkritik, die am Positivismus Maß nahm, verriet sich Nietzsche insofern, als er beim Namen nannte, was ihn seine Einsamkeit ertragen ließ: Seine Denkkunst ›unterhielt‹ ihn im doppelten Sinne des Wortes. Da die Religion als »höchste Gattung von Unterhaltungskunst« längst ausgespielt hatte, blieben nunmehr Philosophie und Wissenschaft als Ersatzreligionen.

Nietzsche will eine Denkkunst, die nichts ›embellirt‹ oder beschönigt, sondern das auf Täuschung gründende Wesen der Erscheinungen, einschließlich der Moral, entzaubert – freilich zumeist durch das Mittel der Gleichnisrede. Es ist ein Denken, das vom Menschen Verantwortlichkeit für buchstäblich alles fordert, sogar für das, was er träumt.[22]

Die unmittelbare Appellation prägt jetzt Nietzsches Schreibart, die direkte Anrede, der Vorwurf, die offene Kritik am Verhalten des Lesers. Was er dabei in der »Morgenröthe« fordert, ist, daß der kritisch Denkende seine Meinungen wechseln solle – wie eine Schlange, die sich häutet.[23]

Die »Morgenröthe« schließt mit einem Bild des Aufbruchs: ›Wir Luft-Schifffahrer des Geistes!‹ heißt der Abschnitt, der in Ton und Intention überdeutlich an Jean Pauls ›komischen Anhang zum Titan‹ mit dem Titel »Des Luftschiffers Giannozzo Seebuch« erinnert,[24] wenngleich nichts Verläßliches über Nietzsches Vertrautheit mit dem Werk dieses vor Heine wohl gewitztesten Schriftstellers deutscher Sprache bekannt ist.

Nietzsche befragt in diesem Schlußteil der »Morgenröthe« kritisch die Maxime der Erkenntnis: das ›Immer Weiter‹, nach der er selbst lebte und dachte. Wer das Meer sieht, will über das Meer, will wissen, was sich diesseits und jenseits befindet. Jeder will sein ›Indien‹ entdecken. Dann aber die plötzlich bange Frage: »Wird man vielleicht uns einstmals nachsagen, [...] daß unser Loos war, an der Unendlichkeit zu scheitern?«[25] Dem folgt dann eine letzte Frage, die diese Bangigkeit zu relativieren scheint, eine kleine Frage, ein Streifen ›Morgenröte‹: »Oder, meine Brüder? Oder? –« Das meint doch wohl: Vielleicht steht am Ende kein Scheitern am ›Unendlichen‹. Vielleicht kann der Philosoph Aeronaut bleiben und ein immer neues ›Indien‹ des Geistes erreichen.

Mit der »Morgenröthe« führte Nietzsche die Vogel-Metapher in sein Denken ein. Bis dahin war der Vogel nur als Geier emblematisch (und auf Richard Wagners ›eigentlichen‹ Namen verweisend) in der »Geburt der Tragödie« in Erscheinung getreten. Die »Morgenröthe« nun stellt ›den Vogel‹ in einem Aphorismus neben den Dichter (und Denker):

Der Vogel Phönix zeigte dem Dichter eine glühende und verkohlende Rolle. ›Erschrick nicht! sagte er, es ist dein Werk! Es hat nicht den Geist der Zeit und noch weniger den Geist Derer, die gegen die Zeit sind: folglich muß es verbrannt werden. Aber dieß ist ein gutes Zeichen. Es giebt manche Arten von Morgenröthen.[26]

Der Vogel, Symbol der Leichtigkeit und Freiheit, zeigt auf verkohlende ›unzeitgemäße Betrachtungen‹, wenn man so will. Als ›Phoenix‹ weiß er sich damit jedoch in seinem Element. Es ist der Stoff, dem seinesgleichen entsteigt – als Hoffnungszeichen. In den »Idyllen aus Messina« wird sich Nietzsche dann zum »Prinzen Vogelfrei« stilisieren, später dessen »Lieder« dichten.[27]

Nietzsches Kunst des Denkens, die Ästhetik seines Philosophierens, war bedingt von seinem metapherngesättigten kritischen Bewußtsein, das sich an Gegensätzen orientierte. Denkgeschichtlich betrachtet, steht ein solcher Ansatz in der von Nikolaus Cusanus begründeten Tradition, die Tätigkeit des (endlichen) Verstandes durch Gegensätze inspiriert zu sehen. Anders als Cusanus konnte Nietzsche existentielle Gegensätze nicht mehr in Gott aufgehoben wissen und daran glauben, daß sie als ›coincidentia oppositorum‹ eins werden könnten. Für ihn galt es, diese Gegensätze zu leben.

Man ist versucht, Nietzsches metaphorisches Verfahren ein Philosophieren in »Denkbildern« zu nennen, um Walter Benjamins Begriff zu gebrauchen.[28] Ein Aspekt der Denkbilder Benjamins läßt sich tatsächlich auf Nietzsche anwenden, beziehungsweise von ihm herleiten. Unter der Überschrift ›Die Ferne und die Bilder‹ fragt Benjamin: »Ob sich nicht das Gefallen an der Bilderwelt aus einem düsteren Trotz gegen das Wissen nährt?«[29] Das ist der Einspruch gegen das sokratische Prinzip des Erkennens durch Wissen zugunsten des Bildprinzips und der metaphorischen Vorstellungskraft. In den ›Denkbildern‹ Walter Benjamins spielt denn auch der Traum eine entsprechend große Rolle, der eine Eigenwelt behauptet, die nicht unbedingt Gegenwelt ist, aber zur Interpretation der Lebenswirklichkeit im Sinne einer ergänzenden Sichtweise beiträgt.

Nietzsches stilistisches Verfahren kann man jedoch nicht einfach mit jenem Benjamins gleichsetzen. Ob in der »Morgenröthe« oder »Götzen-Dämmerung« vermittelte Nietzsche eine ›Denksinnlichkeit‹ (Wilhelm Worringer), die bildliches Denken, aber auch sprachkritische Konkretion umfaßte, Traum-Momente mit analytischen Passagen verband, aphoristische Kürze mit Anspielungen, die (im Leser) eine quasi epische Entfaltung bewirkt. Denn der Aphorismus ist entweder Zusammenfassung, Raffung oder Ende eines Denkprozesses oder dessen Ausgangspunkt.

Das ›Südliche‹, ›Leichte‹ nun, das Nietzsche so wichtig wurde, bedeutete in diesem Zusammenhang das Spiel mit Gegensätzen. Ein solcher Gegensatz war und blieb jener zwischen Kunst und Wissenschaft. Hatte er sich in der »Morgenröthe« vor allem mit dem Gegensatz christliche Scheinmoral und freidenkerische Selbstaufhebung der Moral befaßt, so rückte »Die Fröhliche Wissenschaft« wieder den Künstler in den Mittelpunkt und sein Verhältnis zum Wissenschaftszeitalter. Die ›Fröhliche Wissenschaft‹ gehörte zum Begriffsregister der Frühromantik. Friedrich Schlegel hatte den Ausdruck in seinem Roman »Lucinde« als Metapher für die Poesie eingeführt und der »gottähnlichen Kunst der Faulheit« gegenübergestellt.[30]

Das Fröhliche an der Wissenschaft bezeichnet die Heiterkeit eines Denkens, das Erkenntnis will und Experiment; es will sich gelöst geben und Einsichten in der »Sprache des Thauwinds« vermitteln, wie Nietzsche in seiner »Vorrede zur zweiten Ausgabe« (1886/87) schrieb. Auch dieses Aphorismen-Buch hatte er als ›Genesender‹ verfaßt, die »Saturnalien eines Geistes« auskostend, der den Widrigkeiten des Lebens widerstanden hatte.[31]

Aber nicht nur als Genesender, wie es ihm im Rückblick verklärend vorgekommen war. Als »Die Fröhliche Wissenschaft« im August 1882 erschien, begann sie mit einem heiteren, an Heinrich Köselitz' Singspiel nach Goethe »Scherz, List und Rache« orientierten ›Vorspiel in deutschen Reimen‹; sie endete jedoch mit einem Abschnitt, der das krasse Gegenteil verhieß: ›Incipit tragoedia‹. (Das fünfte Buch kam erst 1886 hinzu.) Da prallten unversöhnliche Gegensätze aufeinander: Feier des Lebens, das er zum Femininum erklärte und das er einen Aphorismus später, im Gewand des sterbenden Sokrates, als eine Krankheit bezeichnete.[32]

Ursprünglich hatte Nietzsche die ersten Teile der »Fröhlichen Wissenschaft« noch für Fortsetzungen der »Morgenröthe« gehalten. Der Titel »Die Fröhliche Wissenschaft« scheint erst im Frühjahr 1882 festgestanden zu haben; zuvor findet er zumindest in den Notizbüchern noch keine Erwähnung.[33] Von der Sache her läßt sich diese eigentümliche Verbindung von ›Wissenschaft‹ und ›Heiterkeit‹ jedoch schon früher nachweisen. Nachdem ihm Köselitz zur Lektüre von Julius Robert Mayers »Mechanik der Wärme« angeregt hatte, schrieb ihm Nietzsche in einer ersten Reaktion: »In solchen herrlichen schlichten und *fröhlichen* Büchern wie dem Mayer's giebt es eine Harmonie der Sphären zu hören: eine Musik, die nur für den *wissenschaftlichen* Menschen bereitet ist.«[34] Mithin verfüge dieser, so der phasenweise von den Natur-Wissenschaften enthusiasmierte Philosoph, über einen spezifischen ästhetischen Sinn, über den er sich jedoch nicht im einzelnen äußerte.

Was Nietzsche an gegensätzlichen Stimmungen im Frühjahr und Sommer 1881 durchlebte, reichte von Selbstmordgedanken im südtirolischen Recoaro bis zum begeisterten Ausruf »Welches herrliche Jahr 1881« – zwei Monate später.[35] Seine Mitteilungen an Freunde bestehen in jener Zeit aus »unanständigem Durcheinander«.[36] Den

stärksten literarischen Eindruck in jenen Monaten gewann er aus der von Overbeck vermittelten Lektüre des
»Grünen Heinrich« von Gottfried Keller. Er bezeichnete
diesen Roman als einen »Ausbund von Poesie und Schelmerei, vielleicht sogar von Ernst«.[37] Er selbst hielt sich
für ›geladen‹, für eine Maschine, die zerspringen könne.
Die extremen Gemütszustände schilderte er in jenem
ersten Silser Sommer am anschaulichsten gegenüber Köselitz: »Die Intensitäten meines Gefühls machen mich
schaudern und lachen – schon ein Paarmal konnte ich das
Zimmer nicht verlassen, aus dem lächerlichen Grunde,
daß meine Augen entzündet waren – wodurch? Ich hatte
jedesmal den Tag vorher auf meinen Wanderungen zuviel geweint, und zwar nicht sentimentale Thränen, sondern Thränen des Jauchzens; wobei ich sang und Unsinn
redete, erfüllt von einem neuen Blick, den ich vor allen
Menschen voraus habe.«[38]

Die Gedankenflut des ersten Silser Sommers erbrachte, wie bekannt, nicht nur die Hauptteile der »Fröhlichen
Wissenschaft«, sondern auch die ›Begegnung‹ mit dem
›Unerhörtesten‹, dem er den Namen »die Wiederkunft
des Gleichen« gab. Die Entstehungsbedingungen dieses
ersten ›Entwurfs‹ oder Schemas zur »Wiederkunft des
Gleichen« sind dabei mindestens ebenso erwähnenswert
wie der eigentliche Inhalt: »Anfang August 1881 in Sils-
Maria, 6000 Fuß über dem Meere und viel höher über
allen menschlichen Dingen! –«[39] Mit diesen Angaben registrierte Nietzsche, was man eine Meta-Ebene nennen
könnte. Das Wesentliche an ihr ist jedoch, daß Nietzsche
sie als begehbar, erfahrbar darstellte, als ein Erlebnis. Das
wiederum korrespondiert mit dem Grundwort des Sche-

mas: »Einverleibung«. Irrtum und Wissen werden für Nietzsche auch leibliche Vorgänge. Und das Individuum versteht sich in diesem Entwurf als ›Experiment‹. Die so betonte Verleiblichung des Denkens verweist auf die Physiologie intellektueller Prozesse, die Nietzsche als Teil der Erkenntnisproblematik erfaßte. Im ›Spät‹-Werk wird dem dann auch eine betont physiologische Betrachtung der Kunst entsprechen.[40] Der Vorgang der ›Wiederkunft‹ und der Inhalt dessen, was da wiederkehren solle, blieben jedoch in diesem ersten Entwurf nahezu unerwähnt.

Nach diesem Denk-Erlebnis am Pyramidenfelsen bei Surlej hatte Nietzsche, wie die Notizbücher belegen, sichtlich Mühe, wieder geistige Fassung zu gewinnen und sich auf die Arbeit an jenen Manuskripten zu konzentrieren, die zur »Fröhlichen Wissenschaft« werden sollten. Dabei sollte ihm unter anderem das Studium jener wissenschaftlichen Werke helfen, die er noch in Recoaro bei seinem Verleger mit der Bitte bestellt hatte, sie ihm »in einem Holzkistchen« ins Engadin zu schicken. Die Erträge der Wissenschaften, von Fosters »Lehrbuch der Physiologie« bis zu den »Bausteinen für eine allgemeine Rechtswissenschaft«, sollten nicht Schaden nehmen.

Man kann freilich auch umgekehrt argumentieren: daß gerade seine innere Reaktion *gegen* diese Art der Wissenschaft das Denk-Erlebnis von Surlej ermöglicht hatte. Zumindest läßt sich behaupten, daß Nietzsche eine Art höherer Heiterkeit gebraucht hatte, um dem positivistischen Stumpfsinn, der weite Teile der Wissenschaft in seiner Zeit zu prägen begann, wirkungsvoll zu begegnen. Seine ›an die Realisten‹ gerichtete Einleitung zum zweiten Buch der »Fröhlichen Wissenschaft« spricht eine in dieser

Hinsicht eindeutige Sprache;[41] indem er nämlich den Sinn des dogmatischen Beharrens auf ›Wirklichkeit‹ in Zweifel zog (»es giebt für uns keine ›Wirklichkeit‹«), relativierte er auch die Bedeutung ihrer Substanz, der ›Realien‹, auf die sich die Wissenschaften beziehen müssen.

Dem Utilitarismus der Zeit hält der Nietzsche der Jahre 1881/82 die Besinnung auf die ›vita contemplativa‹ entgegen und ein Lob des Müßigganges, der wieder an Schlegels »Lucinde« und an Eichendorff erinnert. Andererseits preist er die Physik, weil dieser Disziplin das »Gesetzliche und Notwendige in der Welt« Gegenstand der Forschung sei. Freilich, es geht Nietzsche um Anwendung: »Wir müssen Physiker sein, um […] Schöpfer sein zu können«[42] und um die Regeln im »Spiel des Lebens« zu verstehen.

Dem Projekt ›wissenschaftliche Durchdringung der Welt‹ begegnet Nietzsche mit dem Projekt: »Wir aber wollen Die werden, die wir sind.«[43] Es handelt sich dabei um ein Projekt, bei dem der Mensch zum »Dichter seines Lebens« wird.[44] Für Nietzsche hatte dieses Projekt auch praktische Konsequenzen, die bis in die Städteplanung reichten. Für die Städte forderte er eine »Architektur der Erkennenden« mit »stillen und weiten, weitgedehnten Orten zum Nachdenken, Orte mit hochräumigen langen Hallengängen für schlechtes und allzu sonniges Wetter, wohin kein Geräusch der Wagen und der Ausrufer dringt und wo ein feinerer Anstand selbst dem Priester das laute Beten untersagen würde: Bauwerke und Anlagen, welche als Ganzes die Erhabenheit des Sich-Besinnens und Bei-Seitegehens ausdrücken«.[45]

Nietzsche verlangt gleichsam offene, säkularisierte Kathedralen, wo »wir Gottlosen unsere Gedanken denken können«, Arkaden der Kontemplation, wo die Dichter des Lebens ihre Poesie verwirklichen. Der Abschnitt schließt mit einem neuerlichen Projekt: »Wir wollen uns in Stein und Pflanze übersetzt haben, wir wollen in uns spazieren gehen, wenn wir in diesen Hallen und Gärten wandeln.«

Dichter des Lebens, das meint auch: jederzeit zur Metapher werden, ja, als Metapher leben zu können. Der Abschnitt über die »Sternen-Freundschaft« führt diesen Gedanken aus: Die Freunde als Schiffe, deren Wege sich kreuzten, zu einer Musik, welche die »Traurigkeit des tiefsten Glücks« auszudrücken vermag. Zu einer solchen Poetik des Lebens gehört eine Denk-Kunst, die in der Logik nur eine mögliche Form des Denkens sieht. Daneben sind es Denk-Muster, die sich aus dem Verhältnis von Sprachbildern zueinander ergeben, aber immer wieder veränderbar sind. Wenn Sprache ein »bewegliches Heer von Metaphern« ist, wie der frühe Nietzsche konstatiert hatte (»Über Wahrheit und Lüge im außermoralischen Sinne«), dann ist auch das Denken ein offenes, ständig in Bewegung versetztes System von Hypothesen, Schlüssen und Trugschlüssen.

Als sich, wie erwähnt, im Frühjahr 1882 der Titel für dieses philosophisch-poetische Projekt herausstellte, geschah dies, wie Nietzsches Notizen zeigen, während einer ausgesprochen lyrischen Schaffensphase. Inmitten diverser Gedichte findet sich die Notiz: »Die Fröhliche Wissenschaft« nebst einer ersten Gliederung.[46] Der poetischen Logik entsprach es denn auch, daß Nietzsche dreiundsechzig an Goethe (und Heine!) orientierte Gedichte als gereimtes ›Vorspiel‹ seine Philosophie des heiter-gelösten Erkennens einleiten ließ.

In der fünf Jahre später verfaßten Vorrede zum ›Vorspiel‹ erläuterte er, worauf diese philosophische Kunstleistung der ›Fröhlichen Wissenschaft‹ hinaus wollte: »[...] wenn wir Genesenden überhaupt eine Kunst noch brauchen, so ist es eine andre Kunst – eine spöttische, leichte, flüchtige, göttlich unbehelligte, göttlich künstliche Kunst, welche wie eine helle Flamme in einen unbewölkten Himmel hineinlodert! Vor Allem: eine Kunst für Künstler, nur für Künstler!«[47]

Ein biographisches Ereignis beeinflußte die Arbeit an den Schlußteilen der ersten Fassung der »Fröhlichen Wissenschaft«: Nietzsches Begegnung mit Lou von Salomé im April 1882 in Rom. Besonders im »Vierten Buch« hat diese Begegnung sichtbare Spuren hinterlassen, dort etwa, wo er von den ›Glücklichen‹ handelt und ihrer Improvisationskunst, aber auch ihrem Wissen um das »gewagteste Spiel«, das sie spielen; und dort nicht minder, wo Nietzsche von der Notwendigkeit handelt, die Liebe zu lernen. Der Abschnitt »Sternen-Freundschaft« antizipiert geradezu jene Probleme, die sich zwischen ihn und Lou, aber auch Rée stellen sollten. Andererseits blickt dieser Abschnitt auch auf Nietzsches Beziehung zu Wagner zurück.

In diesem ›Vierten Buch‹ der »Fröhlichen Wissenschaft« sah Nietzsche einen »Wendekreis«, den er überschritten habe, wie er in einem Brief an Overbeck sagte.[48] Es handelte sich dabei um denselben Brief, in dem er sich über sein Verhältnis zu Lou Rechenschaft gab: »Unsre Intelligenzen und Geschmäcker sind im Tiefsten verwandt – und es giebt andererseits der Gegensätze so viele, daß wir für einander die lehrreichsten Beobachtungs-Objekte und -Subjekte sind. Ich habe noch Niemanden kennen gelernt, der seinen Erfahrungen eine solche Menge objektiver Einsichten zu entnehmen wußte, Niemanden, der aus allem Gelernten so viel zu ziehn verstünde.«

Freundschaft, Liebe, Erkenntnisinteresse: Es war zu diesem Zeitpunkt Nietzsche schwerlich bewußt, daß Lous nüchternes Erkennen-Wollen den Absichten seines Freundes Rée näherstand als seinem ins Dichterische ausgreifenden Denken und Empfinden. Den Mystagogen, der ihn über seinen ›Wendekreis‹ hinausgeführt hatte, konnte er inzwischen benennen: Zarathustra tritt zum ersten Male im Schlußteil der »Fröhlichen Wissenschaft« (von 1882!) in Erscheinung und mit ihm die tragische Seite, der Anfang des bis zur Neige zu lebenden Endes, wie Nietzsche mutig prognostizierte. Wenn Nietzsche gegenüber Overbeck in besagtem Brief vom September 1882 davon sprach, daß er »das furchtbare Angesicht meiner ferneren Lebens-Aufgabe« zu sehen bekommen habe, dann hatte er von diesem ›Furchtbaren‹ zum Zeitpunkt der zweiten Ausgabe der »Fröhlichen Wissenschaft« (1887), der Niederschrift der »Vorrede« und der erheblichen Erweiterung des Haupttextes in Gestalt eines fünften Buches und des Anhangs ›Lieder des Prinzen Vogelfrei‹ eine weitaus genauere Vorstellung.

Nach »Zarathustra« und »Jenseits von Gut und Böse« konnte sich Nietzsche zu den »Furchtlosen« rechnen, denen diese Erweiterung der »Fröhlichen Wissenschaft« zugedacht und aus deren Perspektive dieser Teil geschrieben ist. Er erklärt im nachhinein, weshalb alles künftige Philosophieren im Schein der ›Morgenröthe‹ erfolgen könne: Es ist das Licht, das von der befreienden Nachricht ausgeht, »daß der ›alte Gott todt‹« sei; »unser Herz strömt dabei über von Dankbarkeit, Erstaunen, Ahnung, Erwartung , – endlich erscheint uns der Horizont wieder frei, gesetzt selbst, daß er nicht hell ist, endlich dürfen unsre Schiffe wieder auslaufen, auf jede Gefahr hin auslaufen, jedes Wagnis des Erkennenden ist wieder erlaubt, das Meer, *unser* Meer liegt wieder offen da, vielleicht gab es noch niemals ein so ›offenes Meer‹. –«[49]

Als Thema stellt sich den ›Furchtlosen‹ die Frage, wie mit den ›metaphysischen Resten‹ umzugehen sei – mit dem *Glauben* an die Wissenschaft und der Philistermoral, die glaubt, genau zu wissen, was gut und was böse sei. Wieso Moral, so die Frage, wenn doch »Leben, Natur, Geschichte ›unmoralisch‹ sind?«[50] Nietzsche erkennt die bürgerliche Moral zutreffend als Herrschaftsinstrument. Auch die Wissenschaft ›herrsche‹, indem sie zum Glauben an ihre Erkenntnisse und deren Nutzanwendungen verleite. Selbst die ›Artistenmetaphysik‹[51] früherer Jahre zieht er jetzt in Zweifel. So wie er die Anfänge der Wissenschaft in der Zauberei, Alchemie, in Astrologie und Hexenglauben vermutete,[52] sieht er den Ursprung des Künstlers im »Possenreißer, Lügenerzähler, Hanswurst, Narren und Clown«, die man in nachhöfischen Zeiten zum ›Genie‹ promoviert habe.[53] Im Schauspieler identifizierte Nietzsche den Problemfall eines Künstlers, der die »Falschheit mit gutem Gewissen« sei und die durch Verstellung Macht ausübe. Als Nietzsche das schrieb, war für ihn der ›Schauspieler‹ bereits die Chiffre für ›Richard

Wagner‹ gewesen, wie es überhaupt in diesem fünften Buch der »Fröhlichen Wissenschaft« den Anschein hat, als habe sich Nietzsche darin vor den großen Attacken gegen Wagner und das, wofür dessen Künstlertum stand, noch einmal Mut zugesprochen. Dieser Versuch kulminierte in den »Liedern des Prinzen Vogelfrei«, also in einem – unerhörten – Kunstakt: Spöttisch, leicht, flüchtig, göttlich unbehelligt, ganz so, wie er es sich in seiner Vorrede zur »Fröhlichen Wissenschaft« vorgeschrieben hatte. Kunst für Genesende, Kunst im Zeichen der »großen Gesundheit« nach, wie er schrieb, überstandenen Schiffbrüchen; aber auch eine Kunst des ›großen Ernstes‹, keine Gaukelei und doch ein einziges Spiel der Verwandlungen, das jedoch den Sinn zu haben schien, die Wahrhaftigkeit dieser Verwandlungen poetisch-spielerisch zu *zeigen*.

Aber eben nur ›schien‹. Denn das Nicht-Verstehen der Lieder nahm er denn doch inkauf. Wollte er doch mit diesen Liedern seinen Lesern quasi zum Tanz aufspielen, wie er am Ende der »Fröhlichen Wissenschaft« sagte: er wollte gewissermaßen die ›Fröhlichkeit‹ seiner ›Wissenschaft‹ endlich einlösen. Damit aber versuchte er genau das, was er den Schauspielern unter den Künstlern vorgeworfen hatte. Auch hier gilt demnach: kein Prinzip, kein Denkansatz durfte sakrosankt oder verbindlich erscheinen. Jeder Gedanke war für ihn revidierbar und keinem dogmatische Erstarrung erlaubt. Nietzsche, der von Extremen gepeinigte, aber auch beflügelte Äquilibrist unter den Denkern, ließ nicht mehr nur Inhalte sprechen, sondern verstärkt auch die poetische Form.

Nietzsche als (zarathustrischer) Dichter

In einem Brief an Rée hatte sich Nietzsche im August 1881 scherzhaft einen »alten verunglückten Musikus und ebenso [einen] neuen unmöglichen, unvollständigen aphoristischen Philosophus« genannt.[1] Er hätte sich auch als einen Grenzgänger zwischen Kunst und Wissenschaft, Dichten und Denken bezeichnen können. Es war die Zeit, als er notierte: »Die Wissenschaft lieben, ohne an ihren Nutzen zu denken! Aber vielleicht ist sie ein Mittel, den Menschen in einem unerhörten Sinne zum Künstler zu machen!«[2] Er ging weiterhin davon aus, daß eine an ihre Grenzen geführte Wissenschaft unweigerlich in Kunst umschlagen müsse.[3] Auf ihn selbst bezogen, bedeutete das: Je intensiver er sich mit der Wissenschaft auseinandersetzte, sie ›betrieb‹, wie er zu sagen pflegte, je gewisser brächte sie ihn selbst zur Kunst – was in seinem Falle meinte, wie schon wiederholt bemerkt: Einsicht in die Natur der Kunst.

Zur Sprache hatte Nietzsche ein keineswegs nur instrumentales, sondern ein quasi erotisches Verhältnis. In einem Briefentwurf vom November 1882 findet sich die Stelle: »die Worte liebkosen und streicheln«.[4] Es ist ein ›Liebkosen‹, das freilich genau um die Oberflächen- und Tiefenstruktur der ›Geliebten‹, der Sprache, weiß, beides eine Grundvoraussetzung für ›Dichter‹.

Nietzsche wollte, wie gesehen, im umfassenden Sinne ›Dichter‹ sein: Dichter des Lebens und des Denkens, aber auch Dichter von Beziehungen, was schmerzliche Implikationen haben konnte. Auf einem ›Albumblatt‹ für General Simons Tochter, einer Nizzaer und Silser Bekanntschaft, schrieb Nietzsche: »[…] immer erfinden und erdichten wir erst den Menschen, mit dem wir verkehren – und vergessen dann sofort, daß *wir* ihn erfunden und erdichtet haben.«[5]

Ambivalenzen auch hier: Im Ideal des Dichtertums tat sich sein Zweifel am Dichtersein kund. Die knappe Formel dafür fand Nietzsche im vierten Teil seines »Zarathustra« (1885), im ›Lied der Schwermut‹, wo es refrainartig heißt: »*Nur* Narr! *Nur* Dichter!«[6] So wichtig war ihm diese mokante ›These‹, daß er sie an den Anfang der Sammlung seiner »Dionysos-Dithyramben« stellen sollte.[7]

In Nietzsches visionärem Werk, »Also sprach Zarathustra«, ereignete sich die poetische Steigerung seines Denkens. Nie war er lyrischer gestimmt gewesen als in den Entstehungsjahren des »Zarathustra« (1883-85). Als er nach drei Teilen (er nannte sie bezeichnenderweise ›Akte‹) diese philosophische Dichtung abgeschlossen zu haben glaubte, diesen »Abgrund der Zukunft«, wie er sagte, fühlte er sich dazu gedrängt, seinem Freund Rohde die poetische Leistung ausgiebig zu kommentieren (für den Fall, daß sie sonst keinem anderen auffiele):

Für Dich aber, als einen homo litteratus, will ich ein Bekenntniß nicht zurückhalten – ich bilde mir ein, mit diesem Z<arathustra> die deutsche Sprache zu ihrer Vollendung gebracht zu haben. Es war, nach Luther und Goethe, noch ein dritter Schritt zu thun –; sieh zu, alter Herzens-Kamerad, ob Kraft, Geschmeidigkeit und Wohllaut je schon in unsrer Sprache so beieinander gewesen sind. Lies Goethen nach einer Seite meines Buchs – und Du wirst fühlen, daß jenes ›undulatorische‹, das Goethen als Zeichner anhaftete, auch dem Sprachbildner nicht fremd blieb. Ich habe die strengere, männlichere Linie vor ihm voraus, ohne doch, mit Luther, unter die Rüpel zu gerathen. Mein Stil ist ein Tanz; ein Spiel der Symmetrien aller Art und ein Überspringen und verspotten dieser Symmetrien. Das geht bis in die Wahl der Vokale. –

Verzeihung! Ich werde mich hüten, dies Bekenntniß einem Andern zu machen, aber Du hast einmal, ich glaube als der Einzige, mir eine Freude an meiner Sprache ausgedrückt. –

Übrigens bin ich *Dichter* bis zu jeder Grenze dieses Begriffs geblieben, ob ich mich schon tüchtig mit dem Gegentheil aller Dichterei *tyrannisirt* habe. Ach Freund, was für ein tolles, verschwiegenes Leben lebe ich! So allein, allein! So ohne ›Kinder‹![8]

Den Eindruck des Tänzerisch-Leichten bewirkte Nietzsche im »Zarathustra« durch thesenhafte Sätze, rhetorische Fragen, kurze Absätze und Wortspiele. Was er allein an ›Leichtigkeit‹ durch das Auflockern eines abschnittlosen Textstücks zu erreichen vermochte, zeigt schon der erste Teil von ›Zarathustra's Vorrede‹, der wörtlich den Schluß (›Incipit tragoedia‹) der »Fröhlichen Wissenschaft« übernimmt, ihn aber in zwölf Abschnitte gliedert. Gesprochen erfordert diese veränderte Struktur einen anderen Sprechrhythmus, was für Nietzsche, wie man weiß, eine wesentliche Textkomponente gewesen war. Dieser Sprechrhythmus macht den Abschnitt zu einem rhapsodischen Ereignis.

Resa von Schirnhofer, die, dem Kreis um Malwida von Meysenbug entstammend, Nietzsche Anfang April 1884 in Nizza besuchte und ihn noch in jener gehobenen »Zarathustra«-Stimmung vorfand, berichtet in ihren 1937 niedergelegten Erinnerungen, daß der Dichter-Philosoph mit ihrer Rezitation des ›anderen Tanzliedes‹ aus dem dritten Teil des »Zarathustra« offenbar nicht zufrieden gewesen war, woraufhin er selbst »mit feierlich veränderter Stimme die Mitternachtsschläge der ›alten schweren Brummglocke‹« die Zeilen wiederholt habe.[9] Im September 1883 jedoch, als Nietzsche mit der Arbeit an eben diesem dritten Teil zu beginnen im Begriffe stand, erfuhr Köselitz von ihm folgendes: »Um aber *diesen* Theil machen zu können, brauche ich selber erst tiefe, himmlische Heiterkeit: denn das Pathetische der höchsten Gattung wird mir nur als *Spiel* gelingen.«[10]

Nietzsches Grazer ›Schülerin‹ fiel im Umgang mit ihm auf, daß er nicht nur Gefühlsschwankungen ausgesetzt war, sondern zu ›spielen‹, zu schauspielern verstand. Mit »starrem Ausdruck« und »scheue Blicke um sich werfend als würde eine entsetzliche Gefahr drohen« habe er ihr das ›Geheimnis Zarathustras‹, die »ewige Wiederkehr des Gleichen« zu erklären versucht, und das mit offenbar veränderter Stimme; später aber sei er zu seiner »natürlichen Sprechweise und in sein gewöhnliches Wesen zurückgekehrt«.[11] So konnte sie sich des (wohl berechtigten) Eindrucks nicht erwehren, daß Nietzsche »auf dem Instrument meiner Impressionabilität fortissimo gespielt« habe, »um das Ungeheure dieser Entdeckung mir unvergeßlich zu machen«.[12] (Was übrigens die veränderte Stimme angeht, so folgte Nietzsche gleichsam seinen eigenen Regieanweisungen für Zarathustra; auch dessen Stimme hatte sich ›verwandelt‹, als er zum ›Nachtwandler-Lied‹ anhob.[13]) Nietzsche, der als Philosoph den Schauspieler-Künstler entlarvte, wurde zum Dichter, der, um sich verständlich zu machen, den Schauspieler mimte. Nietzsche als Interpret seiner eigenen Rolle. Oder: Wie man wird, was man scheint. Auch das ein Fall von Scherz, List und Rache – an Wagner?

Worauf bei Nietzsche in diesem Falle ein weiteres Mal alles hinauslief: auf seinen sehnlichsten Wunsch, *verstanden* zu werden. Desgleichen wollte er sich die ›Möglichkeit‹ zur Verwandlung offenhalten. So schrieb er der besagten Resa von Schirnhofer in ihr Exemplar des »Zarathustra« die Worte Ovids und Grundformel der Metamorphose: »In nova fert animus … [mutatas dicere formas / corpora …].[14] Nietzsche wollte auch in seinem poetisch begründeten Wunsch nach Verwandlung ›verstanden‹ werden. Was es mit dem Verstehen seiner Ansicht nach auf sich hatte, verdeutlichte er im letzten Abschnitt seines Vorworts zur »Genealogie der Moral«, dem eigentlichen Auftakt zu seinen letzten Schriften. »Was zum Beispiel meinen ›Zarathustra‹ anbetrifft, so lasse ich Niemanden als dessen Kenner gelten, den nicht jedes seiner Worte irgendwann einmal tief verwundet und irgendwann einmal tief entzückt hat: erst dann nämlich darf er des Vorrechts genießen, an dem halkyonischen Element, aus dem jenes Werk geboren ist, an seiner sonnigen Helle, Ferne, Weite und Gewißheit ehrfürchtig Antheil zu haben.«[15] Nietzsche warnte mithin vor jeglichem Verstehen-Wollen, das auf ein voreiliges Einverständnis zielte. Voraussetzung für das Verständnis seines jeweils letzten Werkes sei, so Nietzsche, das Erfassen der vorherigen Werke. Nur als Ganzes erscheine seine philosophisch-poetische Anstrengung ›deutlich‹.

Nietzsche klagte, auf hermeneutische Probleme verweisend, die Ganzheit seines Werkes ein. Je fragmentarischer sein zunehmend von Aphorismen geprägtes Werk zu werden schien, desto emphatischer betonte er dessen Einheit. Denn es war ihm offenbar bewußt gewesen, daß sein Anspruch, Wagner als Kulturproblem darzustellen und herauszufordern, nur dann glaubwürdig sein konnte, wenn er selbst diesem ›Gesamtkunstwerk‹ ein Denkwerk gegenüberzustellen vermochte, das zumindest den Anspruch auf gedankliche Einheit – bei aller verwirrenden Vielfalt – erhob. Gerade weil Nietzsche, gemessen an den herkömmlicherweise vom systematischen Denkansatz bestimmten Erwartungen an ein philosophisches Werk, geradezu anti-systematisch dachte, mußte es ihm darauf ankommen, die künstlerische Komponente seines Schaffens hervorzuheben. Die Form des Aphorismus gehörte für ihn dabei inzwischen zum wesentlichen Bestandteil seiner Denkkunst, die ihrerseits eine besondere Kunst der Interpretation verlangte, wie er in der zuvor zitierten Vorrede zur »Genealogie der Moral« eigens ausführte:

Ein Aphorismus, rechtschaffen geprägt und ausgegossen, ist damit, daß er abgelesen ist, noch nicht ›entziffert‹; vielmehr hat nun erst dessen *Auslegung* zu beginnen, zu der es einer Kunst der Auslegung bedarf. Ich habe in der dritten Abhandlung dieses Buches [»Was bedeuten asketische Ideale«, R.G.] ein Muster von dem dargeboten, was ich in einem solchen Falle ›Auslegung‹ nenne: – dieser Abhandlung ist ein Aphorismus vorangestellt, sie selbst ist dessen Commentar. Freilich thut, um dergestalt das Lesen als *Kunst* zu üben, Eins vor Allem noth, was heutzutage gerade am besten verlernt worden ist – und darum hat es noch Zeit bis zur ›Lesbarkeit‹ meiner Schriften –, zu dem man beinahe Kuh und jedenfalls *nicht* ›moderner Mensch‹ sein muß: das *Wiederkäuen*...[16]

Wer diese Schlußpointe womöglich als zu krude empfindet, übersieht, daß auch sie ihr Vorbild hat, und zwar wiederum in einem Gedanken Friedrich Schlegels, der sich in dessen »Kritischen Fragmenten« findet: »Ein Kritiker ist ein Leser, der wiederkäut. Er sollte also mehr als einen Magen haben.«[17] Was Nietzsche hierbei jedoch als Musterfall der Deutungskunst anpreist, den dritten Teil der »Genealogie der Moral«, geht von einem Aphorismus seines Zarathustra aus, also von einem Selbstzitat: »Unbekümmert, spöttisch, gewaltthätig – so will *uns* die Weisheit: sie ist ein Weib, sie liebt immer nur einen Kriegsmann.«[18] Es handelt sich dabei um jenen Teil, in dem das Wort von der »Physiologie der Ästhetik« fällt und die ironische Pointe: »Ein verheiratheter Philosoph gehört in die Komödie.«[19] Hier setzte er sich erstmals eingehender mit Wagners »Parsifal« auseinander, und hier stellte Nietzsche die wichtige These auf, daß der Mensch, immer an Zielen orientiert, eher das Nichts wolle als nicht zu wollen, eine Formel, die am Anfang und am Ende der Abhandlung stehen und die zentrale Frage nach dem Sinn des Asketischen umrahmt.

Die eigentliche Ironie nun ist, daß Nietzsche mit dieser ›Abhandlung‹ sein aphoristisches Selbstzitat durchaus nicht ausgelegt hat. Nicht der Zarathustra-Aphorismus wird ›wiedergekäut‹, sondern die Frage nach dem ›asketischen Ideal‹. Er vergleicht es mit den Wirkungen des Schönen, das zum einen, laut Schopenhauer, den Willen beruhige und zum anderen, laut Stendhal, Glück verspreche. Das Asketische nun scheint, so Nietzsche, Selbstüberwindung zu verheißen, zumindest das Loskommen »von einer Tortur«, die Qual der (Selbst-)Erkenntnis. Gerade deswegen steht Nietzsche diesem Ideal skeptisch gegenüber.

Aber nicht das ist das in unserem Zusammenhang Wesentliche dieses Teils der »Genealogie der Moral«, sondern Nietzsches Behauptung, daß der »ganze Künstler in alle Ewigkeit von dem ›Realen‹, dem Wirklichen abgetrennt« sei. Homer habe, meinte Nietzsche, Achill, Goethe habe Faust nur deswegen gedichtet, weil der eine nicht Achill und der andere nicht Faust gewesen war. Was nach einem schlichten, wenig spektakulären Befund aussieht, erweist sich mit Bezug auf Nietzsche freilich als problematisch; genauer gesagt: als eine Aussage, die sein eigenes Denk- und Schaffensproblem grell beleuchtet. Im Sinne seiner Argumentation konnte Nietzsche als Dichter nicht Zarathustra sein. Als Denker wollte er aber Zarathustra sein. Als Dichter wußte er sich von der Lebenswirklichkeit getrennt, während er als Denker, bei allem »Pathos der Distanz«, auch das ein Wort dieses Teils der »Genealogie der Moral«, mit dem Wirklichen des Lebens identisch bleiben wollte.

Diese Dilemmata machten für Nietzsche die Frage nach dem Wesen eigenen Selbst, um nicht zu sagen: nach seiner Identität, zwingend, die er dann im »Ecce homo« bis auf die Spitze rückhaltloser Selbst-Exposition treiben sollte. Diese dramatische Selbstdarstellung inszenierte Nietzsche durch ein ganzes Netzwerk von Selbstzitaten; auch dieses Verfahren erprobte er in der »Genealogie der Moral«, etwa dann, wenn er »Die fröhliche Wissenschaft« als einen »Lohn für einen langen, tapferen, arbeitsamen und unterirdischen Ernst« bezeichnet, auf die »Morgenröthe« und den »Zarathustra« Bezug nimmt und durch die Form der ›Abhandlung‹ an die Art seines Schreibens vor »Menschliches, Allzumenschliches« erinnert, oder auf Kommendes vorverweist, wie in der »Genealogie der Moral« auf den »Willen zur Macht« und dessen ›Umwerthung aller Werte‹. Wem Beweismittel fehlen, verlegt sich eben auf das Verweisen. Oder auf effektvolles Darstellen. Da werden Stilbrüche bewußt inkauf genommen, gar bewußt angestrebt, wie etwa die soeben zitierte Reihung von Adjektiven unterschiedlichster Qualität (»arbeitsam und unterirdisch«!).

Als Nietzsche im Herbst 1885 offenbar plante, den ›Prinzen Vogelfrei‹ der im Frühjahr 1882 veröffentlichten »Idyllen aus Messina« zu neuem Leben zu erwecken, er dachte an neue »Lieder und Gedanken des Prinzen Vogelfrei«, notierte er: »Die Deutschen haben keine Prosa, welche klingt und springt.« Gemeint war eine philosophische ›Prosa‹, die etwa jener Pascals vergleichbar wäre. Zwei Notate weiter bezieht sich Nietzsche auf den Kreis des Pariser Klosters Port-Royal, dessen spiritus rector, Antoine Arnauld, in der zweiten Hälfte des 17. Jahrhunderts versucht hatte, cartesianisches und jansenistisches Denken miteinander zu versöhnen.

Es dürfte in jener Phase seines Schaffens gewesen sein, daß Nietzsche mit dem Hauptwerk des Port-Royal-

Kreises, der von Arnauld und Pierre Nicole verfaßten »Kunst des Denkens« (»L'art de penser«, 1662),[20] in Berührung kam. Nietzsche vergleicht die »Menschen von Port-Royal« mit »künstlichen Gärten«. Diese Bemerkung scheint zu besagen, daß Nietzsche die auf der Grundlage sprach-logischer Prinzipien entwickelte Synthese aus cartesianischem Rationalismus und Spiritualismus für ein artifizielles Unterfangen gehalten hatte. Die »Kunst des Denkens« von Arnauld bezieht sich auf die »Erkenntnis der Dinge« und auf ihre Vermittlung sowie auf die »vier Haupttätigkeiten des Geistes, das Vorstellen, das Urteilen, das Schließen und das Anordnen«.[21]

Erstaunlich nun, was Nietzsche dazu bemerkte: es fehle »die Mäßigung innerhalb ruhiger Horizonte; – man hat aus der Unendlichkeit eine Art Betrunkenheit gemacht«. Und ferner: »es herrscht ein Chaos von widersprechenden Werthschätzungen.«[22] Doch genau das fehlt in der »Kunst des Denkens« nicht. Sie ist entschieden auf Struktur angelegt, auf ›mäßigenden‹ Einfluß auf affektbestimmtes Handeln. Was Nietzsche irritiert und was seine skeptischen Bemerkungen begründet haben dürfte, ist die Tatsache, daß Port-Royal seinem eigenen Ideal einer Denk-Kunst gewissermaßen zu nahe gekommen war, dies aber noch glaubensbezogen begründen konnte. Nietzsche, der Denker nach dem Tod Gottes, bewunderte, so scheint es, den ›christlichen Stoiker‹ Pascal und dessen religiös inspirierten Stil. Ihn beeindruckte insgeheim wohl auch die sprachkritische Systematik, mit der diese ›Kunst des Denkens‹ aufwarten konnte, eine argumentativ-analytische Geschlossenheit, die er einerseits hinter sich, aber als Ideal nie außer Betracht gelassen hatte. Der eigentliche Hauptvorwurf, den er gegen Port-Royal wie überhaupt gegen das konfessionell gebundene Christentum vorbringt, richtete sich gegen die »übertriebene Form der Selbstbeherrschung«, die sowohl die Kunst des Glaubens wie auch des Denkens dem Menschen abverlange. Dagegen stellte er die Poesie des ›Vogelfreien‹ als Ausdruck einer besonderen Bewußtseinsverfassung.

›Frei‹ fühlte sich Nietzsche auch in der Behandlung der poetischen Form an sich: Vom Knittelvers zum Reimspiel bis hin zum hymnischen Dithyrambus, dem Prosagedicht und der lyrischen Parodie. Auf der Klaviatur der Sprache brachte es Nietzsche zu einer Virtuosität, die scheinbar mühelos Goethe, Heine und Hölderlin amalgamierte und im »Nachtwandler-Lied« gleichsam nebenbei die »Hymnen an die Nacht« von Novalis parodierte.

Nietzsche dichtete einerseits als ein von der Sprache berauschter Denker, der andererseits genau über rhythmische Fragen (im Griechischen und Deutschen) unterrichtet war und sich seine Gedanken zu den ›Zeitquantitäten‹ der Worte machte. In einem Brief an Carl Fuchs vom April 1886 betonte er, daß für ihn die genuin poetische Qualität eines Sprachgebildes in seinen »rhythmischen Reizen« liege; dagegen sei »das Tiktak unserer Reim-Poeten auf die Dauer fürchterlich«.[23] Das hinderte ihn keineswegs daran, selbst zu ›reimen‹: Licht auf Nicht, Ziel auf Spiel, Huren auf Troubadouren. Tatsache ist, daß nahezu alle Gedichte Nietzsches Reime aufweisen mit der offensichtlichen Ausnahme der Dithyramben. Freilich, seine Reime haben nichts Betuliches; sie sind gewitzt, frech: Da folgt ›purgieren‹ auf ›schmieren‹, ›quälen‹ auf ›Seelen‹ (was im Thüringischen anstandslos reimt!)

und ›Geist‹ auf ›zerreißt‹. Genial schamlos die Goethe-Parodie am Anfang der »Lieder des Prinzen Vogelfrei«, die er sich übrigens wie seine Reime als »Pfeile« dachte. Treffen sollten sie den deutschen Bildungsphilister: »Das Unvergängliche / Ist nur ein Gleichniss! / Gott der Ver-fängliche / Ist Dichter-Erschleichniss … / Welt-Rad, das rollende, / Streift Ziel auf Ziel: / Noth – nennt's der Grol-lende, / Der Narr nennt's – Spiel … / Welt-Spiel, das her-rische, / Mischt Sein und Schein: – / Das Ewig-Närrische / Mischt uns – hinein! …«[24]

Der Reim beschäftigte ihn – als Lust und Problem. In einem Gedicht (»Mein Glück!«) sieht er sich sogar auf dem San Marco in Venedig den Tauben Reime »ins Ge-fieder hängen«.[25] Er wollte das Aalglatte konventioneller Reime aufrauhen. Über den ›rimus remedium‹, das Reim-mittel, mit dem sich »kranke Dichter« trösten, lästerte er: »Wer jetzt nicht hundert Reime hätte, / Ich wette, wette, / Der gienge drauf!«[26] Das Derbe, Zotige ist in diesen Ge-dichten nie fern, aber auch die erhabene Stimmung, das Melancholische (in Venedig), die Sehnsucht nach Auf-bruch (in Genua), das Warten auf Unvergleichliches (in Sils-Maria): »Hier saß ich, wartend, wartend, – doch auf Nichts, / Jenseits von Gut und Böse, bald des Lichts / Geniessend, bald des Schattens, ganz nur Spiel, / Ganz See, ganz Mittag, ganz Zeit ohne Ziel. / Da, plötzlich, Freundin! wurde Eins zu Zwei – / – Und Zarathustra gieng an mir vorbei …«[27]

Das Wechselspiel von Wiederholung und Plötzlichkeit prägt Nietzsches wichtigste Gedichte.[28] Sie bedienen sich durchaus herkömmlicher Metaphern: der ›Blitz‹ signali-siert das Plötzliche, das Meer das Ewig-Gleiche. Der Musiker Nietzsche verrät sich durch den exzessiven Gebrauch von Satzzeichen, Gedankenstrichen, Auslassungszeichen, aber auch durch das Nutzen sprachlautlicher Effekte: »Ja! ich weiss, woher ich stamme! / Ungesättigt gleich der Flamme / Glühe und verzehr' ich mich. / Licht wird Alles, was ich fasse, / Kohle Alles, was ich lasse. / Flamme bin ich sicherlich.«[29]

Liest man die Gedichte Nietzsches losgelöst von ihrem Werk-Kontext (im Falle der Dionysos-Dithyramben vom »Zarathustra«), was durchaus in seiner Absicht lag, bedenkt man, daß er sie zuletzt selbst noch als eigene Werkgruppe zusammengestellt hatte,[30] dann fällt die eigentümliche Nähe von umgangs- und hochsprachlichen Wendungen auf. Damit stelle ich nicht in Frage, daß Nietzsche als Schriftsteller die diversen Stilebenen virtuos gehandhabt hätte. Vorherrschend blieb immer der dringliche Ton; ausgeruht ›halkyonisch‹, wie er selbst seine ideale Stillage charakterisiert hatte, klingt nur wenig von dem, was er geschrieben hat. Die Stilbrüche in seinen Werken erklären sich dagegen in erster Linie dadurch, daß er Kulturkritiker blieb, gleichzeitig aber als erhabener Verkünder auftrat. Noch als Dichter wollte er Analytiker sein und als Kritiker ein Künstler. Eines freilich war er immer gewesen: Ein Rhetor, ein Prediger mit »tanzender Seele«; ihr sollte das Tanzen der Worte entsprechen.

Um noch einmal auf jenes Gedicht zurückzukommen, das Nietzsche seiner österreichischen Bekannten, Resa von Schirnhofer, zu vorgerückter Stunde in Nizza vorgetragen hatte, das »Nachtwandler-Lied« aus dem vierten Teil des Zarathustra. Nietzsche bietet hier ein Novum: Nicht das Lied kommt zuerst (»Oh Mensch! Gieb Acht!«)

und dann das ›wiederkäuende‹ Deuten, sondern umgekehrt: Gedanken, Stimmungen, vorgetragen in rhythmischer Prosa bereiten, wenn man so will, Vers um Vers des Liedes vor. Der so eingeführte (und in seiner Deutung mithin nahezu festgelegte) Vers steht dann jeweils am Ende der zehn kleinen Prosastücke. Im Grunde zeigt Nietzsche so das Entstehen dieser Verse. Greifen wir die Exposition heraus, die zum Vers »Weh spricht: Vergeh« führt:

Du Weinstock! Was preisest du mich? Ich schnitt dich doch! Ich bin grausam, du blutest –: was will dein Lob meiner trunkenen Grausamkeit?

»Was vollkommen ward, alles Reife – will sterben!« so redest du. Gesegnet, gesegnet sei das Winzermesser! Aber alles Unreife will leben: wehe!

Weh spricht: »Vergeh! Weg, du Wehe!« Aber Alles, was leidet, will leben, dass es reif werde und lustig und sehnsüchtig,

– sehnsüchtig nach Fernerem, Höherem, Hellerem. »Ich will Erben, so spricht Alles, was leidet, ich will Kinder, ich will nicht mich,« -

Lust aber will nicht Erben, nicht Kinder, – Lust will sich selber, will Ewigkeit, will Wiederkunft, will Alles-sich-ewig-gleich.

Weh spricht: »Brich, blute, Herz! Wandle, Bein! Flügel, flieg! Hinan! Hinauf! Schmerz!« Wohlan! Wohlauf! Oh mein altes Herz: *Weh spricht: »vergeh!«*[31]

Weicht hier das ›Weh‹ der Welt einer Lust, die Ewigkeit will? Gemeint ist hier nicht das Weh und Leid in der Welt, schon gar nicht Weltschmerz, sondern das Leid als Substanz der Welt. Die Welt ist aus Leid gemacht. Aber Leid und Lust, so scheint es, werden quasi identisch im Zeichen des Ewigen.

Solche Einsichten verlangen einen spezifischen Zeitpunkt: das Plötzliche der Mitternacht, die auch jede dieser Einsicht einer bestimmte Stimmungen auf den Begriff bringenden Plötzlichkeit entspricht, die jedoch, wie gesehen, hinreichend ›vorbereitet‹ sind. Betont, nein, entwaffnend schlichte Gedanken kommen in diesem Lied des in der Nacht Wandelnden zum Ausdruck. Man könnte auch sagen: Hier denkt und ›singt‹ einer, der in der Sprache und den Gedanken nachtwandelt und mit schlafwandlerischer Sicherheit das genau treffende Wort findet.

Anders die Trias der Lieder im zweiten Teil des »Zarathustra«. Das ›Nachtlied‹, ›Tanzlied‹ und ›Grablied‹ ist jeweils eine Prosadichtung, an deren Ende vermerkt steht: »Also *sang* Zarathustra«. Was Zarathustra ›singt‹, sind ›reine Gegensätze‹: den »Heisshunger in der Sättigung«, das Lieben des Einsamen, das Tanzen des Reglosen. »Nur im Tanze weiss ich der höchsten Dinge Gleichniss zu reden: – und nun blieb mir mein höchstes Gleichniss ungeredet in meinen Gliedern!«, heißt es im ›Grablied‹.[32]

Zarathustras ›Tanz‹ ist ein Tanz ohne physische Bewegung, ist Tanz der Worte und Sprachbilder, ein Spott auf die ›Schwere‹ – ganz so, wie Nietzsches dionysische Trunkenheit der geistige Rauschzustand eines im Leben Abstinenten gewesen ist.

Im Netzwerk der Selbstzitate, Wiederholungen und Verwandlungen eigener Gedanken, im identitätsstiftenden Kontext der Verweise auf Eigenes zeigte Nietzsche eine ungewöhnliche Virtuosität. So steht im Zentrum von Zarathustras Rede ›Von den Dichtern‹ eine Gedankenreihe, halb Parodie, halb Paraphrase des »Faust«-Schlusses von Goethe, den er dann zu dem bereits erwähnten Gedicht des Prinzen Vogelfrei ›An Goethe‹ umgestaltete: »Denn alle Götter sind Dichter-Gleichniss, Dichter Erschleichniss! / Wahrlich, immer zieht es uns hinan – nämlich zum Reich der Wolken […] Ach, wie bin ich all des Unzulänglichen müde, das durchaus Ereigniss sein soll!« Dem folgt der Zusatz: »Ach, wie bin ich der Dichter müde«[33] – also dessen, was Zarathustra selbst in erster Linie ist. Auch hier zeichnet sich am Ende eine Metamorphose ab: »Verwandelt sah ich schon die Dichter und gegen sich selber den Blick gerichtet. / Büsser des Geistes sah ich kommen: die wuchsen aus ihnen.«[34] Überboten wird diese Transformation nur noch durch das Ende: »Das Zeichen kommt‹, sprach Zarathustra und sein Herz verwandelte sich.«[35] Als dieses ›Zeichen‹ darf Zarathustra selbst gelten sowie sein ›Werk‹ und Selbstverständnis, das im Willen zur Verwandlung beschlossen ist.

Wir sind skeptisch genug geworden, um das Pathos dieser philosophischen Dichtung nur noch schwer erträglich zu finden. Entsprechend kann man sich kaum anders als mit einem Gefühl von Peinlichkeit mit Zarathustras Lehre vom ›Übermenschen‹ beschäftigen; denn es ist uns bei aller Bemühung um Objektivität doch wohl schwerlich möglich, das Überspannte dieser Lehre nicht vor dem Hintergrund ihrer nazistischen Pervertierung zu interpretieren. Hatte doch Nietzsche augenscheinlich selbst den »Zarathustra« als seinen (mit dichterischen Mitteln vorgetragenen!) Beitrag zum Zeitalter der Ideologien verstanden und von Sils als der »Ursprungsstätte des Zarathustrismus« gesprochen.[36] Unleugbar ist aber auch, daß wir das von Nietzsche bewußt auch dichterisch gestaltete Grundproblem der Moderne uns selbst immer wieder neu zu stellen haben: Wie soll man sich verhalten zu einer Welt ohne Gott? Wie leben in einer Welt ohne ein metaphysisch verankertes Wertesystem? Wie verfahren wir mit ideologisch oder kulturindustriell hergestellten ›Ersatz-Göttern‹ – gar mit ›Dichter-Erschleichnissen‹ und hypnotischer Musik wie jener Wagners sowie mit dem, wofür diese Musik steht?

Dichtend malte Nietzsche bizarre Gedankenlandschaften; denkend analysierte er deren Topographie und vermaß die tektonischen Zonen. »Fanatiker des Ausdrucks« nannte Nietzsche die Bewohner dieser ›Landschaften‹ im Zeitalter der Décadence, allen voran Wagner und Delacroix, die er in »Jenseits von Gut und Böse« auf furiose Weise charakterisierte:

[…] allesammt grosse Entdecker im Reiche des Erhabenen, auch des Hässlichen und Grässlichen, noch grössere Entdecker im Effekte, in der Schaustellung, in der Kunst der Schauläden, allesammt Talente weit über ihr Genie hinaus –, Virtuosen durch und durch, mit unheimlichen Zugängen zu Allem, was verführt, lockt, zwingt, umwirft, geborene Feinde der Logik und der geraden Linien, begehrlich nach dem Fremden, dem Exotischen, dem Ungeheuren, dem Krummen, dem Sich-Widersprechenden; als Menschen Tantalusse des Willens, heraufgekommene Plebejer, welche sich im Leben und Schaffen eines vornehmen tempo, eines lento unfähig wussten, – man denke zum Beispiel an Balzac – zügellose Arbeiter, beinahe Selbst-Zerstörer durch Arbeit; Antinomisten und Aufrührer in den Sitten, Ehrgeizige und Unersättliche ohne Gleichgewicht und Genuss [...][37]

Welch eine Kapuzinerpredigt wider den Ungeist der Décadence! Nietzsche als Abraham de Santa Clara oder als protestantischer Savonarola. Nun, er war Dichter genug, um solche Rollenspiele mühelos mehrere Aphorismen lang durchzuhalten. Denn was wir da vernehmen, traf im Grunde alles auf ihn selbst zu, war eine Selbstanklage von selten gekannter Intensität. Nietzsche als Kulturkritiker, der die Maßlosigkeit seiner Zeit in maßloser Weise angriff, was warf er an dieser Stelle Wagner vor? Daß er »als Musiker unter die Maler, als Dichter unter die Musiker, als Künstler überhaupt unter die Schauspieler« gehöre.[38] Und er, Nietzsche, selbst? Gehörte er nicht als Philosoph unter die Musiker, als Philologe unter die Dichter und als Denker überhaupt unter die Expressionisten, die mit dem Schauspiel zumindest liebäugelten, sofern es um das Fach ›Selbstdarstellung‹ ging?

Sils-Maria
oder dem Denken eine Landschaft

Zur Selbstdarstellung Nietzsches gehörte der Versuch, sein Denken zu ›verorten‹. Das ist wörtlich zu verstehen: Er identifizierte sein Denken mit bestimmten Orten (Sils etwa blieb ihm die »Ursprungsstätte des Zarathustrismus«). Die Wahl des ›richtigen Ortes‹ stellte sich für diesen philosophierenden Vaganten und *fugitivus errans*, den herumirrenden Flüchtling, wie er sich Lou gegenüber einmal genannt hatte, als eines seiner zentralen Lebensprobleme dar. »Ich halte nur die Spaziergehe-Existenz aus«, schrieb er an Overbeck aus Naumburg in jenem qualvollen Dezember des Jahres 1879, in dem er schließlich nur noch an »Flucht nach dem Süden« dachte und gleichzeitig daran zu zweifeln begann, ob es diesen idealen ›Süden‹ und *locus amoenus* für das Denken überhaupt gebe.[1]

Ortswechsel empfand Nietzsche als lebensnotwendig; sie waren Teil seiner ›Selbsttherapie‹ und Arbeitsprojekte. Doch die ›Landschaft‹ hatte für ihn naturgemäß eine ästhetische Seite. Im Juni 1881 schrieb er an Köselitz aus Recoaro:

> Es bleibt doch bei dem Engadin – denn von meinen vielen Versuchen in der Schweiz (vielleicht 20 – 30) ist der Engadiner der einzige leidlich gelungene. Es ist schwer für meine Natur das Rechte in der Höhe und Tiefe zu finden, im Grunde ist es ein Tasten, es sind Faktoren dabei, die sich nicht streng fassen lassen (z.B.

die Elektricität der ziehenden Wolken und die Wirkungen der Winde: ich bin überzeugt, daß achtzigmal von 100 ich diesen Einflüssen meine Qualen zu danken habe.) Wo ist das Land mit viel Schatten, ewig reinem Himmel, gleichem kräftigen Meerwinde von Morgen bis Abend, ohne Wetterumschläge? Dahin, dahin – will ich ziehn! Sei es auch außer Europa!

Recoaro ist, als Landschaft, eine meiner schönsten Erfahrungen, ich bin seiner Schönheit recht nachgelaufen und habe viel Mühe und Eifer verwendet. Die Schönheit der Natur ist, wie jede andere, sehr eifersüchtig und will, daß man ihr allein diene.«[2]

Dieses Zitat zeigt, wie Nietzsche als Diagnostiker, naturkundiger Meteorologe, als ein Goethe parodierender Idealist (›Dahin, dahin – will ich ziehn‹ ein offenkundiges Echo von »Kennst du das Land …«) und als erotischer Ästhetiker sich mit dem Problem der ihm gemäßen Landschaft auseinandergesetzt hat. Die Frage nach dem richtigen Ort sei bei ihm jetzt nur noch »ein reines Experimentiren«, so erfährt seine Schwester wenige Tage, nachdem er zum ersten Mal nach Sils-Maria gekommen war.[3] Zwischen 1881 und 1888 erwies sich (mit Ausnahme des Jahres 1882) Sils als sein idealer Ort, dagegen »Basel Naumburg Genf Baden-Baden, fast alle Gebirgsorte, die ich kenne, Marienbad, die italiänischen Seen« als Orte »zum Zugrundegehen«.[4]

Ein Aufenthalt außerhalb Europas kam für Nietzsche (anders als für seine Schwester) nie ernstlich in Betracht. Er brauchte den europäischen Kulturraum, der in seinen Augen seit seiner großen Italien-Reise von Ende Oktober 1876 bis Anfang Mai 1877 zunehmend mit Italien identisch wurde. Der anfängliche Widerwille gegen Italien, der ihm noch 1872 verbot, sich in südlichere Gegenden als Chiavenna und Bergamo zu begeben, war weitgehend überwunden. Zunächst blieben jedoch Vorbehalte gegen Venedig. Als es dann im März 1880 soweit war und Nietzsche sich von Riva aus nach Venedig aufmachte, drückte er Overbeck gegenüber seine Bedenken aus: »Nun also der vielerwogene Versuch mit Venedig, gegen den ich das Mißtrauen nicht los werde.«[5] Als er dann dort »frei am Meere, mit dem Blick auf die Toteninsel« im Palazzo Berlengo in der Nähe der Fondamente Nuove wohnt, verfliegen die Bedenken. Wiederum an Overbeck vermeldet er nun: »[…] die Meerluft habe ich aus erster Hand, ich spüre die calmirende Wirkung des Ortes. Ich habe noch kein Bild gesehen und mache mir aus Kirchen nicht genug.« Und um dem eng befreundeten Kirchenhistoriker auf ironische Art zu schmeicheln fügt er noch hinzu: »Sehr viel mehr aus Kirchengeschichte.«[6]

Die ›Bilder‹, die Nietzsche auch hier und gerade in Venedig sah, waren Gedankenbilder, die zum Beispiel in den nachgelassenen Aphorismen-Zyklus »L'Ombra di Venezia« eingegangen sind. Auch in diesem Zyklus erwies sich die Auseinandersetzung mit der Moral und dem Anspruch des Dichters als zentral. Von dessen Metaphern als »unerhörten Identitäten« ist darin die Rede, von seiner Schauspielerkunst, »zeitweilig den Ergründer der Natur zu repräsentiren«, von seinem Täuschungsmanöver in Sachen Erkenntnis, die der Dichter nur zum Schein leisten könne und wolle. Diese Kritik am Dichter hinderte Nietzsche freilich keineswegs daran, diesen Aphorismus selbst mit einem poetischen Bild abzuschließen: »Es ist ein solcher Genuß, daß der erkennen wollende Trieb auch einmal mit sich spielt und von einem Zweige zum andern hüpft, mit reizenden Tönen und bunten Federchen geschmückt – und wir sollten Narren sein und da ein Orakel erwarten, wo ein Vogel singt und tirilirt!«[7] Man darf hier einen Ursprung der für Nietzsche, wie gesehen, später vor allem in der »Morgenröthe« so wichtigen Vogel-Metapher sehen. Wenngleich sich hier keine unmittelbare Venedig-Spiegelung findet, es sei denn im Bezug auf das Dichterisch-Künstlerische und dessen Scheincharakter, der gewissermaßen in Venedig seinen einzigartigen ›Ort‹ hat, so findet sich die Welt Venedigs in verwandelter Form zehn Aphorismen weiter. »Der Dichter läßt den erkennenwollenden Trieb *spielen*, der Musiker läßt ihn *ausruhen*, – sollte wirklich beides neben einander möglich sein? [...] Aber mit dem tiefen seltsamen Zauber, der unsern Gedanken einmal Ruhe gab, mit jener farbigen Dämmerung, welche den geistigen Tag einmal auslöschte, ist es vorbei.«[8]

Gemeint war jene ›Ruhe‹, die von Venedig ausging; der ›tiefe seltsame Zauber‹ ist das Enigma der Serenissima; und die ›farbige Dämmerung‹ ist jenes Farbenspiel, das er von seinem Zimmer aus beobachten konnte – aber eben als Illusion. Nietzsche ›versank‹ durchaus nicht im Zauber Venedigs; die Stadt blieb zwar für ihn gleichbedeutend mit Musik, nicht jedoch mit einer Gegenwelt zur Moderne. Sie war die Stadt der Täuschung und gerade deswegen dem Untergang geweiht. Dieses stadtgewordene Faszinosum entzog sich rationaler Erkenntnis (ihre Fundamente waren buchstäblich irrational, nicht einmal auf Sand, sondern im Wasser gebaut!); und gerade deswegen war ihm diese Stadt suspekt. »[…] ich weiss das Glück, den Süden nicht ohne Schauder von Furchtsamkeit zu denken«, resümierte Nietzsche sein zwiespältiges Venedig-Erlebnis in »Ecce homo«. Doch diesem ›Schauder‹ hatte er ein Gedicht abgewonnen, das zu seinen vollkommensten poetischen Schöpfungen gehört:

An der Brücke stand
jüngst ich in brauner Nacht.
Fernher kam Gesang:
goldener Tropfen quoll's
über die zitternde Fläche weg.
Gondeln, Lichter, Musik –
trunken schwamm's in die Dämmrung hinaus …

Meine Seele, ein Saitenspiel,
sang sich, unsichtbar berührt,
heimlich ein Gondellied dazu,
zitternd vor bunter Seligkeit.
– Hörte Jemand ihr zu? …[9]

Das Zittern der Wasseroberfläche überträgt sich auf das ›Saitenspiel‹ der Seele. Die Musik, der Gesang vermittelt zwischen Natur, Stadt und einsamem Ich. Ob es gelingen kann, dieses Empfinden anderen zu vermitteln, bleibt eine offene Frage (»Hörte Jemand ihr zu? …«).

Die Antwort auf Venedig war einstweilen Genua. Keine Stadt für Träumer, sondern für Händler. Eine Stadt, die ihm nicht scheinhaft, nicht mythisch vorkam, wohl aber einen einzigen Mythos beherbergte: jenen des Christoph Columbus. Mit ihm wollte Nietzsche zu neuen

Kontinenten im Denken aufbrechen. »Meer und reiner Himmel« – im Januar, dazu einen Spaziergang im Sonnenschein auf einem einsamen Felsen, hoch über den Wellen. »[…] dort liege [ich] im Freien unter meinem Sonnenschirm still, wie eine Eidechse.«[10]

Was Genua ihm philosophisch bedeutete, verdeutlicht sich im ersten Aphorismus des Fünften Buches der »Morgenröthe«, eine Improvisation über das Thema ›Im großen Schweigen‹:

Hier ist das Meer, hier können wir der Stadt vergessen. Zwar lärmen eben jetzt noch ihre Glocken das Ave Maria – es ist jener düstere und thörichte, aber süsse Lärm am Kreuzwege von Tag und Nacht –, aber nur noch einen Augenblick! Jetzt schweigt Alles! Das Meer liegt bleich und glänzend da, es kann nicht reden. Der Himmel spielt sein ewiges stummes Abendspiel mit rothen, gelben, grünen Farben, er kann nicht reden. Die kleinen Klippen und Felsenbänder, welche in's Meer hineinlaufen, wie um den Ort zu finden, wo es am einsamsten ist, sie können alle nicht reden. Diese ungeheure Stummheit, die uns plötzlich überfällt, ist schön und grausenhaft, das Herz schwillt dabei. –
Oh der Gleissnerei dieser stummen Schönheit! Wie gut könnte sie reden, und wie böse auch, wenn sie wollte! Ihre gebundene Zunge bindet: ja, ich bemitleide dich um deiner Bosheit willen! – Ach, es wird noch stiller, und noch einmal schwillt mir das Herz: es erschrickt vor einer neuen Wahrheit, *es kann auch nicht reden*, es spottet selber mit, wenn der Mund Etwas in diese Schönheit hinausruft, es geniesst selber seine süsse Bosheit des Schweigens. Das Sprechen, ja das

Denken wird mir verhasst: höre ich denn nicht hinter jedem Wort den Irrthum, die Einbildung, den Wahngeist lachen? Muss ich nicht meines Mitleidens spotten? meines Spottes spotten? – Oh Meer! Oh Abend! Ihr seid schlimme Lehrmeister! Ihr lehrt den Menschen aufhören, Mensch zu sein! Soll er sich euch hingeben? Soll er werden, wie ihr es jetzt seid, bleich, glänzend, stumm, ungeheuer, über sich selber ruhend? Über sich selber erhaben?[11]

Dieses Tableau einer halkyonischen Welt hat nichts Verklärendes. Nietzsche, der »still wie eine Eidechse« sich seine Gedanken über das Schweigen macht, sieht in die ›schönen Abgründe‹ der Natur, schwankt zwischen Mitleid mit dieser Natur, die sich nicht äußern kann, und Spott über dieses Mitleid. Wohl unwissentlich bedient sich Nietzsche hier einer Formel Hölderlins: Des Spottes spotten, das aber im Kontext dieses Aphorismus die ›Selbstüberwindung‹ des Menschen einleitet. Das ist der ›neue Kontinent‹, den Nietzsche von den Höhen über der genuesischen Küste ›schaut‹: die Selbstaufgabe des Menschen, sein Über-sich-selbst-Hinauswachsen. Daß sich dieser Gedanke in Nietzsche beim Anblick der überwältigenden, also auch problematischen Schönheit der Meereslandschaft bildete, verdankte er seinem analytischen Blick, der immer auch die apokalyptische Dimension des Schönen und das gefährlich Hintergründige auch des Naturschönen zu sehen begabt (oder verurteilt) war. Es war der Blick eines Denkers, der die Natur wie die Moral und das Verhalten des Menschen *durchschauen* wollte. Von einem Urvertrauen in das Ganzheitliche der Natur konnte bei Nietzsche keine Rede mehr sein, auch wenn sich bei ihm noch Spuren pantheistischen Denkens auffinden lassen, etwa in seinem Verständnis des Dionysischen.

Nietzsche begegnete der Natur aber nicht nur als Denker. ›Schöne Abgründe‹ witterte er geradezu. Er, der in »Jenseits von Gut und Böse« die Gefährlichkeit zum Maßstab des Verhältnisses des Menschen zu sich selbst erklärt hatte,[12] setzte sich Naturgefahren freiwillig nicht aus. Etwas Schneefall genügte nach eigenem Zeugnis oft schon, um ihn von seiner ›Spaziergehe-Existenz‹ abzuhalten. Auf ungesicherten Berg-oder Küstenwegen war er nicht anzutreffen. In der Natur suchte er nach symbolischen Entsprechungen zu seinem Empfinden oder Arbeiten; so hielt er es im Dezember 1882 für ein ›gutes Omen‹ für die »Fröhliche Wissenschaft«, daß der »Hauptberg der Gegend, von meiner Wohnung an aufsteigend«, *Monte allegro* hieß, ›der fröhliche Berg‹.[13]

Dieses Sich-selbst-Suchen in der Natur verhalf ihm (wie zuletzt nur noch in Turin) im Jahre 1881 in Sils-Maria zu einem Fund, einer regelrechten »Doppelgängerei der Natur«, wie er sich im 338. Aphorismus aus »Der Wanderer und sein Schatten« ausdrückte:

In mancher Natur-Gegend entdecken wir uns selber wieder, mit angenehmem Grausen; es ist die schönste Doppelgängerei. – Wie glücklich muss Der sein können, welcher jene Empfindung gerade hier hat, in dieser beständigen sonnigen Octoberluft, in diesem schalkhaft glücklichen Spielen des Windzuges von früh bis Abend, in dieser reinsten Helle und mässigsten Kühle, in dem gesammten anmuthig ernsten Hügel-, Seen- und Wald-Charakter dieser Hochebene, welche sich ohne Furcht neben die Schrecknisse des ewigen Schnees hingelagert hat, hier, wo Italien und Finnland zum Bunde zusammengekommen sind und die Heimath aller silbernen Farbentöne der Natur zu sein scheint: – wie glücklich Der, welcher sagen kann: ›es giebt gewiss viel grösseres und Schöneres in der Natur, *diess* aber ist mir innig und vertraut, blutsverwandt, ja noch mehr.‹[14]

Sils erwies sich als idealer Arbeitsort, als Medizin, als ›sicheres‹ Hochgebirge am Tor zum Süden, aber eben auch als Landschaft gewordenes Mysterium. Dafür sorgte allein schon der pyramidale Granitblock am Silvaplanersee bei Surlej. Resa von Schirnhofer empfahl er den Ort im Sommer 1884 wie folgt: »[…] hier ist gut leben, in dieser starken hellen Luft, hier, wo die Natur auf wunderliche Weise zugleich mild, feierlich und geheimnißvoll ist – im Grunde gefällt mir's nirgendwo so gut als in Sils Maria, kurz, Sie werden mich wieder heiter und guten Muths finden, wie in Nizza.«[15]

Es gibt eine Dimension der oberengadiner Landschaft, die Nietzsche wörtlich nie ausgesprochen, wohl aber empfunden haben könnte, eine Perspektive, die eine Freundin Marcel Prousts, Pauline de Gouvres-Dives, ein Jahrzehnt später folgendermaßen geschildert hat: »Ich hoffe, mich bald einzuleben und Gefallen zu finden an dieser Landschaft, die großartig ist, *erstaunlich wagnerisch*, lauter Seen, grün wie Edelsteine, und darüber Berge, an denen die Wolken ihre großen, blauen Schatten vorbeiziehen lassen wie auf dem Meer.«[16]

Als Ort war Sils gleichsam jenseits aller Geographie: ›Italien und Finnland‹ in einem, Nietzsches ›Böhmen am Meer‹; sein letzter Silser Sommer wurde ihm dann sogar zu einem Aufenthalt jenseits aller Maßstäbe. An Reinhart von Seydlitz schreibt er am 13. September 1888, wenige Tage vor seiner Abreise an die neue »muthmassliche Adresse« (Turin): »Der Sommer war, wie alle Welt weiß, ein Skandal: ich bewundere meine Geduld, ich hätte Gründe gehabt, aus so viel Häuten zu fahren, um mein Zimmer damit zu tapezieren. Zuletzt überschwemmte sich noch das Engadin in einem Anfall von Wassersucht, daß wenig gefehlt hat und wir wären Fische geworden. lauter ungewöhnliche Dinge in Sils: ein Sommer, glutheiß, von 1 ½ Wochen im Ganzen und *vor* den Frühling arrangirt; an Stelle des Frühlings und Sommers ein zweideutiger und nicht immer zweideutiger Winter; achtzehn Unthiere von Lawinen, die Hinterlassenschaft des sogenannten *eigentlichen* Winters; neue Glocken, eine Forelle von 30 Pfund; Herr Bädeker und Frau, welche mein Hotel (Alpenrose) den ganzen Sommer über auszeichneten, »ansternten«… Zuletzt berechnete mir unser Meteorolog, daß eben in vier Tagen 220 Millimeter Niederschlag gefallen sind, während ein Monat mit gesunden Durchschnitts-Bedürfnissen nur 80 Millimeter Wasser nöthig hat.«[17]

Ob Nietzsche in diesem geradezu ›stilwidrigen‹ (weil sonst eher gemäßigten) Silser Sommer klimatische Vorboten seiner eigenen tumultuarischer werdenden seelischen Zustände bemerkt zu haben glaubte? Sicher ist, daß er trotz dieser Erfahrung an Sils festhalten wollte. Wie Nizza und Turin nannte er Sils einen »bewiesenen Ort«, für ein Arrangement, das sich bewährt hatte, wie er seiner Schwester mitteilte: »Da ich mitten in der entscheidenden Arbeit meines Lebens bin (u. a. »Die Umwerthung aller Werthe«, d.Verf.), so ist mir eine vollkommne Regel für eine Anzahl Jahre die erste Bedingung. Winter Nizza, Frühling Turin, Sommer Sils, zwei Herbstmonate Turin.«[18] Die ›Umwertung aller Werte‹ erlaubte keine Umstellung im Lebensrhythmus. Alles stand nun im Zeichen der, wie er sich ausdrückte, »Steigerung der Arbeitskraft«, die er im Rückblick auf den Sommer 1888 selbst als »enorm« einstufte. Am selben Tag spricht er Overbeck gegenüber davon, wie »unschätzbar« ihm dieses Sils geworden sei. Sils wurde für ihn der Ort unbedingter Unabhängigkeit. Seit 1883 wollte er, wie aus einem Briefentwurf hervorgeht, »wie ein Arbeiter und Mönch« leben, wobei sich ihm dafür Nizza deswegen anbot, weil die Stadt groß genug war, um ihn zu ›verstecken‹.[19] Er wollte den Süden auch in der Musik, wie er Rohde im Februar 1886 wissen ließ. Aber Nizza war noch mehr als Süden, nämlich ›gesteigerter Süden‹: Eine »Erlaubniß zum Africanismus in Farbe, Pflanze und Lufttrockenheit«, so schrieb er im Februar 1888 in seiner Nizzaer Pension de Genève.[20] Einen Monat später vermeldete er seiner Mutter die verlockende Aussicht, daß man eine »direkte Dampfschiffverbindung zwischen Nizza und Algier herstellen« wolle: »42 Stunden Fahrt zwischen hier und Afrika«.[21] Hier liebäugelte er mit einer Aussicht, die Jahre später Arthur Rimbaud in die Tat umsetzen sollte. Doch Nietzsche wußte: Auch wenn man ihn für einen ›schlechten Deutschen‹ hielt, er blieb ein ›guter Europäer‹ – gerade auch angesichts des Kolonialismus-Abenteuers seines Schwagers Bernhard Försters »in diesem erstaunlich unanmuthigen Paraguay!«[22]

Nietzsche kam dann, noch einmal, bis Turin. Turin

oder: Die Stadt als Synthese. »Der Ring von Hochgebirge, der auf 3 Seiten Turin einschließt, hält dieselbe *trockne* und *dünne* Luft aufrecht, wie sie, aus gleichen Gründen, Sils und Nizza haben,« schrieb er im Vorgriff auf seinen letzten Turin-Aufenthalt an seine Schwester.[23] Turin war ihm städtische Landschaft und kulturelle Metropole, ein kleines Venedig mit den Piazzen San Carlo, Castello und Madama. Hier war ihm im Frühjahr 1888 »mit spielender Leichtigkeit ein entscheidendes Stück Musik-Psychologie« gelungen, »Der Fall Wagner«. Hier hatte sein Stil zuletzt noch einmal, wie er glaubte, eine neue Wendung genommen, in einer Stadt, die sich ihm jetzt sogar wie ein Kunstwerk von Claude Lorrain darbot.[24] Die Steigerung dessen lautete einen knappen Monat später: »Es scheint mir, daß ich in einem unendlichen Claude Lorrain von Farben lebe.«[25] Nicht die Natur sei das Maß, sondern die Farben der Kunst. Nietzsche argumentierte hier ungewöhnlich konsistent; denn der gleichen Adressatin, Emily Fynn, die seinerzeit die englische Schopenhauer-Forscherin, Helen Zimmern, auf Nietzsche aufmerksam gemacht hatte, beschied Nietzsche, daß er vor »gemalten Blumen«, wie er sie im Sommer 1885 gesehen hatte, »eine größere Hochachtung besitze als vor den natürlichen«. Bezeichnend war der Zusatz: »Sie sehen, wie weit ein Philosoph *Artist* sein kann!«[26] Das Bestimmende blieb der Kunst-Akt, auch wenn für Nietzsche kein Zweifel daran bestand, daß hinter dem Kunstakt, wie er in »Jenseits von Gut und Böse« schrieb, »unter solch schmeichlerischen Farben und Übermalung der schreckliche Grundtext homo natura wieder heraus erkannt werden« müsse.[27] Entsprechend gelte es, den Menschen wieder in die Natur »zurückzuübersetzen«, was uns dank der »Zucht der Wissenschaft« gelingen könne.

Völlig verfehlt ist es freilich, deswegen Nietzsche zu einem »methodologischen Naturalisten« zu erklären.[28] Weitaus fruchtbarer, weil Nietzsche gerechter werdend, sind Überlegungen über das Wechselverhältnis von artistischer und szientistischer Naturbetrachtung in seinem Werk.[29] Man hat in diesem Zusammenhang auf die bekannte These des englischen Landschaftsmalers, John Constable, hingewiesen: »Painting is a science [...] of which pictures are but the experiments.«[30] Constable hatte sogar gefragt, weshalb dann die Landschaftsmalerei nicht als ein Zweig der Naturphilosophie betrachtet werden könne. Die auf Nietzsche beziehbare Analogie würde in etwa so lauten: Das Denken ist als ›Fröhliche Wissenschaft‹ ästhetischer Art. Die ›Bilder‹ des Denkens sind Metaphern, wie auch ›Ursache‹ und ›Wirkung‹ letztlich Metaphern sind. Gerade Nietzsche betrieb freilich kritische Sprachbetrachtung, Metaphern-Analyse, nach seinem Verständnis: Demaskierung konventionellen Denkens, indem er mit neuen Metaphern als Sprachvirtuose brillierte. Auch seine eigene ›Rückübersetzung‹ in die Natur wurde zu einer Frage von Metaphern. Hatte er im letzten Silser Sommer, wie erwähnt, Lawinen als ›Unthiere‹ bezeichnet, so unterzeichnete er einen Brief an Georg Brandes vom 20. November 1888 mit derselben Vokabel: »Nietzsche, jetzt Unthier«. Die tatsächlichen Tiermetaphern, die er sich gibt, weisen gleichfalls auf den Versuch einer solchen ›Rückübersetzung‹ ins Stadium des homo natura: Neben den diversen Vogel-Metaphern bis hin zum ›Adler‹ und dem Eidechsen-Bild fällt vor allem auf, daß sich der späte Nietzsche nicht nur als ›Geschöpf‹ bezeichnet, sondern auch mit einem Igel vergleicht, gleichzeitig jedoch als der neue Cesare Borgia des Denkens auftritt, Turin als seine Residenz versteht und die Sprache der Weltregierenden spricht.

Nietzsche, der das Christentum und die Scheinmoral der Kirche durchschaut und der sich als Psychologe der Décadence empfiehlt, Nietzsche, der die ›Lebens-Instinkte‹, die Triebe neu entfesseln will und doch streng Diät hält, der Turin schätzt wegen der »raffinirten Küche«, er war und blieb nach eigenem Zeugnis vor allem eines: Musiker in seinen »tiefsten Instinkten«.[31] Sein ›Zurück zur Natur‹ bestand am Ende im Verzehr »zarten Kalbfleischs« und »delikaten« Lamm-Gerichten in den Trattorien Turins. Und warum? Weil er auch dort ›contra Wagner‹ sein und dessen Vegetarismus überwinden wollte.

Die ›Landschaft‹ verengte sich in den letzten Wochen von Nietzsches ›dynamitener Existenz‹ allein auf Turin. Ein letztes Mal verglich er die Luft in der Stadt mit jener, wie er sie vom Oberengadin her gewöhnt war. Noch einmal nahm er Maß an Paris; aber er sah jetzt eher die Welt, wie sie zu ihm kam – in Form von »Huldigungsschreiben«, wie er sich ausdrückte, etwa von einer russischen Adeligen, aber auch von Strindberg und Georg Brandes. Die konkrete Landschaft entwickelte sich nun zur geistigen Landschaft Europas, die durch Übersetzungen seiner Werke umgestaltet werden sollte. Entsprechend wünschte er, daß »Ecce homo« zugleich deutsch, französisch und englisch zu erscheinen habe. Der »Antichrist« werde, so hoffte Nietzsche, mit vierhunderttausend Exemplaren die französische ›Landschaft‹ bevölkern. Helen Zimmern versuchte er für eine Übersetzung des »Ecce homo« mit dem Argument zu gewinnen, daß dieses »Attentat auf die Deutschen«, er nennt sie eine »durch die Geschichte hindurch [...] eigentliche schädliche, verlogene, unheilvolle Rasse«, wohl gerade »für Engländer ein vielleicht nicht unpopulärer Gesichtspunkt« sei.[32]

Turin wurde ihm mehr und mehr zur – Theaterlandschaft für Operetten, Harlekinaden, Kammermusik und Orchesterkonzerte. Dazu Nietzsche – in Hochstimmung, »grinsend«, wie er sich beschreibt, voll »dionysischer Kraft«. Anfang Dezember 1888 erlebt er ein Konzert mit der »Egmont«-Ouvertüre, der Lisztschen Orchesterfassung von Schuberts Ungarischem Marsch, Musik von Carlo Rossaro, einer Turiner Lokalgröße (von »himmlischer und tiefer Inspiration«), dazu die Sakuntala-Ouvertüre von Karl Goldmark (»Diese Ouvertüre ist hundert Mal besser gebaut als irgend etwas von Wagner und psychologisch so verfänglich, so raffinirt, daß ich wieder die Luft von Paris zu athmen begann«), das »Cyprische Lied« von Alphonse Charles de Vilback und etwas Bizet. Abends dann noch Tschaikowskis »Francesca da Rimini«.[33]

Bemerkenswert ist hier Nietzsches regelrechter Musik-Konsum, wie er auch von seinen Aufenthalten in Nizza überliefert ist, und das nach Jahren regelrechter Musik-Abstinenz – vor allem nach dem ›verunglückten‹ Bayreuther Sommer des Jahres 1876. Das Dionysische hatte für ihn in Turin eine neue Bühne mit neunzig Musikern, einem »raffinirten« Programm und zweitausendfünfhundert Zuhörern. Krankheit sei ein musikalisches Problem, meinte Novalis. Im Falle Nietzsches gewinnt man zuletzt den Eindruck, daß er seine Krankheit in der tatsächlich gehörten oder auch inneren Musik scheinbar aufzuheben, ja, zu überwinden vermochte. Die Briefe aus den letzten Wochen vor dem Turiner Zusammenbruch[34] verzeichnen keinerlei Hinweise auf irgendwelche Beschwerden oder gar Anfälle.[35]

Die Kulturlandschaft Turins wurde zur Bühne für Nietzsches letzten furiosen Auftritt; auch das ›Kostüm‹ ist mit ›Delikatesse‹ und ›Raffinement‹ gewählt: »Ein leichter Paletot, mit blauer Seide gefüttert« über seinem Gesellschaftsanzug. So ›distinguiert‹, wie er seiner Mutter mitteilt,[36] gab sich ›das Geschöpf‹, als modischer Bürger, dem doch das bürgerliche ›Vaterland‹ längst zu einem ›nachlässigen Euphemismus‹ für Falschheit und vergeudete Gefühle geworden war.

Auffallend ist, wie nachdrücklich Nietzsche in den Turiner Briefen vom Herbst 1888 betonte, daß ›man‹ ihm mit Reverenz begegne und ihn zuvorkommend behandele. Ganz so als wollte er sagen, daß es ihm in Turin anders ergehe als seinem Zarathustra in der ›Stadt‹, deren Bevölkerung nur Sensationen wollte, aber kein tieferes Verständnis für einen Propheten aufbringen konnte, der eine ›Mitte‹ sein wollte »zwischen einem Narren und einem Leichnam«. In einer Hinsicht ›glich‹ Nietzsche seiner poetischen Denkfigur namens Zarathustra: Die erwanderten oder durchreisten Landschaften wußte er in sich. Meer und Gebirge waren in Turin *in* ihm; der ›Wanderer und sein Schatten‹ waren zwar nicht an ein Ziel gekommen, aber an jenen Punkt, wo der Schatten künftig selbst zum Wanderer werden konnte – auch wenn Nietzsche dies ganz anders geplant hatte. In sich überschlagenden, übersteigernden Phantasien hatte er die Turiner Kulisse zum Herrschaftssitz seines Denkens erklärt. Nach der (von ihm selbst ›betriebenen‹) Abdankung Gottes, genauer: nach seiner, Nietzsches, Analyse der psychologischen Mittel, insbesondere der christlichen Morallehre, welche die Kirche zu ihrer Herrschaftsausübung über Jahrhunderte entwickelt hatte, glaubte er sich jetzt in der Lage, von Turin aus geistig ›herrschen‹ zu können. Der protestantische Pastorensohn aus Röcken, der aus Naumburg Versorgungspakete erhielt, war dabei, in Turin ein Gegen-Rom zu errichten, aber eben nicht als neuer Luther, sondern als dionysischer Renaissance-Mensch, als Philosoph der Sinne, der selbst jedoch abstinent lebte. War Sils-Maria die Landschaft und ›Geburtsstätte‹ Zarathustras gewesen, so sollte die Turiner Stadtlandschaft das Glacis des zur Macht kommenden Antichristen werden. Ein Herrscher wollte er werden und zugleich sein eigener Hofnarr sein. Europas erster Denker und Possenreißer. Der Umwerter aller Werte, der sich im Turiner Herbst 1888 tagelang über die Vorstellung amüsieren konnte, die zweiundsiebzigjährige Malwida von Meysenbug habe die Rolle der Kundry in Wagners »Parsifal« übernommen.

Macht aus Kunst

›Gesteigerter Süden‹, ›Africanismus‹, Reisepläne bis zuletzt – das räumlich Ausgreifende von Nietzsches Vorhaben und Phantasien fällt seit Mitte der achtziger Jahre ins Auge. Zwar lehnte er den absurden Kolonialismus des antisemitischen Schwagers ab,[1] zu schweigen von den Machtgelüsten des »Reichs, dessen »Vergröberung und Vertölpelung« er in einem Brief an Köselitz registrierte,[2] aber die Vermutung, daß Nietzsche durch sein Wirken-Wollen in Europa gleichsam in Konkurrenz zur Machtpolitik treten wollte, ist nicht von der Hand zu weisen. Wie er geradezu flächendeckend durch gute Übersetzungen seiner Werke in Europa präsent sein wollte, die Art, in der er sich und sein Denken als europäisches Ereignis verstand, und die Hoffnungen, die er zuletzt mit Intellektuellen wie dem Dänen Georg Brandes verband,[3] deuten unzweifelhaft darauf hin, daß Nietzsche mit seinem philosophischen Projekt der Umwertung aller Werte eine Denkexpansion sondergleichen beabsichtigt hatte. Nietzsche, der unerbittliche Kritiker der Machtpolitik des »Reichs«, wollte selbst ein politisches Ereignis sein.

Am wohl deutlichsten zeigte sich dieser Parallelismus zwischen Nietzsches philosophischen Macht-Ambitionen und der kolonialistischen Perspektive in seinem Brief vom 2. September 1886 an Schwester und Schwager im paraguayischen Asunción: »[…] ich nähere mich dem unheimlichen Zeitpunkte, wo ich ein ›berühmtes Thier‹ bin und mich gegen Entrée sehen lasse […] Für die nächsten

4 Jahre ist die Ausarbeitung eines vierbändigen Hauptwerks angekündigt; der Titel ist schon zum Fürchten-Machen: ›Der Wille zur Macht. Versuch einer Umwerthung aller Werthe‹. Dafür habe ich *Alles* nöthig, Gesundheit, Einsamkeit, gute Laune, vielleicht eine Frau.«[4] Überdies bezeichnete er sich im selben Brief als einen »professionell ›guten Europäer‹«, der es folglich nicht so leicht habe, Europa zu verlassen wie die kolonisierenden Försters. Nietzsches Haltung gegenüber dem Asunción-Projekt »Neu-Germanien« muß man durchaus als zwiespältig bezeichnen. In einem Entwurf zu einem Brief an seine Schwester bekannte er, daß er »im innersten Herzen kein Vertrauen«, ja nicht einmal »viel Wohlwollen« für diese »antisemitische Unternehmung« habe. Im tatsächlich geschriebenen Brief lautet die betreffende Stelle dann: »Meine besten Wünsche Deinem Dr. Förster zu seiner großen Unternehmung! Mir fiel, als ich die Karte mit dem äußerst respektablen Besitzthum anstaunte, der Satz ein ›wer besitzt, ist auch besessen‹. Man giebt damit viel Freiheit auf.«[5] Ein Jahr später vermeldete er jedoch Freunden gegenüber, nicht ohne einen gewissen Familienstolz: »Um so besser ist es inzwischen meiner Schwester gegangen [vom Schwager ist bezeichnenderweise nicht die Rede!]. Die Unternehmung scheint glänzend gelungen, der festliche, beinahe fürstliche Einzug in der Colonie vor ungefähr 4 Monaten hat einen großen Eindruck auf mich gemacht.«[6]

Nietzsches eigene ›Kolonisierungsaufgabe‹ mußte er auf Europa konzentrieren. So wurde er nicht müde, das Europäisch-Internationale der Gäste in Nizza, aber auch schon in Sils-Maria zu betonen; von Aristokraten und

Großbürgern war nun die Rede, wobei er nicht selten den Eindruck aufkommen ließ, sie kämen bereits alle seinetwegen, eine Annahme, die nur in wenigen Ausnahmefällen ihre Begründung hatte. Noch war es nicht soweit, daß die Aristokraten den »aristokratischen Radikalen« besuchten, wie ihn Brandes zu Nietzsches größter Genugtuung genannt hatte.[7]

Das eigentliche ›Macht‹-Projekt nun hatte zwei eher unphilosophische Voraussetzungen: eine inspiratorischortsbedingte und eine legitimierende. Für den Herbst 1886 hatte Nietzsche mit seinem jungen Verehrer, Paul Lanzky, von Nizza aus »einen Ausflug nach Corte auf Corsika« ins Auge gefaßt. Köselitz berichtete er im August darüber: »Corte ist die Stadt der Empfängniß Napoleon's: wie ich ausgerechnet habe. Scheint es nicht, daß eine Wallfahrt dorthin eine geziemende Vorbereitung für den ›Willen zur Macht. Versuch einer Umwerthung aller Werthe‹ ist? –«[8] Das war keineswegs nur ironisch gemeint. Napoleon, von Nietzsche so verehrt wie vor ihm nur noch von Goethe und Heine, seine Stendhal-Lektüre mochte da Zusätzliches bewirkt haben, dieser korsische Eroberer schien der geeignete *spiritus rector* von Nietzsches »jetzt entworfener Zukunfts-Aufgabe«.

Die Legitimation für diese Aufgabe leitete Nietzsche davon ab, daß er durch seine Schriften die ›Erlösung‹ von der konventionellen Moral bewirkt habe. Dies erforderte nun, wie er meinte, ein anderes Verständnis von Staatlichkeit und Macht. Ein solches gewandeltes Verständnis von Macht bedeutete zunächst einmal Machtkritik, wie er sie in vielfältiger Form seit »Menschliches, Allzumenschliches« schon vorgetragen hatte. Was um 1885 jedoch hinzukam, waren regelrechte ›Totalitätsbezüge‹,[9] aber auch der Anspruch einer Totalerfassung des Lebens durch das Denken.

›Corsica‹ wurde dann aber ›nur‹ zu einem ästhetischen Projekt, einer Hoffnung auf eine ›corsische‹ Oper von Heinrich Köselitz, als Gegensatz zu dessen ›venezianischer Periode‹, und der ›Wille zur Macht‹ blieb bis auf den »Antichrist« bekanntlich Fragment.

Nicht ›Nietzsche und die Politik‹ kann hier Thema sein, sondern jenes eigentümliche Beziehungsgeflecht von Kunst und Macht, das für Nietzsches Werk so charakteristisch gewesen ist. Um dieses Geflecht zu benennen, gebraucht man gemeinhin den Ausdruck ›ästhetizistische Politik‹; doch damit meint man bereits eine Ableitung von Nietzsches Ansatz, eine Rezeptionsform. Die dieses Geflecht bildenden Grundverhältnisse hat Carl Friedrich von Weizsäcker genau bezeichnet: »Nietzsches Philosophie deklarierte den Sieg der Wissenschaft über Religion und Metaphysik. Sie deklariert zugleich, so scheint mir, als das Wesen der Wissenschaft die Kunst, als das Wesen der Kunst die Macht, als das Wesen der Macht das Leben selbst, die Welt.«[10]

Handelte es sich bei Nietzsche jedoch wirklich nur um eine Reihe von quasi zarathustrischen ›Deklarationen‹, gar von ›Kriegserklärungen‹ im Namen der Evolutionslehre, wie Weizsäcker meinte? Oder beruhten diese ›Erklärungen‹ nicht vielmehr auf mehr oder minder subtilen Analysen zeit- und kulturgeschichtlicher Verhältnisse? Entsprechend wäre der ›Wille zur Macht‹ keineswegs nur ein faschistoider Imperativ, sondern Nietzsches kritischer Befund über eine (politische) Zeitkrankheit.

Bevor dieser ›Befund‹ des späten Nietzsche in Rede stehen soll, seien einige bereits in anderem Zusammenhang erwähnte Aspekte zusammengefaßt, die den ›Willen zur Macht‹ als politisches und ästhetisches Phänomen in Nietzsches Denken bedingten. Zunächst hatte den Studenten Nietzsche die Person Bismarcks fasziniert und dessen nahezu ›revolutionäres‹ Vorgehen in der Frage der (auch gerade durch Schiller-Feiern ›ästhetisch vorbereiteten‹) deutschen Einheit bewundert, nicht minder auch dessen Reden, die der junge Nietzsche in geradezu dionysischer Verzückung las. Dann erlebte er die Schattenseite, die mörderische Kehrseite von Bismarcks Neomachiavellismus, auf den Schlachtfeldern des deutsch-französischen Krieges. Im November 1870 hatte er »das jetzige Preußen« bereits für »eine der Cultur höchst gefährliche Macht« gehalten und seinen Freund Gersdorff und sich selbst dazu aufgefordert, »Philosophen genug zu sein, um in dem allgemeinen Rausch besonnen zu bleiben« – und das hieß für Nietzsche von nun an: die perfide Psychologie des Nationalismus durchschauen zu lernen.

Der Absurdität nationalistischer Machtpolitik begegnete Nietzsche zunächst mit dem ›Willen zur Kunst‹, der für ihn vorläufig gleichbedeutend war mit einem Ja zu Richard Wagner. Bayreuth contra Wilhelmstraße lautete für Nietzsche zumindest bis 1874 die Alternative. Wagners (opportunistische) Sympathien für den eisernen Kanzler verfolgte Nietzsche dabei mit wachsendem Argwohn. Die Entfremdung von Wagner, die Entlarvung der quasi-politischen Intentionen, die der Komponist des »Ring« mit seiner Kunst verband, beraubte Nietzsche seines wichtigsten Gegengewichts zum ›Preußischen‹. Es veranschaulichte ihm aber auch, wie der Wille zur Kunst und das Verlangen nach Macht einander ergänzen konnten.

Was Nietzsche fortan beiden, Bayreuth und Berlin, entgegenhielt, waren die Wahrheiten seines Zarathustra, die versuchte Umwertung aller herkömmlichen Werte, flankiert von bizarren Ismen, die vom ›Bizetismus‹ bis zum ›Africanismus‹ reichten, womit sich Nietzsche scheinbar als Ideologe gebärdete, in Wirklichkeit aber die Lust seiner Zeit am Ideologischen parodierte.

Wenn Nietzsche zuletzt auf seinen sogenannten ›Wahnsinnszetteln‹ feststellen wird, Bismarck »abgeschafft« zu haben wie übrigens auch die Antisemiten und den machtbesessenen Kaiser Wilhelm II., dann war diese wahnhafte Aussage doch auch die letzte Konsequenz seiner Zeitkritik und eines Denkens gewesen, das selbst an die Macht wollte. Und warum? Um dem Nationalismus ein Ende zu bereiten.

Nietzsche strebte einen Internationalismus an, wobei er die »jüdischen Bankiers« als »natürliche Verbündete« bezeichnete, weil sie die einzige ›internationale Macht‹ darstellten, welche die Völker zu binden verstehe. In den Notizen zu Nietzsches geplantem Hauptwerk, »Der Wille zur Macht«, das er einen ›Versuch einer neuen Auslegung alles Geschehens‹ nannte,[11] ist diese ›Umwertung‹ des schon damals geläufigsten Vorurteils der Antisemiten die fraglos auffallendste: Wirft man seitens der Nationalisten den Juden Internationalismus vor, so Nietzsche noch in einer seiner letzten Aufzeichnungen,[12] dann um so besser. Dann nämlich paßten sie in *seine* Konzeption: mit den internationalen Rothschilds gegen die national bornierten

Hohenzollern. Daß dieser Anti-Antisemitismus nicht ohne weiteres mit wirklichem Philosemitismus gleichgesetzt werden kann, leuchtet unmittelbar ein. Vielmehr glaubte Nietzsche, sich der Juden ›bedienen‹ zu können, um seinen anti-nationalen Politismus zu verwirklichen. In den Juden sah er ein Volk, das seine nationale Identität, ob zwangsweise oder freiwillig, bereits überwunden habe. Mit der Selbstbestimmung der Juden oder mit zionistischen Entwicklungen rechnete er nicht mehr. Vielmehr galt ihm ihre in der Diaspora geschärfte Geistigkeit als Modellfall einer Kultur, die der Verzweiflung, dem Leiden und der Verfolgung abgerungen war. Daß gerade zu seinen Lesern und Anhängern Juden gehörten, hielt er mithin für folgerichtig.

Im Zeichen des Willens zur Macht propagierte Nietzsche (unbewußt?) eine Alternative zur kommunistischen Manifestation des Internationalismus. Nietzsches Aufruf lautete gleichsam: Eliten aller Länder vereinigt euch! Wozu er neben den Juden zarathustrisch erleuchtete Intellektuelle zählte, Vertreter eines revolutionären Aristokratismus und gleichsam die Fremdenlegionäre unter den Denkern.

Kehren wir noch einmal zu Nietzsches Kritik an Bismarck zurück. Ihre letzte wütende Steigerung liest sich wie folgt: »Fürst Bismarck, der Idiot par excellence unter allen Staatsmännern, … hat zu Gunsten seiner Hauspolitik alle Voraussetzungen für große Aufgaben, für welthistorische Zwecke, für eine edlere und feinere Geistigkeit mit einer fluchwürdigen Sicherheit des Instinktes vernichtet.«[13] Mit dieser Brandmarkung Bismarcks hatte Nietzsche nicht nur dessen ›Willen zur Macht‹ angegriffen, sondern gleichzeitig sein eigenes positives Verständnis von Macht skizziert. Für Nietzsche war das Machtstreben offenbar nur dann gerechtfertigt, wenn sich in ihm ein kulturelles Bemühen artikulierte. Die ›welthistorischen Zwecke‹ und die ›edlere und feinere Geistigkeit‹, die er, wie so oft, nicht näher qualifizierte, mußten sich dabei im Gleichgewicht befinden. Sie durften sich nicht gegenseitig ausschließen. Bismarck warf er vor, im wesentlichen feudalistische Hausmeier-Politik betrieben und die große Chance verspielt zu haben, ›welthistorisch‹ zu werden, was für Nietzsche gleichbedeutend mit dem Überwinden des nationalstaatlichen Denkens und Handelns gewesen war. Nunmehr erschien ihm Bismarck nicht mehr wie noch 1868 als Neuerer, ja, (konservativer) Revolutionär, sondern als Provinzialist.

Im Jahre 1892 hatte der junge Kurt Eisner in seiner bereits genannten Studie über »Friedrich Nietzsche und die Apostel der Zukunft« versucht, Nietzsches Interesse an Bismarck zu untersuchen. Obwohl er weder die ›Wahnsinnszettel‹ noch die nachgelassenen Fragmente mit ihren zahlreichen Verweisen auf Bismarck kennen konnte, kam Eisner doch zu dieser treffenden Einsicht: »Unter Bismarck wuchs Nietzsche die Sehnsucht nach dem Übermenschen, und er merkte nicht, daß alles, was er beklagte, gerade der Herrschernatur eines ›Übermenschen‹ entsprungen war.«[14] Das besagt, daß Nietzsche durch den Entwurf des Übermenschen mit Bismarck gewissermaßen konkurrieren wollte, was nicht nur Eisner für ein psychopathologisches Phänomen gehalten hatte.

Zehn Jahre später unternahm es der frühe Alfred Döblin, Nietzsches »Wille zur Macht« als Erkenntnisproblem zu untersuchen. Seine groß angelegte Abhandlung darüber ist Fragment geblieben; sie zeigt aber, daß Döblin einen entscheidenden Aspekt von Nietzsches Politismus erkannt hatte; betonte er doch, daß der »Wille zur Macht« die Weltgeschehnisse – frei nach Leibniz – »in Aktion und Reaktion« zerlegen wollte. Er sah überdies, daß sich im »Willen zur Macht« ein im Grunde ästhetisches Anliegen verwirklichte: Nietzsche habe mit diesem Prinzip die Kristallisierung der kosmischen und mithin auch weltlichen Ordnung aus dem Chaos bezeichnen wollen, wobei er ihm eine »künstlerische Verliebtheit in ein Wort, ein Bild, ein Gleichnis« bescheinigte, die nicht selten dazu geführt habe, daß »er bisweilen Thatbestände vergewaltigt und sein Urteil« gebogen habe.[15]

Außer Frage steht, daß Nietzsches Mehrdeutigkeiten und die dadurch herausgeforderten ideologisch motivierten Interpretationen durch einen (zum Teil bewußten) Mangel an konsistenten Definitionen zurückzuführen sind. Die Definition hatte Nietzsche, wie bekannt, oft durch die Metapher ersetzt; ihre Interpretation *sollte* vieldeutig (und ›beweglich‹) bleiben. So wurde auch die Deutung des »Willens zur Macht« schließlich zu einer – Machtfrage, zu einem ideologischen Willens- und Willkürakt; und Nietzsche selber zu einem Machtfaktor, der im Nietzscheanismus seinen problematischen Ausdruck finden sollte.[16]

Was aber *ist* der ›Wille zur Macht‹ – im ontologischen und psychologischen Sinne? Nähern wir uns diesem Problem noch einmal. Eines hat sich bereits deutlich ergeben: Der Wille zur Macht ist nicht nur ein politisches Phänomen, auch wenn er später zu einem Politikum gemacht wurde. In »Jenseits von Gut und Böse« hatte Nietzsche unmißverständlich festgestellt, daß dieser ›Wille‹ ein vorrangig *psychologisches* Problem darstelle. Genauer gesagt, er verstand die Psychologie »als Morphologie und Entwicklungslehre des Willens zur Macht«.[17] In einer gleichsam wie ein *allegro furioso* geschriebenen Notiz im Umkreis von »Jenseits von Gut und Böse« gab sich Nietzsche darüber Rechenschaft, was »seine dionysische Welt des Ewig-sich-selber-Schaffens, des Ewig-sich-selber-Zerstörens, diese Geheimniß-Welt der doppelten Wollüste, dieß mein Jenseits von Gut und Böse« eigentlich sei. Seine Antwort: ein unablässiges Spiel diverser Kräfte, eine Vielfalt von Willensakten, »inneren Befehlen«, Formen des Wollens. Die Schlußkadenz dieser denkerischen und sprachlichen Aufwallung lautet: »*Diese Welt ist der Wille zur Macht – und nichts außerdem!* Und auch ihr selber seid dieser Wille zur Macht – und nichts außerdem!«[18] Ein tautologisches Argument, nicht inhaltlich, nur rhetorisch zwingend; ein gedanklicher Rundumschlag, der aber eines zeigt: Wenn Nietzsche mit dem »Willen zur Macht« den Versuch einer »neuen Auslegung *allen* Geschehens« verband, dann deswegen, weil er alles Geschehen als Ausdruck dieses Willens sah.

Immer wieder brachte er dabei in seinen Notizen den Künstler ins Spiel und dessen Verhältnis zum Willen zur Macht, das sich schon daraus ergibt, daß Nietzsche einen »Willen zum Schönen« konstatierte, von dem er aber nicht sagte, wie weit er reiche. Er vermutete, daß die »schönsten Formen von den Siegreichen« usurpiert würden, damit sie auf diese Weise »ihres Typus« froh werden könnten, also zum Zwecke der Selbstbespiegelung: »Palazzo Pitti und Phidias. Kunst je nach der Moral, für Heerde oder Führer.«[19] Aber in seinen melancholischer gestimmten Äußerungen tritt das Leiden an einer Welt, die »keinen Sinn mehr hat«,[20] in den Vordergrund. Das Leiden nennt Nietzsche dann »etwas vom Wesentlichen alles Daseins«. Wie aber verhält sich dieses Leiden zum Willen zur Macht? Gibt es (für schwache Naturen) ein Leiden am Willen zur Macht? Verursacht dieser Wille solches Leiden? Fragen, die Nietzsche nicht (mehr) beantwortete.

Was sich seinen Notizen und abgeschlossenen Manuskripten an Äußerungen zum »Willen zur Macht«, die wie ein Generalbaß die letzten Jahre seines Schaffens untermalen, unschwer entnehmen läßt, ist, daß Nietzsche von einem Wechselspiel des Willens zum Schönen und des Willens zur Macht ausgegangen war. Brieflich konnte er sich noch daran versuchen, Kunst gegen die Politik auszuspielen: »[...] Kunst als Überlegenheitsgefühl [...] gegenüber der Niederung von Politik, Bismarck, Socialismus und Christenthum usw. usw.«[21] Mit Bezug auf die Architektur spricht er dann in der »Götzen-Dämmerung« vom »Rausch des großen Willens, der zur Kunst verlangt«. Entsprechend folgerte er: »Die mächtigsten Menschen haben immer die Architekten inspiriert; der Architekt war stets unter der Suggestion der Macht [...] Architektur ist eine Art Macht-Beredsamkeit in Formen [...].«[22]

Das rivalisierende Verhältnis von Macht und Kunst befaßte Nietzsche bis zuletzt. Dabei wird erkennbar, daß er gerade zu dem Zeitpunkt, als er zu seiner großen Auseinandersetzung mit Wagner ansetzte, der Kunst Attribute zuschrieb, die ›wagnerischer‹ nicht hätten sein können. Drei ›Erlösungsfunktionen‹ wies Nietzsche jetzt (im Frühsommer 1888) der Kunst vorbehaltlos zu: »Die Kunst als Erlösung des Erkennenden«, »Kunst als die Erlösung des Handelnden«, »Kunst als die Erlösung des Leidenden«. Überdies notierte er: »Die Kunst und nichts als die Kunst! Sie ist die große Ermöglicherin des Lebens, die große Verführerin zum Leben, das große Stimulans des Lebens.«[23] Mit dieser ›Kunst‹ sind offenbar die nicht-repräsentativen Künste gemeint, in erster Linie die Musik und die Dichtung, aber nicht Architektur und Malerei. Denn diese ›erlösende‹ Kunst relativiert den ›Willen zur Macht‹. Sie verfügt über die fraglos feinere Psychologie.

Wir haben es zuvor erwähnt: Nietzsche sah den Menschen als eine »Vielheit von ›Willen zur Macht‹: jeder mit einer Vielheit von Ausdrucksmitteln und Formen«. Selbst die Leidenschaften begriff er nur als ›fiktive Einheiten‹.[24] An dieser Auffächerung des Willensbegriffs, an dem Versuch, seine diversen Formen zu beschreiben, hielt Nietzsche fest. Sprach er 1885/86 davon, die »Verwandlungen des Willens zur Macht, seine Ausgestaltungen, seine Spezialisierungen – parallel der morphologischen Entwicklung darzustellen«,[25] wollte er die psychologisch zu fassende Willensproblematik und ihre ›Verwandlungen‹, die Willenskomponenten, wenn man so will, noch im Frühjahr 1888 eingehend darstellen.[26]

Dieses Vorhaben Nietzsches hatte zudem eine physiologische Seite. Für ihn hatte der Wille nämlich auch eine körperliche Qualität wie übrigens auch die Kunst, der er eine Wirkung auf »die Muskeln und Sinne« zuschrieb. »Ästhetik ist ja nichts als eine angewandte Physiologie«, heißt es in »Nietzsche contra Wagner«.[27] Indem Nietzsche das Spiel oder Widerspiel der Willens- und Kunstformen betonte und ihre psychologisch-physiologischen Seiten, glaubte er einmal mehr, das Prinzip Kausalität, zumindest die Frage nach den Ursachen, zurückzustellen, um es durch Analogien zu ersetzen. Legion sind Bemerkungen wie diese: »[…] wir erlassen uns die Frage der Verursachung einer Veränderung«.[28] Auf die *Wirkungen* kam es ihm durchaus an. Ob Analogie, relativierte Ursache oder überbetonte Wirkung – Nietzsche setzte auf eine Rhetorik des Unterbewußten, die Kausalitäten nur als eine mögliche Form der Verknüpfung von Phänomenen, Bildern und Gedanken anerkannte.[29]

Im Spätherbst 1887 entwarf Nietzsche das Vorwort zu einem »Tractatus politicus«, der von der »Politik der Tugend« handeln sollte.[30] Einmal mehr entsteht bei der Lektüre dieser kurzen Vorrede der Eindruck, als habe er sie der Paradoxa wegen verfaßt, handelt sie doch von einer Herrschaft der Tugend, die *nicht durch* die Tugend begründet werden soll. Gemessen werde sie am Ideal des Machiavellismus, dem »Typus der Vollkommenheit in der Politik«, wie Nietzsche meinte. Der unmoralische Moralist sei in der Lage, diese ›Herrschaft‹ zu etablieren. Aber: Jeder bedeutende Moralist sei auch ein bedeutender Schauspieler: »[…] seine Gefahr ist, daß seine Verstellung unversehens Natur wird, wie es sein Ideal ist, sein esse und sein operari auf eine göttliche Weise auseinander zu halten« – ganz so wie der »größte Immoralist der That, der aber nichtsdestoweniger zu bleiben versteht, was er *ist*, der *gute* Gott…«[31]

Das ›esse‹ und das ›operari‹, das Sein und das Handeln,

genauer: der Impuls im Sein, der zum Handeln und damit zur Seinsveränderung führt, ist Gegenstand der Erkenntnis mit dem Namen ›Wille zur Macht‹. Bei Machiavelli hatte er dieses *agens movens,* die treibende Kraft, den Übergang vom in sich ruhenden Sein der *vita contemplativa* zum tätigen, schaffenden, formenden Zustand der *vita activa* idealtypisch beschrieben gesehen. Aber eben nicht nur einen Machttypus. Machiavelli bedeutete für Nietzsche auch ein Stil-Ideal; er war für ihn der Darstellungskünstler der Macht schlechthin: »Aber wie vermöchte die deutsche Sprache«, heißt es in »Jenseits von Gut und Böse«, »und sei es selbst in der Prosa eines Lessing, das Tempo Machiavelli's nachzuahmen, der in seinem *principe* die trockne feine Luft von Florenz athmen läßt und nicht umhin kann, die ernsteste Angelegenheit in einem unbändigen Allegrissimo vorzutragen: vielleicht nicht ohne ein boshaftes Artisten-Gefühl davon, welchen Gegensatz er wagt, – Gedanken, lang, schwer, hart, gefährlich, und ein tempo des Galopps und der allerbesten muthwilligsten Laune.«[32] Die ›Laune‹ eben nicht nur des Autors von »Il Principe«, sondern auch der Komödie »La Mirandola«!

Man braucht nie lange auf das stilistische Argument bei Nietzsche zu warten. Die Art, in der Nietzsche den Stil Machiavellis charakterisierte, beschreibt exakt sein eigenes Stilideal. Karl Heinz Bohrer hat gezeigt, daß dieses ›ironische Tempo‹, das Nietzsche bei Machiavelli hervorhob, Teil seiner Selbstkritik gewesen ist: dieses ›Tempo‹ hatte Nietzsche in seinen frühen Schriften vermißt.[33] Nietzsches ›Umwertung aller Werte‹, der Wesenskern des ›Willens zur Macht‹, wollte er – und das ist wiederum ein wichtiger lokalkoloritener Aspekt seines Denkens – in

Turin leisten. »[...] gegenüber dem ›grandiosen palazzo Carignano (in dem Vittore Emanuele geboren ist)‹, wertete er Werte um, wie er Resa von Schirnhofer mit ebenso emphatischem wie ironischem Unterton schrieb und, noch ironischer, ›vorzügliches gelato‹[34] und eine ›gute Aufführung von Carmen‹ genießend. Turin, da war die Renaissance nicht weit, ›klassisches Pflaster, sublime portici und der Ernst feierlicher Plätze.‹«[35] Machiavellis Florenz und Nietzsches Turin: Wollte er zuletzt zum Machiavelli der Décadence werden, nein, zum Machiavelli gegen die Décadence, in der sich nur noch ein soziologisch-analytisches Verständnis von Macht denken ließ?[36] Nietzsche beharrte dagegen auf einem ›inspirierten‹ Macht-Bewußtsein,[37] das Selbstzerstörung durchaus einschloß. Nietzsche suchte nach einer ›Macht‹, die er gegen den »exasperirten Pessimismus, Cynismus, Nihilismus« der Literaten seiner Zeit (von Sainte-Beuve bis Gautier, den Goncourts und »gelegentlich« sogar Turgenjew) halten wollte.[38] Es ging ihm um »la force«, um eine Kraft, welche das Umwerten in der Moral bestärken würde. Eine solche ›Kraft‹ war die gegen-christliche Verve, die ungebrochener denn je in ihm war, und der sich »Der Antichrist« verdankte. Eine andere solche ›Kraft‹ blieb die Kunstleistung des Schreibens, aber auch des Komponiert-Habens. Der »Hymnus auf das Leben« konnte gerade deswegen für Nietzsche so wichtig bleiben, weil er darin (mit Lous Hilfe!) die Lebens-Kraft besungen hatte. Dieser Hymnus repräsentierte also die Vereinung von etwas Primärem, Ursprünglichem und, wie er glaubte, artistischer Finesse. Noch das Krankenjournal Otto Binswangers wird nach Nietzsches Einweisung in dessen Jenaer Klinik am 19. Januar 1889 verzeichnen, daß Nietzsche von seinen ›großen Kompositionen‹ gesprochen und Proben daraus gesungen habe. Keine Erinnerung habe ihn dagegen mit seinen philosophischen Werken verbunden.[39]

»Wir Philosophen sind für nichts dankbarer, als wenn man uns mit den Künstlern *verwechselt*«, gestand Nietzsche Georg Brandes in einem Brief vom 4. Mai 1888.[40] Gerade *weil* Nietzsche die erstrebte ›Umwertung aller Werte‹ als denkerischen *und* artistischen Akt, als »Ereigniß ohne Gleichen« intendiert hatte, konnte er diese ›Verwechslung‹ gerade zu jenem Zeitpunkt ausdrücklich wünschen und in gleichem Sinne seinem nordamerikanischen Interpreten, Karl Knortz, schreiben, daß er in der »Kunst der Darstellung« keinen Vergleich scheue.[41] Dieses ›Umwerten‹ war Ausdruck kunstvollen Denkens; es sollte aber auch ein ›Ereignis‹ sein, das über alles Künstlerische und Literarische hinausweisen würde: »Es ist möglich, daß es die Zeitrechnung verändert«, so Nietzsche an seinen Leipziger Verleger Naumann.[42]

In einer (ersten) Anwandlung wahnhafter Übersteigerung, einem an Kaiser Wilhelm II. gerichteten Briefentwurf vom Dezember 1888, gelang Nietzsche freilich die genaueste Bestimmung dessen, was die ›Umwertung aller Werte‹ selbst als Fragment in seinen Augen bereits *war*: Die »Formel für einen Akt höchster Selbstbesinnung der Menschheit«.[43] Den Begriff der Politik sah er in einem »Geisterkrieg« aufgehen und einen Krieg im Anzuge, »wie es noch nie Kriege gab«. Dem hielt er einen durch die Umwertung des Politischen erreichbaren »Weltfrieden« entgegen, der die »absurden Grenzen der Rasse Nation und Stände« überwinde.[44] Voraussetzung dafür sei aber, daß es dem Menschen gelinge, das »Laster des Christenthums« abzustreifen. Andere »absurde Grenzen« seien durch eine »fluchwürdige und von den Lügenhaften vertretene, dynastische Interessen-Politik« zwischen den Völkern gezogen worden; über diese Grenzen hinweg suche er, so Nietzsche in einem weiteren Briefentwurf aus jener Zeit, »nach den Wenigen«.[45] Diese ›Wenigen‹ sollen »Ohren für ihn haben« und vor allem eines sein: Artisten der Macht.[46]

Wie aber, wenn auch diese letzte Steigerung der Macht, die gleichzeitig der buchstäblich ›totalen‹, also alles erfassenden ›Umwertung‹ zugute kommen sollte wie auch der ›ewigen Wiederkehr‹,[47] wie, wenn auch das noch ›schauspielerische Leistung‹ sein sollte, wenn abermals das Maskenhafte die Oberhand gewönne?[48] Wenn Nietzsches Ironiekonzept als »Theorie der maskierten Rede« zu verstehen ist,[49] dann stellt sich wieder einmal die letztlich unbeantwortbare Frage, ob Ironie beim späten Nietzsche die Grundlage der Darstellung seiner Gedanken war oder nur ein Stilmittel. Unbeantwortbar ist diese Frage deswegen, weil sie sich für Nietzsche selbst als unlösbar herausstellte.

Zuletzt glaubte er, daß durch ihn die ›furchtbare Wahrheit‹ spreche. Das wäre dann aber eine von keiner Kunst mehr gemilderte Wahrheit. »Ich widerspreche und bin trotzdem der Gegensatz eines *neinsagenden* Geistes.«[50] Mephisto wollte er nicht sein, hoffte womöglich, alle Ironie abstreifen zu können, und blieb doch gefangen in seiner Theorie der Maske, wie er sie in »Jenseits von Gut und Böse« entworfen hatte. Dieser theoretische Entwurf, so könnte man sagen, wurde Nietzsche zur philosophischen Falle. Die ›Masken‹-Formel vermochte er nicht hinter sich zu lassen. Sie holte ihn immer wieder ein, gerade dann, als es ihm um die Frage nach authentischer Selbst-Erkenntnis ging, eine Frage, die gerade in den letzten Monaten vor seinem Zusammenbruch rapide an Brisanz gewann. Wenn er zum Beispiel, wie gesehen, behauptete, daß er bei aller Lust und Notwendigkeit zum Widerspruch der »Gegensatz zu einem neinsagenden Geist« sei, dann kann man nicht umhin, an den zweiten, weitaus weniger oft zitierten, aber nicht minder gewichtigen Satz des berühmten vierzigsten Aphorismus über die Maske aus »Jenseits von Gut und Böse« erinnert zu werden: »Sollte nicht erst der *Gegensatz* die rechte Verkleidung sein, in der die Scham eines Gottes einhergienge?« Diese Frage folgt auf die These: »Alles, was tief ist, liebt die Maske; die allertiefsten Dinge haben sogar einen Hass auf Bild und Gleichniss.«[51]

Wir haben es hier mit einem fundamentalen Widerspruch zu tun. Denn wenn der tief schürfende Denker eine ›Maske‹ braucht, also eine metaphorische Verstellung,[52] dann kann von einem ›Haß auf Bilder und Gleichnisse‹ nicht die Rede sein; schließlich ist die Maske ›Bild‹ und nicht das Angesicht selbst. Sie ist Gleichnis und nur als Artefakt ›authentisch‹, nicht aber als ›wahre‹ Gestalt des ›tief‹ Denkenden oder tief Seienden. In der Tat kann die Maske absoluter ›Gegensatz‹ dessen sein, was sie hinter sich verbirgt.

Wie so oft bei Nietzsche begegnen wir hier der Frage nach dem ›Wer‹ und dem ›Was‹ des Ichs, nach seinem Charakter und seiner Form, wobei die in »Menschliches, Allzumenschliches« erwähnte Selbstzerteilung des Menschen nicht nur als Negativum verstanden werden darf. Sie bietet auch die Chance zu einer anderen Form der Selbstvergewisserung und Selbstbehauptung. Die ›Maske‹ ist dafür nur ein anderer Ausdruck; ihre ›Tiefe‹ das Ausmaß des Andersseins.

Den ›tiefen Geist‹ nennt Nietzsche den ›Verborgenen‹. »Ein solcher Verborgener, der aus Instinkt das Reden zum Schweigen und Verschweigen braucht und unerschöpflich ist in der Ausflucht vor Mittheilung, will es und fördert es, dass seine Maske von ihm an seiner Statt in den Herzen und Köpfen seiner Freunde herum wandelt; und gesetzt, er will es nicht, so werden ihm eines Tages die Augen darüber aufgehn, dass es trotzdem dort eine Maske von ihm giebt […].«[53] Auch das ein Selbstporträt Nietzsches! Die ›Rede‹, die Selbstentäußerung als sprachliche Maske des in seinem tiefsten Grunde Schweigsamen, der nicht umhin kann, daß um ihn »fortwährend eine Maske wächst«.

›Maske‹ ist damit aber nicht gleichbedeutend mit ›Verstellung‹. Denn die Verstellung ist Ergebnis eines bewußten Aktes. Die Maske, von der Nietzsche spricht, wächst dagegen gleichsam unwillkürlich als ›zweite Natur‹ des ›tiefen Geistes‹. Man kann sie als ein gleichsam organisches Artefakt bezeichnen mit einer eigenen ›Realität‹ und Glaubwürdigkeit. Aber sie ist eben nicht identisch mit dem ursprünglichen tiefen Ich.

Mag sein, daß Nietzsche gerade mit den spätesten Entwürfen und Briefen diese seine zweite Masken-Natur abwerfen wollte und gerade deswegen so furios in seinen Äußerungen wurde. Mag auch sein, daß er gerade durch diesen Versuch das ›Wachstum‹ seiner Maske beförderte – als »Brummbär und Immoralist«, als gekreuzigter Dionysos, als Antichrist, der die Hohenzollern »abschaffen« will.

In der Dynastie der Hohenzollern fand Nietzsche am Ende noch einen Gegenstand, der jeden Haß lohnte. Von ihm ausgenommen war nur Friedrich III. »Der Tod des Kaisers hat mich bewegt: zuletzt war er ein kleines Schimmerlicht von *freiem* Gedanken, die letzte Hoffnung für Deutschland. Jetzt beginnt das Regiment Stöcker: – ich ziehe die Consequenz und *weiß* bereits, daß nunmehr mein ›Wille zur Macht‹ zuerst in *Deutschland* confiscirt werden wird …«, schreibt er in einem Brief an Köselitz am 20. Juni 1888.[54] Anderswo nennt er Friedrich III. den »bestgehaßten, bestverleumdeten der ganzen Rasse« (der Hohenzollern).[55]

Bemerkenswert an dieser Briefstelle ist, daß Nietzsche als eigentliche Gefahr im Reich den notorisch antisemitischen Hofprediger Stöcker ausmachte und davon überzeugt war, daß man seinem vermeintlichen Hauptwerk, dem »Willen zur Macht« zu Leibe rücken würde. Aber warum? Verbirgt sich hinter dieser Gewißheit die Auffassung, daß sich das kaiserliche Deutschland mit diesem Werk für durchschaut halten müßte? Bedeutete der »Wille zur Macht« in diesem Sinne eine Kritik am Prinzip Machtpolitik? Oder meinte Nietzsche, daß das Haus Hohenzollern den Aufruf zur ›Umwertung aller Werte‹ als revolutionären Affront auffassen würde und deswegen verbieten müßte?

Viele der letzten Aufzeichnungen sprechen vom ›Krieg‹, seiner Absurdität, seinem Wahnsinn. Sie verurteilen den Gedanken eines »bewaffneten Friedens«, greifen den »jungen Verbrecher« (Kaiser Wilhelm II.) an und die ›Politik-Lüge‹ der hohenzollerschen Dynastie. Diesem Krieg stellt er seine Kriegserklärung gegenüber: »Ich bringe den Krieg quer durch alle absurden Zufälle von Volk, Stand, Rasse, Beruf, Erziehung, Bildung: ein Krieg wie zwischen Aufgang und Niedergang, zwischen Willen zum Leben und Rachsucht gegen das Leben, zwischen Rechtschaffenheit und tückischer Verlogenheit…«.[56] Das alles steht unter der Überschrift »Die große Politik«. Es ist seine, Nietzsches ›Politik‹, ein, wie er sagt, »Gegen-princip« zu dem, was landläufig als Politik verstanden wird.

Dergleichen als Aufzeichnungen eines Beinahe-Geisteskranken abzutun, wäre zu einfach. Denn diese Aufzeichnungen ziehen tatsächlich ›letzte Konsequenzen‹ aus dem ›Umwerten‹ des bisher Gültigen und aus Denkansätzen, die bis in die »Unzeitgemäßen Betrachtungen« zurückreichen, etwa was den »Krieg gegen die Erziehung und Bildung« angeht, gegen die Welt der Philister. Auch der politischen Konzeption dessen, was ›Frieden‹ sein kann, hatte Nietzsche vorgearbeitet, etwa in ›Der Wanderer und sein Schatten‹. Dort findet sich ein großer Aphorismus zum Thema ›Das Mittel zum wirklichen Frieden‹. Hier arbeitete Nietzsche einmal mehr mit bedeutungsvollen Paradoxa: »Sich wehrlos machen, während man der Wehrhafteste war«, freiwillig das eigene Schwert zerbrechen, »lieber zu Grunde gehen, als hassen und fürchten, und zweimal lieber zu Grunde gehen, als sich hassen und fürchten machen, – diess muss einmal auch die oberste Maxime jeder einzelnen stattlichen Gesellschaft werden!«[57] Der »Kriegsglorien-Baum« solle durch Blitzschlag zerstört werden: eben durch das Elementarereignis seines artistisch vermittelten Denkens.

Politisch dachte Nietzsche vor dem Hintergrund einer ›negativen Theologie‹, die seit Feuerbach den Tod Gottes konstatiert hatte in »Machtquanten«, um Noltes treffend geprägten Begriff zu gebrauchen.[58] Damit sind Machtformen bezeichnet, die durch diverse Willensakte bedingt sind; sie können elementar erscheinen oder artistisch jongliert werden. In jedem Falle sind sie in Bewegung, Teil der ›ewigen Wiederkehr‹ säkularer Weltverhältnisse. Ihre Energie kann sich in einem ›Weltbürgerkrieg‹ entladen, den Nietzsche prognostiziert hatte, oder zur Selbststeigerung des wollenden Menschen beitragen.

Der ›Wille zur Macht‹ bedeutet im Kontext von Nietzsches Denken immer auch den Diskurs über die Macht; er war eine Formel disparaten Inhalts, der den Selbsterhaltungstrieb ebenso umfaßte wie die Artistik der Macht. (Waren Nietzsches Invektiven gegen Bismarck nicht auch darin begründet, daß er dem ersten Reichskanzler dessen quasi kunstvollen Umgang mit dem politisch ›Möglichen‹ schlicht neidete, ganz so wie er, der gescheiterte Komponist, Wagner dessen perfekte Manipulation seines Publikums durch die Kunst nie verzeihen konnte, zu schweigen von dessen, wie es Nietzsche, dem chronisch Beziehungslosen, scheinen mußte, idealischer Beziehung zu Cosima?) Der ›Wille zur Macht‹ war Glaubensinhalt in gott-loser Zeit. Er hatte kulturkritische Seiten. Von Nietzsche als Spiegel seiner Zeit, aber auch als Anspruch an seine Zeit gedacht, geriet diese Formel durch die Art ihrer kruden, ideologisch korrumpierten Form ihrer Rezeption zu einem Menetekel. Diese Formel kann jedoch weiterhin als Indikator des politischen Bewußtseins eine wichtige Funktion erfüllen; denn die Art, in der man über den ›Willen zur Macht‹ denkt, ob man ihn als Aufforderung zur Machtmaximierung oder zur kritischen Analyse der Machtstrukturen ansieht, sagt Entscheidendes aus über das ethische Niveau einer Epoche.

Ecce homo
oder der Sinn präludierender Epiloge

»[…] man kommt nicht von mir los«, glaubte Nietzsche nicht ohne Genugtuung zu einem Zeitpunkt feststellen zu können, als im wesentlichen noch kaum jemand von ihm Kenntnis nahm.[1] Er hat recht behalten; ›man‹ kam und kommt nicht von ihm los. Zum Machtfaktor sollte er im 20. Jahrhundert tatsächlich werden, zu einer intellektuellen Legitimation des Faschismus, des Rassenwahns und einer aggressiven Expansionspolitik, welche die Machtpolitik der »Hohenzollern« weiter hinter sich ließ.[2] Geblieben ist er, was er sein wollte: Ein Anfang ohne Ende.

Als Nietzsche sein prophetisches Wort niederschrieb, war jedoch eines längst gewiß: von sich selbst kam er ganz und gar nicht los. Er umstellte sich gleichsam mit Spiegeln. Nicht nur Masken wuchsen um ihn; es bildeten sich um dieses ›tiefe‹ Ich und sein abgründiges und doch immer virtuos bleibendes Denken Spiegel um Spiegel. So lautete etwa ein Projekt im Umkreis von »Ecce homo« schlicht und bedeutungsvoll: »Der Spiegel. Versuch einer Selbstabschätzung«.[3]

Nein, es ging demnach Nietzsche nicht nur um bloße Selbstreflexion, sondern um ein Abwägen des Spiegelbilds und des Urbilds, um ein Sich-Einschätzen im Verhältnis zur Mitwelt und Zeit. Doch der sich da wog, hatte auch einen Sinn für das Eigengewicht der Waage, für die Form und den Schliff des Spiegels, sprich: für die *Art* seiner ›Selbstabschätzung‹.

Ein wichtiger Aspekt dieser ›Form‹ war das ›Präludieren‹, die Vorrede zu einem neuen Ansatz. Davon handelten wir bereits einleitend und mit Blick auf den frühen Nietzsche. Doch es ist unabdingbar für das Verstehen von Nietzsches Selbstwertung (und dem Versuch der eigenen Umwertung!), daß wir abschließend auf dieses auffällige ›Stilmerkmal‹ seiner Denkkunst zurückkommen, zumal es sein Spätwerk mit geformt hat.

Im Spätsommer 1886 arbeitete Nietzsche wieder an einer Vorrede; dieses Mal zu seinem ersten großen Werk, »Die Geburt der Tragödie«. »Menschliches, Allzumenschliches« hatte er bereits im Frühjahr 1886 in Nizza bevorwortet. Seinem Verleger Fritzsch konnte er schon bald weitere Ergebnisse seiner Arbeit zukommen lassen: Während er die erläuternden Bemerkungen zu »Menschliches, Allzumenschliches« einfach als ›Vorrede‹ bezeichnet hatte, forderte der Blick in den Spiegel, der inzwischen die »Geburt der Tragödie« umstellte, den »Versuch einer Selbstkritik«. Er habe diese Einführungen geschrieben, so Nietzsche im Brief an seinen Verleger, »um den gröbsten Fehlgriffen vorzubeugen«, die den künftigen Interpreten seines »Denkens im großen Stile« sonst zwangsläufig unterlaufen müßten. »Muth und Inspiration« verlangten solche Vorreden, meinte Nietzsche weiter.[4] Weitere Vorreden kündigte er für den Winter mit einem spekulativen Vorschlag an, den er nur zum Schein gleich wieder verwarf: »Ein eignes Bändchen mit lauter ›Vorreden‹ würde gegen den Geschmack sündigen. Man verträgt das schreckliche Vorrede-Wörtchen ›ich‹ eben nur unter der Bedingung, daß es in dem *drauf folgenden Buche fehlt: es hat nur Recht in der Vorrede.*«

Dieser ›Vorschlag‹ darf als Keimzelle von »Ecce homo« gesehen werden. Die »Morgenröthe« und »Fröhliche Wissenschaft« sollte noch Vorreden bekommen; im Falle von »Jenseits von Gut und Böse« erübrigte sich dies vorerst, weil das Buch ohnehin als ›Vorspiel einer Philosophie der Zukunft‹ konzipiert war.

Ein Wort über die ›Vorrede‹ zu »Menschliches, Allzumenschliches«. Sie will den ›freien Geist‹ als Typus eines neuen Intellektuellen etablieren.[5] Zunächst bezeichnet Nietzsche die ›freien Geister‹ als seine Erfindungen, die er als »Gesellschaft nöthig« hatte, zur Erholung von sich selbst;[6] freie Geister, die zur »Selbst-Werthsetzung« fähig seien.[7] Diese Vorrede will aber auch ein neuerliches klärendes Wort über sein Verhältnis zu Wagners »unheilbaren Romantik« sagen und dem Vorurteil begegnen, Nietzsche habe sie als »einen Anfang und nicht als ein Ende« verstanden.[8] Anders gewendet: Nietzsche heiße der eigentliche Anfang, Wagner das Ende.

Das ist dann auch die Tonart des »Versuchs einer Selbstkritik«. Bei allen ›Mängeln‹ und »Artisten-Metaphysik im Hintergrunde« dieses »Jugendwerks« über ein »greisenhaftes Problem« (welche Begriffskunst!), Nietzsche billigte seiner »Geburt der Tragödie« immerhin zu, daß sich »jenes verwegene Buch zum ersten Male« an das Problem herangewagt habe, *»die Wissenschaft unter der Optik des Künstlers zu sehen, die Kunst aber unter der des Lebens.«*[9]

Nietzsches argumentative Strategie in diesem ›Versuch einer Selbstkritik‹ ist eindeutig: So rücksichtslos die Kritik an seinem »fragwürdigen Buch« auch scheint, sie entschuldigt es angesichts der unerhörten Aufgabe, eine

»rein artistische, eine antichristliche Gegenwerthung des Lebens« vorgenommen zu haben. Angesichts dieser kolossalen Herausforderung, die er sich selbst gestellt habe, *mußte* sein Stil *damals* zwangsläufig unbeholfen, weil der Aufgabe unangemessen sein. Doch sei er zur Zeit der Niederschrift schon »Philologe und Mensch der Worte« genug gewesen,[10] um ein mögliches Wort für den »Antichristen« und Immoralisten der Kunst zu finden: Dionysos.

Noch war Nietzsches ›Kunst des Vorworts‹ noch nicht vollendet. Es fehlte – der Maßstab. Noch einmal sollte ihn Wagner liefern. Im Januar 1887 schrieb er seinem Musik-Freund und Korrektur-Adlatus, Heinrich Köselitz, von einem Höreindruck der besonderen Art. In Monte Carlo hatte er zum ersten Male das Vorspiel zum »Parsifal« gehört. Sein Urteil klingt enthusiasmiert wie einst, aber auch analytisch, einsichtig wie stets:

Hat Wagner je Etwas besser gemacht? Die allerhöchste psychologische Bewußtheit und Bestimmtheit in Bezug auf das, was hier gesagt, ausgedrückt, mitgetheilt werden soll, die kürzeste und direkteste Form dafür, jede Nuance des Gefühls bis aufs Epigrammatische gebracht; eine Deutlichkeit der Musik als descriptiver Kunst, bei der man an einen Schild mit erhabener Arbeit denkt; und, zuletzt, ein sublimes und außerordentliches Gefühl, Ereigniß der Seele im Grunde der Musik, das Wagnern die höchste Ehre macht, eine Synthesis von Zuständen, die vielen Menschen, auch ›höheren Menschen‹, als unvereinbar gelten werden […] Dergleichen giebt es bei Dante, sonst nicht. Ob je ein Maler einen so schwermüthigen Blick der Liebe gemalt hat als Wagner mit den letzten Accenten seines Vorspiels? –[11]

Das hätte auch der Nietzsche der Jahre 1869 oder 1872 schreiben können – vielleicht bis auf das Wort ›machen‹, anstelle dessen er vermutlich eher ›schaffen‹ gesagt hätte. Das Vorspiel als vollendete Kunst, als vorweggenommene Synthese, als Form höchster Konzentration auf das Wesentliche, das ist es, was Nietzsche beim Hören dieser Musik »verstanden« zu haben glaubte.

Einen Monat später bekannte er zwar Overbeck gegenüber, daß er die Vorreden zu seiner »ganzen Litteratur fertig gemacht« habe, damit er sie von sich losgelöst betrachten und darüber »lachen« könne.[12] Aber wirklich ›ernst‹ braucht man dieses Gelächter nicht zu nehmen. Denn als er Köselitz das Manuskript der »Genealogie der Moral« von Sils nach Venedig schickt, kommentiert er seine ›Streitschrift‹ wie folgt: »[…] in etwas anderer Tonart [als ›Jenseits von Gut und Böse‹ und ›Die Fröhliche Wissenschaft‹], anderem Tempo (mehr ›Finale‹ und ›Rondo‹), und, vielleicht noch verwegener concipirt. Das Stärkste aber ist die ›Vorrede‹: wenigstens kommt darin das starke Problem, das mich beschäftigt, zum kürzesten Ausdruck. –«[13] Das sind nun genau die ästhetischen Kriterien für ein Vorwort, die er auch im Vorspiel zum »Parsifal« hervorgehoben hat: Epigrammatische Deutlichkeit, der Rhythmus als »Zügel der Leidenschaft«, wie er das später nennen sollte,[14] und Kraft zur Synthese.

Jetzt erst, nachdem Nietzsche davon überzeugt war, daß er auch Wagners Kunst des Vorspiels erreicht, ja vielleicht gar übertroffen hatte, konnte er sich mit letzter Konsequenz von ihm abstoßen. ›Übertroffen‹ in dem

Sinne, daß er mit sprachkünstlerischen Mitteln, einem raschen Wechsel von langen und kurzen Perioden, rhetorischen Fragen und emphatischen Antworten, seine Leser gleichfalls ›hypnotisieren‹ konnte und gleichzeitig Analysen dieser Wirkung zu bieten vermochte. Nietzsche konnte mit einer weiteren, vielleicht noch überzeugenderen Legitimation aufwarten: Das Musikdrama Wagners hatte Nietzsche auf seine Weise durchlebt und durchlitten.

Im »Musikanten-Problem« namens »Der Fall Wagner« inszenierte Nietzsche nunmehr auf kunstvolle Art einen Vatermord sondergleichen, und das verbunden mit einer Analyse der Moderne, der ›Décadence‹. Die Bühne war frei für das, wie Nietzsche betonte, gerechte Verbrechen an Wagner und einen Gerichtsprozeß, den man sich auf der Turiner Piazza San Carlo denken könnte: Nietzsche macht der Kunst Wagners – im Namen der Kunst – den Prozeß. Die Argumente sind bekannt. Wagner wird angeklagt, die Musik infiziert zu haben, und posthum der Schauspielerei überführt. Mit geheucheltem Bedauern stellt sein Ankläger fest, daß der Beklagte vor seiner Geburt gestorben sei und mithin keine Zukunft habe. Er, Nietzsche, wird wenig später in einem weiteren Vorwort voller Paukenschläge von sich selbst das Gegenteil behaupten: »Erst das Übermorgen gehört mir. Einige werden posthum geboren.«[15]

Kunst, Moral, Wissenschaft: Das ist die thematische Trias, die Nietzsches Schriften des Jahres 1888 bestimmte und durchwirkte. In der Mitte der »Götzen-Dämmerung« feiert der »Unzeitgemäße« noch einmal das Schöne – des Menschen, dessentwillen die Kunst ›tief‹ sei, so tief wie die Maske, so tief wie die Lust. Die (christliche) Moral wird als »Widernatur« gebrandmarkt,[16] eine These, die dann »Der Antichrist« in einer nicht mehr überbietbaren Weise zu einem vernunftbegründeten Fluch steigert. Es ist ein Fluch, welcher der *paulinischen* Deutung des Lebens Christi gilt, dem militanten Priestertum, der Scheinkunst der Evangelisten, dem Protestantismus. Der »Antichrist« denunziert die Liebe als Selbsttäuschung, das Mitleid als Hemmnis und die Hoffnung als Schwäche.

Im ›unverfälschten‹ Christus sieht der Antichrist Nietzsche den Rebellen, der den Begriff der Schuld abgeschafft und die »Einheit von Gott und Mensch gelebt« habe.[17] Er vergleicht das frühestchristliche Verhalten (bis zum Kreuzestod) mit einer »buddhistischen Friedensbewegung«.[18] Paulus wirft er vor, das »Schwergewicht des ganzen Daseins *hinter* dies Dasein« verlegt zu haben – in eine nichtige ›frohe Botschaft‹ vom Danach.

Mehr noch: Das paulinische und nachpaulinische Christentum habe sich in der Kunst geübt, »heilig zu lügen«[19] und Wissenschaft durch Moral (»Erfindung der Sünde«) zu verhindern. Nietzsche geißelt die Lebensferne der christlichen Moral und vor allem die Kritik des Protestantismus an der Renaissance. »Cesare Borgia als Papst«,[20] das wäre es – laut Nietzsche – gewesen. Es? Der Sieg der Renaissance, das Erschaudern vor der »raffinirten Schönheit«, die wechselseitige Steigerung von Kunst und Leben, von Überfluß an Erkenntnis und Genuß von Erkenntnis.

Auch der »Antichrist« hat Selbsterkenntnis und Erkenntnis des Anderen zur Voraussetzung: »Sehen wir uns ins Gesicht«.[21] Nietzsches Antwort: *Wir* sind Angehörige eines sagenhaften Volkes im hohen, im höchsten Norden, Abseitige, Unzeitgemäße, »Hyperboreer« eben. Aber wer ist ›wir‹? Die ›freien‹ Geister, die sich Nietzsche erfunden hatte wie Gott den Menschen, auf daß er nicht länger alleine sei. Die Immoralisten, Artisten des Lebens, voll des Willens zur Selbstüberwindung, sie sind gemeint, diejenigen, die in dem Sinne ›unzeitgemäß‹ sind, daß sie sich nicht zu den gegenwärtigen Verhältnissen rechnen wollen. Sie sind, so verstanden, tatsächlich ›unzurechnungsfähig‹. Soll man darüber spekulieren, ob Nietzsches eigene ›Unzurechnungsfähigkeit‹ um 1888/1889 der physiologische Vollzug seiner Forderung war, entrückt zu werden? Sinnvoller erscheint folgender Befund: Am Ende steht eine »großartige expressive Leistung, wobei die durchdachte stilistische Brillanz über die Auflösung eines Individuums triumphiert.«[22] Die ekstatisch wirkende Steigerung seiner Ausdrucksfähigkeit hatte Nietzsche noch in den »Wahnsinnszetteln«, die eine klar erkennbare Rangfolge von Motiven aufweisen,[23] stilistisch unter Kontrolle. Das verlieh seinem Stil existentiellen Wert. Was durch diese sprach- und denkartistische Steigerung noch möglich war, veranschaulichen seine präludierenden Epiloge, in denen er denn doch einlöste, was er in der »Götzen-Dämmerung« noch als »parfum des Ewig-Weiblichen«[24] verworfen hatte: die *imitatio Christi* als »Ecce homo«. Das Motto lautete nicht mehr: ›Sehen wir uns ins Gesicht‹, sondern: Seht mir ins Gesicht, so wie ich mir selbst in den Blick geraten bin.

Noch ein Wort zu dieser (Selbst-) Anredeformel ›Ecce homo‹. Nietzsche war Philologe und in theologischen Fragen geschult genug, um zu wissen, daß Jesus im grie-

chischen Text des Johannes-Evangeliums (19, 4-5) durch
Pilatus mit dem bestimmten Artikel angeredet wird:
»Hier ist der Mensch« (idou ho anthrópos). Luther über-
setzte die Vulgata-Version »Ecce homo« mit dem heute
geläufigeren Ausdruck: »Sehet, welch ein Mensch«. Eben-
so sind die Varianten: »Ihr seid ein Mensch« und »Auch
Ihr seid ein Mensch« denkbar; sie sind vor allem im
Zusammenhang mit Napoleons berühmter Anrede (oder
Verabschiedung) Goethes bei deren Erfurter Begegnung
im Jahre 1808 immer wieder erörtert: »Voilà, [c'est] un
Homme!«[25] Dem tiefen Goethe- und Napoleon-Verehrer
Nietzsche dürfte gerade diese Begebenheit des Jahres
1808 nicht unbekannt gewesen sein.

Hier nun ist wichtig, daß Nietzsche die ›Vulgata‹-
Formel eben *wegen* ihrer Vieldeutigkeit gebraucht hat.
Führte er sich mit diesem Werk doch selbst vor (›Hier ist
der Mensch‹), sein auf beispiellose Weise exemplarisch
tapfer getragenes Leiden (›Sehet, welch ein Mensch‹),
seine unmißverständliche Selbstbezeichnung (›Ihr seid
ein Mensch‹), wobei er das ›Menschliche, Allzumensch-
liche‹ an ihm betonen wollte (›Auch Ihr seid ein Mensch‹).
›Ecce homo‹, das ist der Schmerzensmann mit der Dor-
nenkrone, der Denker vor seiner Kreuzigung, aber auch
einer, der Christus vom Christentum befreit zu haben
glaubte.

Der Umwerter aller Werte erzählt sich sein Leben – in
Warum-Fragen ohne Fragezeichen: »Warum ich so weise
bin.« Die Antwort des Denk-Artisten: Weil er ›Zarathustra‹ *gefunden* habe, weil er »Aufgang und Niedergang« gefunden und gewesen sei. »Warum ich so klug bin«. Weil
er, der ›dekadente‹, aber auch antimoderne Analytiker der

Décadence, als Peripatetiker »keinem Gedanken Glauben« schenkte, der »nicht im Freien geboren ist und bei freier Bewegung«; und weil er das Schicksal zu lieben gelernt habe. Überdies: »Warum ich so gute Bücher schreibe.« Weil er seinen Stil unverwechselbar machte. Und schließlich: »Warum ich ein Schicksal bin.« Weil er die Moral als Rache am Leben entlarvt und den Menschen zur psychologischen Sichtweise verurteilt hat.

Wie nun stellte sich Nietzsche dar in »Ecce homo«? Als einen Denker der Hygiene, dem es um wiederholte Selbstwiederherstellung zu tun (gewesen) ist. Als einen Immoralisten, dessen »Humanität aus beständiger Selbstüberwindung« bestand.[26] Als einen ›Abgrund‹ und Philosophen, dessen Denken vom Ort, Klima und Stoffwechsel abhängig war. Und als Sprachkünstler, der einmal neben Heine als der »bei weitem erste Artist der deutschen Sprache« gelten würde.

»Ecce homo« wollte Selbstdeutung sein und Prognose hinsichtlich der künftigen Wirkung. Aber dieses Werk war unverkennbar ein Zeichen des Abschieds – ein großes Finale, bestehend aus Vorspielen zu längst geschriebenen Werken. »Ecce homo« kündigt kein neues Werk an. »Der Antichrist« hatte die ›Umwertung aller Werte‹ geleistet; und im »Fall Wagner« gelang ihm noch einmal, sein Credo zur Kunst zu formulieren. Der Rest war – Kompilation aus den »Aktenstücken eines Psychologen«, eine Zusammenstellung seiner ihm wichtigen Aussagen zum Thema »Nietzsche contra Wagner«.

Am Schluß von »Ecce homo« steht, ein weiteres Mal, die drängende Frage: »Hat man mich verstanden?« Hat man wahrgenommen, daß hier ein Abgesang sein Ende gefunden und die Formel »Dionysos, der Gekreuzigte« nicht länger aufrechtzuerhalten war? Daß Dionysos doch wieder »gegen den Gekreuzigten« stand,[27] das Lebensprinzip gegen den toten Gott?

Es ging Nietzsche im »Ecce homo« fraglos um »letzte Noten«, so, wie er noch einmal feststellen wollte, daß die Oboenstimme in seinem »Hymnus auf das Leben« nicht auf c, sondern auf cis schließe.[28] Da zitiert er sein »Nachtlied des Zarathustra« und bestätigt sich, daß »dergleichen nie gedichtet, nie gefühlt, nie gelitten« worden sei. Er will abrunden und noch einmal alle Oberflächen aufbrechen, sich selbst bestätigen, daß er kein bloßes Vorurteil sei, wie er im Vorwort sagt; vor allem aber will er eines: über den »Fall Wagner« hinaus mit sich selbst über sein Verhältnis zu Wagner ins reine kommen. Ihn nennt Nietzsche den ihm »bei weitem verwandtesten Mann«; durch Wagner konnte er »das Fremdeste produziren«, denn er verstand Wagner als »Ausland, als Gegensatz«.[29] Die Erfahrung ›Bayreuth‹ habe ihn, so Nietzsche im Rückblick, im Sommer 1876 zur Selbstüberwindung gezwungen, was eine leidvolle, aber notwendige Erfahrung gewesen sei. Noch einmal versucht er zu klären, was ihn an Wagner schließlich abstieß: daß er spätestens 1876 »reichsdeutsch« und mit »Parsifal« fromm geworden sei.

Waren diese ›letzten Noten‹ aber dennoch auch als mögliche ›Anfänge‹ gemeint, als ein Auftakt zum – Nichts? Oder zur absoluten, nicht zu übertreffenden Gebärde: »Ecce homo« – auch er ein Künstler. Sehet, welch ein Sprachartist. Die Gebärde wird Wort, das Wort wieder Gebärde: Hier ist er, der Gedankenjongleur, der einst damit begonnen hatte, Sokrates der ›décadence‹ zu überführen, der Tötung des Instinkts durch das Prinzip Vernunft, eine Leistung, zu der sich Nietzsche am Rande der Selbstvergöttlichung noch einmal beglückwünschte.[30] »Ich kenne keine andre Art, mit grossen Aufgaben zu verkehren als das Spiel.« So Nietzsches Kernsatz zur rhetorischen Frage ›Warum ich so klug bin‹. Das Wort- und Gedankenspiel – um der Kunst willen. Nietzsche spielte es, um seinen Einsatz leicht erscheinen zu lassen, um selbst ›leicht‹ zu werden. Seine letzte Rolle, er hatte sie sich in »Ecce homo« selbst auf den Leib geschrieben, »Satyr« zu sein als »Jünger des Philosophen Dionysos«. So traf ihn Overbeck Anfang Januar 1889 in Turin an, Gedankenfetzen auf dem »Klavier gleichsam interpunktierend«, im Zimmer tanzend, ob nun nackt oder nicht. So, die Rolle des Satyrs gegen sich selbst ausspielend, entzauberte sich die Kunst dieses Denkers der Masken.

Nachspiel mit Goethe

Wie sich Lösen-Können von Wagner – so lautete, wie sattsam bekannt, eines der kardinalen Lebens- und Denkprobleme Nietzsches. Ironie half zum Teil: »Götzen-Dämmerung« statt »Götterdämmerung«, bündige Kürze im Ausdruck gegen Wagnersche Schachtelsätze und mythische Längen der Opern, »Carmen«-Begeisterung gegen »Walküre« und andere nördliche Nebelphantome, die Promotion von Peter Gast (Heinrich Köselitz) zum neuen Mozart. Aber halfen Nietzsche diese Mittel wirklich? Es gab ein weiteres, scheinbar tauglicheres: Goethe.

Vielleicht hat man sich noch immer nicht genug verdeutlicht, welche herausragende Rolle Goethe gerade für den späten Nietzsche gespielt hat, freilich nicht nur als Gegenfigur zu Wagner, sondern als ein weiteres, aber förderliches, geradezu heilsames ›Problem‹. Mit dem Thema ›Goethe‹ schließt Nietzsche das Kapitel ›Streifzüge eines Unzeitgemäßen‹ in der »Götzen-Dämmerung«; und als Anhang zu »Ecce homo« plante er Abschnitte unter dem Titel ›Im Verkehr mit den Alten‹, quasi als Echo der Passage ›Was ich den Alten verdanke‹ aus der »Götzen-Dämmerung«. Der einzige überlieferte ›Abschnitt‹ betrifft – Goethe.

In der »Götzen-Dämmerung« argumentierte Nietzsche gegen Rousseaus Gleichheits-Ideal, das in der Französischen Revolution zu einem scheinhaften Egalitätsmoralismus und ideologischen Anspruch auf Wahrheit entartet sei. Nur einer habe darüber »Ekel« empfunden, meinte Nietzsche, eben Goethe. Dessen ›Zurück zur Natur‹ sei ein ›Hinauf‹ zur natürlichen Fähigkeit zum Unterscheiden gewesen. Im Betonen des Unterschieds sah Nietzsche den bedeutsamsten Beitrag Goethes zum Denken seiner Zeit und darüber hinaus. (Hier nimmt Nietzsche vorweg, was Jacques Derrida mit seinem Beharren auf ›différence‹ ins postmoderne Spiel mit den Regeln des Denkens gebracht hat.)

Gegen Rousseau, aber auch gegen die scholastisch geprägte Aufklärung Kants habe Goethe das Ganze, den Zusammenhang nicht nur gedacht, sondern gelebt. Realist sei er gewesen, so Nietzsche, ein Vertreter der Toleranz aus Stärke, der den Menschen in seiner Natürlichkeit habe gelten lassen.

Diese Goethe-Passagen in der »Götzen-Dämmerung« sind in ihrem rhetorischen Aufbau Meisterstücke. Am Ende seiner harschen Rousseau-Kritik gab er sich quasi selbst das Stichwort ›Goethe‹, zeigt dessen kulturkritische Leistung, aber auch ihre Wirkungslosigkeit. Er pries Goethes »Universalität im Verstehn, im Gutheissen«, konstatiert dessen »An-sich-heran-kommen-lassen von Jedwedem«, seinen »verwegenen Realismus« und »Ehrfurcht vor allem Thatsächlichen«. Dann aber die entscheidende Frage: »Wie kommt es, dass das Gesammt-Ergebniss kein Goethe, sondern ein Chaos ist, ein nihilistisches Seufzen, Ein Nicht-wissen-wo-aus-noch-ein […].«[1]

Nietzsche nannte Goethe hierbei einen bloßen ›Zwischenfall‹, »ein schönes Umsonst«, dessen Größe gerade darin liege, daß sich aus ihm kein Nutzen ziehen lasse. Mit Goethe plädiert er für die Funktionslosigkeit in der Kultur im Zeitalter des Utilitarismus, was nicht nur den rhetorischen Höhepunkt dieser Argumentation darstellt.

»Goethe ist der letzte Deutsche, vor dem ich Ehrfurcht habe«, heißt es weiter. Damit begründete Nietzsche jedoch gleichzeitig seine Einzigartigkeit *nach* Goethe – und das im zeitlichen Sinne, aber auch in der geistigen und stilistischen Nachfolge. Von Goethe glaubte er die »Universalität im Verstehn« geerbt zu haben, die eben nicht nur ins musikdramatische Epos Wagners führte, sondern auch zu »Maximen und Reflexionen«, zur Sentenz. Und besonders in diesem Bereich verstand sich Nietzsche als Goethe-Nachfolger. Es ist bezeichnend genug, daß Nietzsche am Ende der Goethe-Passagen in der »Götzen-Dämmerung« einmal mehr auf seinen Stil hinwies: »Der Aphorismus, die Sentenz, in denen ich als der Erste unter Deutschen Meister bin, sind die Formen der ›Ewigkeit‹; mein Ehrgeiz ist, in zehn Sätzen zu sagen, was jeder Andre in einem Buch sagt, – was jeder Andre in einem Buch *nicht* sagt …«.[2]

Und dennoch: Goethe repräsentierte ein ›Problem‹ für Nietzsche, weil er die Griechen und ihre dionysische Seite nicht verstanden habe. Das andere Problem für Nietzsche hieß »Faust«, der anders als sein »Zarathustra« nichts wirklich ›gestiftet‹ habe. Der Goethe-Aphorismus im Anhang zu »Ecce homo« zeigt, daß Nietzsche bis zuletzt fähig war, sein Bild dieses Dichters auf originelle Weise zu differenzieren:

Was Goethe angeht: so war der erste Eindruck, ein sehr früher Eindruck, vollkommen entscheidend: die Löwen-Novelle, seltsamer Weise das Erste, was ich von ihm kennen lernte, gab mir ein für alle Mal meinen

Begriff, meinen *Geschmack* »Goethe«. Eine verklärt-reine Herbstlichkeit im Genießen und im Reifwerden-lassen, – im Warten, eine Oktober-Sonne bis ins Geistige hinauf; etwas Goldenes und Versüßendes, etwas Mildes, *nicht* Marmor – *das* nenne ich Goethisch. Ich habe später, um *dieses* Begriffs ›Goethe‹ halber, den »Nachsommer« Adalbert Stifters mit tiefer Gewogenheit in mich aufgenommen: im Grunde das einzige deutsche Buch *nach* Goethe, das für mich Zauber hat. – *Faust* – das ist für den, der den Erdgeruch der deutschen Sprache aus Instinkt kennt, für den Dichter des Zarathustra, ein Genuß ohne Gleichen: er ist es *nicht* für den Artisten, der ich bin, dem mit dem Faust Stückwerk über Stückwerk in die Hand gegeben wurde, – er ist es noch weniger für den Philosophen, dem das vollkommen Arbiträre und Zufällige – nämlich durch Cultur-Zufälle Bedingte in allen Typen und Problemen des Goetheschen Werks widerstrebt. Man studirt achtzehntes Jahrhundert, wenn man den »Faust« liest, man studirt Goethe: man ist tausend Meilen weit vom *Nothwendigen* in Typus und Problem. –[3]

Mehrerlei ist an dieser komplexen Aussage bemerkenswert: Zum einen belegt sie, daß Nietzsche an seinem ›Artistentum‹, an seiner Künstlerschaft unbedingt festhielt (»Artist, der ich bin«), zum anderen wird deutlich, daß Nietzsche in Goethe einen Inbegriff des ausgeruht Lebendigen sah (»nicht Marmor«), eine impressionistische Stimmung, gewissermaßen einen Claude Lorrain der Literatur.

Eine gewisse Zweideutigkeit ist kaum zu überhören: Mit dem Studium Goethes entfernt man sich vom ›Nothwendigen‹, was laut anti-funktionalistischer Definition in der »Götzen-Dämmerung« durchaus löblich ist, was an dieser Stelle jedoch auch als Kritik verstanden werden kann im Sinne von: Man entfernt sich von den Erfordernissen der Zeit, die Skepsis gegenüber faustischem Handeln einschließen.

Indem Nietzsche differenzierte, was ihn an Goethe faszinierte und was nicht, verdeutlichte er sich (ein letztes Mal) seine ›dividuale‹ Existenz: Was er als ›Dichter‹ (des »Zarathustra«) genießen konnte, mißfiel ihm als *intellektueller* Sprach-›Artist‹ und Philosoph. Hinter der Polemik gegen »Faust« verbirgt sich jedoch auch eine Kritik an Wagner, der Goethes ›Tragödie‹ bekanntlich über alles geschätzt hatte.[4] Dieses ›Faustische‹, Allzudeutsche wollte Nietzsche gegen das rein Symbolische, Gelöste im Werk Goethes ausspielen, das – laut Nietzsche – seinen sinnfälligsten Ausdruck in der »Novelle« gefunden hatte.

Es war wohl nicht nur das für Nietzsche so symbolische Löwen-Motiv, das ihn zu diesem bemerkenswerten Urteil kommen ließ. Goethes »Novelle« (1828) thematisierte Fragen, wie etwa die Vermittlung zwischen Natur und Kunst, dionysisch-elementarer Welt und apollinischer Kultur, die für Nietzsche trotz späterer Relativierungsversuche bekanntlich zentral blieben. Diese ›herbstliche reife‹ Prosa *erzählte* von verborgenen Zusammenhängen, die Nietzsche nur noch aphoristisch pointieren, aber kaum noch diskursiv entwickeln konnte.

Die »Novelle« Goethes berichtet eingangs von Zeichnungen, die eine aristokratische Dilettantin (im Sinne von ›Liebhaberin schöner Dinge‹) begutachtet, Zeichnungen, über die niemand zu sagen weiß, »wo die Natur aufhört,

Kunst und Handwerk aber anfangen«.[5] Schausteller sorgen im Dorf für Abwechslung mit ihren exotischen Tieren.[6] Als in der »heiteren Stille des Pan« plötzlich ein Feuer für Verwirrung sorgt, entkommen einige der Tiere, vor allem der »König der Einöde«, der Löwe. Der Tiger, obgleich zahm, wird vom jungen Oberstallmeister der Fürstin, Honorio, niedergestreckt, weil er sie in Gefahr glaubt; den Löwen besänftigt der Flöte spielende Sohn der Wärterin, halb ein Daniel in der Löwengrube, halb Orpheus, durch eine Melodie, »eine Tonfolge ohne Gesetz«.[7] Man könnte in der Tat so weit gehen, in der »Novelle« eine in dichterische Prosa aufgelöste (und so der Natur wieder nahegebrachte) Zeichnung Claude Lorrains zu lesen. Der Fürstin etwa legte Goethe beim Betrachten der Zeichnungen Worte in den Mund, die sich in seiner Beschreibung eines Galeriebesuchs in Rom im »Zweiten Römischen Aufenthalt« finden. Nachdem er in der Galerie Colonna Poussins, Claudes (!) und Salvator Rosas unter der fachkundigen Anleitung Philipp Hackerts betrachtet hatte, befand er: »Alles, was er [Hackert, R. G.] mir sagte, hat meine Begriffe nicht geändert, sondern nur erweitert und bestimmt. Wenn man nun gleich wieder die Natur ansehn und wieder finden und lesen kann, was jene gefunden und mehr oder weniger nachgeahmt haben, das muß die Seele erweitern, reinigen und ihr zuletzt den höchsten anschauenden Begriff von Natur und Kunst geben. Ich will auch nicht mehr ruhen, bis mir nichts mehr Wort und Tradition, sondern lebendiger Begriff ist.«[8] Um eine solche Verlebendigung der Wortgestalt war Nietzsche gleichfalls bemüht, auch wenn er sie nicht vom Zurückübersetzen der Bilderwelt

Claude Lorrains in die Natur ableitete, weniger von eigentlichen Natur- oder Kunsteindrücken, wohl aber von einem *denksinnlichen* Zugang zur Philosophie. Dieser Zugang gestattete ihm, der Gedanke als Freund, seine Gestalt als sinnlichen Reiz zu *erleben*.

Das entscheidende Wort aber in Goethes Prosakomposition, ein Nietzsche-Wort geradezu, spricht die Wärterin zu Honorio: »[…] du wirst überwinden. Aber zuerst überwinde dich selbst!«[9] Gemeint ist die Überwindung von Honorios bisherigem (höfisch verbildetem) Verhältnis zur Natur, das es ihm nicht gestattete, einen wilden von einem zahmen Tiger zu unterscheiden. Die »Tonfolge ohne Gesetz« des flötenden Kindes dagegen war der Natur nahe und kann deswegen auf den Löwen wirken. Zudem überträgt sie sich auf ein Lied, wobei der Erzähler dieses quasi ›naive‹ Kompositionsprinzip kommentiert: »Eindringlich aber ganz besonders war, daß das Kind die Zeilen der Strophe nunmehr zu anderer Ordnung durcheinander schob und dadurch, wo nicht einen neuen Sinn hervorbrachte, doch das Gefühl in und durch sich selbst aufregend erhöhte.«[10]

Ähnelte dies nicht auch Nietzsches denkkompositorischer Verfahrensweise, wenn man an die Fülle der Selbstzitate denkt, von denen seine letzten Schriften bestimmt waren, Selbstbezüge auf sein Werk in immer veränderten Zusammenhängen, das Spiel mit Variation und Wiederholung, das Goethe ausdrücklich sanktioniert hatte?[11]

Goethe als der ›Herbstliche‹, mit dem das Warten auf das Worauf leichter wird; Goethe als der Dichter des ›goldenen‹ Überfließens – für Nietzsche war er ein nach Weimar versetzter Venezianer, einer, der sich auf den

Süden verstand, Süden in sich hatte, jenseits aller »Noth-wendigkeit«. Lag hier nicht auch der tiefere Sinn von Nietzsches Denk-Kunst, die »Notwendigkeit des Nutz-losen«, wie Paul Valéry sagen wird,[12] zu begründen, den Wert »reiner« geistiger Bereicherung in einer immer funk-tionaler werdenden Welt aufzuzeigen und mit jedem Satz den Widerstand gegen Denk- und Empfindungsgewohn-heiten zu proben? Im künstlerischen »Verkehr mit den Alten« entwarf Nietzsche Zukunft. In der Auseinander-setzung mit Nietzsches Kunst des Denkens werden wir, in vielem seine angesichts der epochalen, von ihm teil-weise prognostizierten Katastrophen entgeisterten Er-ben, an eine diskursive Möglichkeit anschaulichen, le-bensbetonten Reflektierens erinnert, und das in einer Zeit, die das Zukünftige allenfalls noch als simulierte, entseelte Wahrscheinlichkeit konzipiert.

Anmerkungen

1 Klaus Goch, Franziska Nietzsche. Ein biographisches Porträt. Frankfurt am Main und Leipzig 1994.

Vorspiel zu einer Biographie: »...das Fremdeste produzieren«

1 »Man muß, wenn man sich produziren will, das am Meisten Charakteristische, als Fremdeste produziren.« Brief an Heinrich Köselitz vom 21. Januar 1887. In: Friedrich Nietzsche, Sämtliche Briefe. Kritische Studienausgabe in 8 Bänden. Hrsg. v. Giorgio Colli und Mazzino Montinari. München 1986 (künftig zitiert als KSB). KSB 8, 12

2 Wer immer sich Nietzsche mit biographischem Interesse nähert, weiß sich heute in erster Linie den Biographien von Curt Paul Janz, Friedrich Nietzsche. Biographie in drei Bänden. München und Wien 1978 ff. sowie von Werner Ross, Der ängstliche Adler. Stuttgart 1980 verpflichtet. Die Berechtigung, einen neuerlichen Versuch einer Annäherung von ungleich bescheidenerem Umfang zu wagen, leitet sich allein aus unserer Fragestellung ab, die das Kunstdenken Nietzsches in den Mittelpunkt stellt. An Spezialuntersuchungen dazu ist zwar kein Mangel. Zur Erörterung vgl. bes. Volker Gerhardt, Pathos und Distanz. Studien zur Philosophie Friedrich Nietzsches, Stuttgart 1988 (darin vor allem die Aufsätze: ›Nietzsches ästhetische Revolution‹, S. 12-45, und ›Artisten-Metaphysik‹, S. 46-71.) Doch fehlt eine Reflexion des Grundzusammenhangs von Denkkunst und Kunstdenken in Nietzsches Philosophie; dieser Frage stellt sich meine Studie.

3 In: Friedrich Nietzsche, Sämtliche Werke. Kritische Studienausgabe in 15 Einzelbänden. Hrsg. v. Giorgio Colli und Mazzino Montinari. 2. durchges. Auflage, München 1988. Bd. 6, S. 258. Alle Werkzitate Nietzsches beziehen sich, soweit nicht anders angegeben, auf diese

Ausgabe (künftig KSA). Orthographie, Interpunktion und, soweit nicht anders vermerkt, Hervorhebungen folgen gleichfalls dieser Ausgabe. Sperrungen im Original werden kursiv wiedergegeben.

4 In: Friedrich Nietzsche, Sämtliche Briefe. Kritische Studienausgabe in 8 Bänden. Hrsg. v. Giorgio Colli und Mazzino Montinari. München 1986, Bd. 6, S. 118 (Brief vom 20./21. August 1881). Alle Briefzitate Nietzsches beziehen sich auf diese Ausgabe (künftig KSB). Orthographie, Interpunktion und, soweit nicht anders vermerkt, Hervorhebungen folgen gleichfalls dieser Ausgabe. Sperrungen im Original werden kursiv wiedergegeben.

5 KSA 15,480 [111].

6 KSB 3,143 (Brief vom 11. September 1870 an Richard Wagner).

7 Lou Andreas-Salomé, In der Schule bei Freud. Hrsg. v. Ernst Pfeiffer, Zürich 1958, S. 155 f. Zum biographischen Hintergrund vgl. u. a. H. F. Peters, Lou Andreas Salomé. Das Leben einer außergewöhnlichen Frau. 6. Aufl. München 1964, S. 112-139 sowie vor allem: Curt Paul Janz, Nietzsche, a. a. O., Bd. 2, S. 110-158.

8 Ebd., S. 144.

9 KSA 13, 639.

10 In: Friedrich Hölderlin, Sämtliche Werke und Briefe in drei Bänden. Hrsg. v. Jochen Schmidt. Bd. 2, Frankfurt am Main 1994, S. 873 (V. 349/50).

11 In: Lou Andreas-Salomé, Lebensrückblick. Neu durchgesehene Ausgabe. Aus dem Nachlaß herausgegeben von Ernst Pfeiffer. Frankfurt am Main und Leipzig 1974, S. 84.

12 KSA 6,254.

13 In: Rudolf Kassner, Sämtliche Werke, Bd. III. Hrsg. v. Ernst Zinn und Klaus E. Bohnenkamp. Pfullingen 1976, S. 29 f.

14 In: Johann Wolfgang Goethe, Hamburger Ausgabe. Hrsg. v. Erich Trunz, Bd. 12, München 1988, S. 323.

15 Ebd.

16 KSA 13,633.

Anfänge oder
Porträt eines jungen Mannes als Autobiograph:
von Röcken bis Schulpforta

1 Carl Friedrich von Weizsäcker, Nietzsche. In: Wahrnehmung der Neuzeit. München/Wien 1983, S. 72.

2 In: Friedrich Nietzsche, Jugendschriften in fünf Bänden. Hrsg. v. Hans Joachim Mettke und Karl Schlechta. München 1994 (Nachdruck der Ausgabe von 1933-1940, nachfolgend zitiert als BAW; Orthographie, Interpunktion und, soweit nicht anders vermerkt, Hervorhebungen folgen dieser Ausgabe. Sperrungen im Original werden kursiv wiedergegeben).

3 BAW I, 4.

4 BAW I, 6.

5 George Steiner, Nietzsche when young. In: Times Literary Supplement vom 2. Dezember 1994, S. 24.

6 BAW I, 8.

7 BAW I, 11. (Grammatische und orthographische Eigenheiten Nietzsches werden im folgenden beibehalten.)

8 BAW I, 15 f.

9 BAW I, 16.

10 BAW I, 19.

11 BAW I, 18.

12 BAW I, 283.

13 BAW I, 11.

14 BAW I, 190.

15 BAW I, 27.

16 BAW I, 28.

17 BAW I, 31.

18 BAW I, 32.

19 Vgl. den Vers von Ted Hughes »The bright mirror I braved«. In: T. H., Der Tiger tötet nicht. Ausgewählte Gedichte. Auswahl, Übertragung und Nachwort von Jutta und Wolfgang Kaußen. Frankfurt am Main und Leipzig 1998, S. 56 (»Cleopatra to the Asp«); deutsche Fassung: »Dem hellen Spiegel bot ich die Stirn«.

20 BAW I, 65.

21 BAW I, 73.

22 Brief vom April/Mai 1859, 1, 60 f.

23 KSB1, 61 (Brief Ende April/Anfang Mai 1859).

24 So urteilt etwa Alfred Pfabigan in seinem Artikel »Frühreif und früh alt«. In: Die Presse/Spectrum vom 8. Oktober 1994, S. 10.

25 BAW I, 83.

26 BAW I, 99.

27 Ebd.

28 Brief vom 3. Dezember 1858, KSB 1, 34 f.

29 BAW I, 274.

30 BAW I, 276 f.

31 Ebd., S. 277.

32 BAW I, 187.

33 KSB 1, 85 (Brief Mitte November 1859). Zur Geschichte und Funktion der Schiller-Feiern neuerdings: Georg Bollenbeck, Tradition, Avantgarde, Reaktion. Deutsche Kontroversen und die kulturelle Moderne 1880-1945. Frankfurt/Main 1999.

34 KSB 1, 93 (Brief Mitte Februar 1860 an Wilhelm Pinder).

35 KSB 1, 48 (Brief Mitte Februar 1859 an Wilhelm Pinder).

36 In einem Brief an Krug und Pinder vom 14. Januar 1861. In: KSB 1, 138.

37 Syntaktische Kreuzstellung ist z. B. »magna verba, sed facta parva«; eher herkömmlich parallele Stellung wäre: »magna verba, sed parva facta«).

38 In: KSA 6, 154 (›Was ich den Alten verdanke‹).

39 Janz, Nietzsche, a. a. O., Bd. I., S. 75 f. In Nietzsches Aufsatz über Livius lautet die entsprechende Stelle: »[…] certe Crispum Sallustium quo nemo gravius et nervosius mihi scripsisse videtur«. In: BAW 2, 124.

40 Ebd., S. 76.

41 BAW 2, 1 f.

42 Ebd., S. 3.

43 Ebd., S. 4.

44 Ueber die dramatischen Dichtungen Byrons. In: BAW 2, 9.

45 Ebd., S. 15.

46 Ebd., S. 14.

47 KSB 1, 198 (»Wenn sie nur noch hübscher schreiben lernte! Auch wenn sie erzählt, muß sie diese vielen ›Ach‹ und ›O's‹, ›Du

kannst gar nicht glauben, wie herrlich, wie wundervoll wie bezaubernd usw das war‹ das muß sie weglassen.«) – Brief Ende Februar 1862.

48 KSB 1, 203 (Brief Ende April 1862).

49 Ebd., S. 203 f.

50 Vgl. z. B. Janz, Nietzsche, Bd. I, S. 77.

51 Vgl. Gerhardt, Nietzsches ästhetische Revolution, a. a. O. Grundlegend noch immer: Wilhelm Stein, Nietzsche und die bildende Kunst. Berlin 1925 (Bibliothek für Philosophie, Bd. 28, Beil. zu Heft 1/2 des Archivs für Geschichte der Philosophie und Soziologie, Nr. 30).

52 KSB 1, 201 (Brief vom 27. April 1862).

53 BAW 2, 61.

54 KSB 1, 202.

55 Zu Franziska Nietzsches Glaubensauffassung vgl. Goch, a. a. O., S. 148-163. Goch widerlegt überzeugend die These, daß Franziska Nietzsche nicht über einen »naiven Kinderglauben« hinausgekommen sei.

56 Zit. nach Goch, ebd., S. 158.

57 Vgl. Goch, ebd., S. 145.

58 BAW 2, 57.

59 So etwa mit Bezug auf »Napoleon III als Praesident«, ebd., S. 23-28. Einerseits behauptete er, daß das Genie »von andern und höhern Gesetzen« abhänge; andererseits stellt er fest: »Der Wille des Volkes macht den Herrscher« (ebd., S. 23).

60 Ebd., S. 57.

61 BAW 2, 57.

62 Ebd., S. 56.

63 Ebd., S. 57 f.

64 Ebd., S. 59.

65 Ebd., S. 61.

66 BAW 2, 68.

67 Vgl. Janz, Nietzsche, Bd. I, S. 116 ff.

68 BAW 2, 71 (Euphorion Cap I vom Juli 1862, S. 70-71).

69 Ebd., S. 70.

70 Ebd., S. 71.

71 Ebd., S. 70.

72 KSB 1, 216 (Brief vom 28. Juli 1862).

73 Janz, Nietzsche, Bd. I, a. a. O., S. 112.

74 Ebd., S. 217. »nitzky« bedeutet im Polnischen ›der Zertrümmerer‹, was ihm damals wohl kaum bekannt gewesen sein dürfte.

75 Es ist bezeichnend, daß Nietzsche zuerst *schreibend* einen »Exzeß« wagt, bevor er ein Jahr später, das erste und einzige Mal, in Betrunkenheit seine Selbstbeherrschung verliert, worüber das Pfortaer Strafbuch unter dem Datum des 14. April 1863 Auskunft gibt: »Nietzsche und Richter trinken am Sonntage auf dem Bahnhofe zu Kösen während einer Stunde je 4 Seidel Bier.« Zit. nach: Janz, Nietzsche, Bd I, a. a. O., S. 114.

76 BAW 2, 71.

77 KSA 6, 161. Auf diesen Zusammenhang hat als erster Manfred Schneider in seinem glänzenden Epilog zum »du« Nietzsche-Heft aufmerksam gemacht (6/1998, S. 84-85 »Halkyonische Töne«).

78 BAW 1, 266 ff. (»Sechs serbische Volkslieder«. In deutsche Reime übertragen).

79 BAW 2, 101. Text der ›historischen Skizze‹ mit dem Titel »Ermanarich, Ostgothenkönig«. In: BAW 1, 290-299. »Ermanarichs Tod« BAW 2, 32-37 und das Szenarium »Ermanarich«, ebd., S. 144-154. Kritische Beschreibung der Komposition ebd., S. 102-105.

80 Ebd., S. 104.

81 Ebd., S. 105.

82 BAW 2, 89.

83 Ebd.

84 Ebd.

85 KSB 1, 282 (Brief vom 12. Juni 1864). Gemeint ist der Dichter Theognis aus Megara.

86 BAW 2, 114.

87 Ebd., S. 115 (»Ueber das Idyll«).

88 BAW 2, 136 (»Erstes Buch der Lieder von Horaz«).

89 BAW 2, 183.

90 Ebd., S. 186.

91 BAW 2, 171 (»Ueber das Wesen der Musik«).

92 Ebd., S. 171 f.

93 Ebd., S. 172.

94 KSB 1, 293 (Brief an Rudolf Buddensieg vom 12. Juli 1864).

95 Ebd., S. 294.

96 George J. Strack, Nietzsche and Emerson. An elective affinity. Ohio 1992.

97 BAW 2, 258.

98 Ebd., S. 259.

99 Ebd.

100 Ebd.

101 BAW 2, 129-134, hier: S. 130.

102 Ebd., S. 258.

103 Ebd., S. 261.

104 Ebd., S. 256.

105 Ebd., S. 267.

106 BAW 2, 377.

107 Das Wort fiel im Zusammenhang mit Nietzsches bedenklichen Leistungen im Fach Mathematik. Sein Lehrer Corssen verteidigte ihn damit gegen seinen Kollegen aus der Mathematik, Buchbinder. Zit. nach Janz, Nietzsche, Bd. I, a. a. O., S. 124.

108 BAW 2, 369.

109 Ebd., S. 371.

110 Ebd., S. 375.

111 Ebd., S. 376.

112 Ebd., S. 377.

113 Ebd., S. 398.

114 Ebd., S. 406.

115 Ebd., S. 415.

116 Ebd., S. 415 f.

117 »Ueber das Verhältniß der Rede des Alcibiades zu den übrigen Reden des platonischen Symposions«. In: Ebd., S. 420-424 vom August 1864.

118 Friedrich Hölderlin, Sämtliche Werke und Briefe in drei Bänden. Hrsg. v. Jochen Schmidt. Bd. 1, Frankfurt am Main 1994.

119 BAW 2, 407.

120 Ebd., S. 421.

121 Ebd., S. 422.

122 Ebd., S. 423.

1 BAW 3, 67 f.

2 Ebd., S. 68.

3 zit. nach Janz, a. a. O., I, 123.

4 BAW 3, 74.

5 Zit. nach: Dietrich Ebener (Hrsg.), Griechische Lyrik. Berlin und Weimar 1980, S. 121.

6 KSB 2, 87 (Brief vom 20. September 1865 an Mushacke).

7 KSB 2, 18 (Brief vom 10.-17. November 1864).

8 KSB 2, 35 (Brief von Ende Dezember 1864).

9 Zit. nach: Janz, a. a. O., I, 138.

10 KSA 13, 17 (11[27] 308).

11 Ebd., S. 51 (11[109]). Auf die These der Häßlichkeit der Wahrheit hat Erich Heller seinen Versuch »Nietzsche und die zu Ende gedachte Kunst« aufgebaut und damit die Frage verbunden: »Hat es sich inzwischen herausgestellt, daß wir so absurd konstituiert sind, so absurd, daß das tiefste, edelste, rühmlichste Begehren des Menschen, sein Wahrheitsstreben, ihn verderben müßte, wenn es die Kunst nicht gäbe?«. In: E. H., Im Zeitalter der Prosa. Essays. Frankfurt am Main 1984, S. 83 (67-86).

12 KGB 2, 60.

13 Beide Zitate KSA 2, 64.

14 KSB 2, 34.

15 BAW 3, 80.

16 Ebd., S. 81.

17 Vgl. Anm. 150; die »Macbeth«-Notizen. In: BAW 3, 114-116.

18 Zit nach: William Shakespeare, Macbeth. Hrsg. v. G. K. Hunter. Penguin Books, Harmondsworth 1982, S. 139 (»The true reason for the first appearance of the witches is to strike the keynote of the character of the whole drama«).

19 BAW 3, 116.

20 BAW 3, 117.

21 Janz, a. a. O., I, 159.

22 KSB 2, 56 (Brief vom 25. Mai 1865).

23 Brief an die Mutter, zweite Junihälfte 1865. In: KGB 2, 64 ff.

24 Marsch, der den Sieg der Preußen beim Sturm auf die Düppeler

Schanzen am Ende des ersten deutschen Einigungskrieges gegen Dänemark erinnern sollte.

25 KSB 2, 67. Janz bezieht sich nur auf Nietzsches erste Äußerung an seine Mutter vom 29. Mai 1865 (»Wir haben jetzt unsre Mützenfarben geändert wider meinen Willen«), übersieht jedoch die folgenden.

26 Brief an Mushacke vom 30. August 1865, ebd., S. 80.

27 BAW 3, 118.

28 Brief an Mushacke vom 30. August 1865, KGB 2, 80 f.

29 Ebd., S. 81.

30 Brief an Raimund Granier, zweite Septemberhälfte 1865. In: ebd., S. 83.

31 Ebd., S.84.

32 KSB 2, 88 (Brief vom 19. Oktober 1865).

33 Vgl. den Bericht von Montinari: Die neue kritische Gesamtausgabe von Nietzsches Werken. In: Literaturmagazin 12: Nietzsche. Hrsg. v. Jürgen Manthey u. a. Reinbek bei Hamburg 1980, S. 317-326.

34 KSA 2, 89 (Brief vom 22. Oktober 1865 an die Mutter).

35 Ebd., S. 116 (Brief vom 14. März 1866 an Mushacke).

36 Ebd., S. 121 (Brief vom 7. April 1866).

37 BAW 3, 296 f.

38 Ebd., S. 298. Janz datiert die erste Lektüre auf Ende Oktober bis Anfang November 1865; a. a. O., I, 180.

39 BAW 3, 291.

40 KSA 2, 76 (57).

41 BAW 3, 207.

42 Ebd., S. 302.

43 In Notizen aus der Militärzeit etwa findet sich unter anderem die Bemerkung: »Die Teleologie ist wie der Optimismus ein aesthetisches Produkt.« In: BAW 3, 375. In eine ähnliche Richtung zielte seine These, daß der ›organische Geschichtsschreiber‹ Dichter sein müsse (ebd., S. 322).

44 KSB 2, 208.

45 Brief vom 20. April 1867: »Ich habe nämlich im Deutschen schlechterdings keinen Stil, obgleich den lebhaften Wunsch einen zu bekommen.« In: Ebd., S. 214.

46 BAW 3, 332.

47 BAW 4, 186.

48 Ebd., S. 213.

49 BAW 4, 215 u. 216.

50 Seine Diogenes-Laertius-Untersuchungen wurden in der angesehenen philologischen Fachzeitschrift »Rheinisches Museum« veröffentlicht. Aufgrund dieser Veröffentlichung wurde Nietzsche von seiner Leipziger Fakultät am 23. März 1869 promoviert, und zwar ohne weitere Prüfung. Auch dem Baseler Professor der klassischen Philologie, Adolf Kiessling, dessen Nachfolger der knapp fünfundzwanzigjährige Nietzsche werden sollte, war diese Arbeit aufgefallen; sie spielte bei der Berufung des jungen Studiosus auf den Basler Lehrstuhl – neben Ritschls Gutachten – eine entscheidende Rolle.

51 Brief Gersdorffs vom 31. März 1866, zit. nach Janz, a. a. O., I, 193.

52 Vgl. Janz, a. a. O., I, 187.

53 KSB 2, 253 (Brief an Mushacke vom 13. Februar 1868).

54 Beide Zitate ebd.

55 Ebd., S. 258.

56 Brief an Gersdorff von Ende Augus 1866.

57 Brief an Gersdorff vom 11. Oktober 1866. In: Ebd., S. 174.

58 Brief an Rohde vom 8. Oktober 1868, ebd., S. 322.

59 Beide Zitate ebd., S. 205 f.

60 Arthur Schopenhauer, Die Welt als Wille und Vorstellung. Textkritisch bearbeitet und herausgegeben von Wolfgang Freiherr von Löhneysen. Zwei Bände. Frankfurt am Main und Leipzig 1996. I, 278 (37).

61 KSB 2, 332.

62 Zit. nach Janz, a. a. O., I, 231.

63 Vgl. bes. Karl Heinz Bohrer, Nietzsches Aufklärung als Theorie der Ironie. In: Sinn und Form 5 (1994), S. 713-730. Dazu auch: Rüdiger Görner, Die Kunst des Absurden. Über ein literarisches Phänomen. Darmstadt 1996, S. 12-25.

64 BAW 5, 206.

65 Schopenhauer, Die Welt als Wille und Vorstellung, a. a. O., II, S. 575.

1 KSB 3, 7 (Brief an Ritschl vom 10. Mai 1869).

2 Zum Verhältnis Nietzsches zu Overbeck vgl. Andreas Urs Sommer, Der Geist der Historie und das Ende des Christentums. Berlin 1997.

3 Nietzsches Bericht über seine Reise. In: KSB 3, 3 (Brief an Franziska und Elisabeth Nietzsche vom 20. April 1869).

4 BAW 5, 268.

5 BAW 5, 269.

6 Ebd., S. 287.

7 Ebd., S. 280.

8 KSA 7, 22 (1[45]).

9 In diesem Sinne argumentiert auch Andreas Urs Sommer in seiner vorzüglichen Untersuchung »Der Geist der Historie«, a. a. O., S. 28, wobei er darauf hinweist, daß Nietzsches Basler Freund, Franz Overbeck, in seiner ein Jahr später gehaltenen Antrittsvorlesung einer solchen kulturphilosophischen Überfrachtung der Wissenschaft gerade n i ch t das Wort geredet hat (S. 29).

10 Zit. nach KSA 15, 11.

11 Gedicht Nietzsches »An die Melancholie«. In: KSA 7, 390.

12 Vollständig dokumentiert in den beiden von Dieter Borchmeyer und Jörg Salaquarda herausgegebenen Bänden »Nietzsche und Wagner. Stationen einer epochalen Begegnung«. Frankfurt am Main und Leipzig 1994 (künftig zitiert: NuW I/II).

13 Brief an Rohde vom 3.9. 1869. In: NuW I, 331.

14 NuW I, 18 (Brief Cosimas vom 26. 8. 1869).

15 Brief an Nietzsche vom 30. November 1869, in NuW I, 30 f.

16 KSB 3, 36.

17 KSA 1, 564.

18 Dazu vor allem Sommer, a. a. O., S. 12 ff.

19 Vgl. dazu neben Janz, Ross und Sommer auch die rezeptionsgeschichtlich wichtige, Fragment gebliebene Dissertation von Hugo Ball »Nietzsche in Basel«. Eine Streitschrift (1909/1910). In: Ders., Der Künstler und die Zeitkrankheit. Ausgewählte Schriften. Hrsg. v. Burkhard Schlichting. Frankfurt am Main 1984, S. 61-101.

20 Vgl. vor allem Janz, a. a. O., I, 364-388.

21 So der Beginn der Schrift »Die dionysische Weltanschauung« und der Abhandlung »Die Geburt des tragischen Gedankens«. In: KSA 1, 553 und 581.

22 KSA 1, 516.

23 Ebd., S. 540.

24 Ebd., S. 541.

25 KSA 7, 137.

26 Vgl. dazu u.a. Günter Abel, Logik und Ästhetik. In: Nietzsche-Studien 16 (1987), S. 112-148. Abel betont die »Symbiose aus Sehen und Denken« in Nietzsches Philosophieren (ebd., S. 118).

27 Ebd., S. 554 und 555.

28 Ebd., S. 556.

29 Ebd., S. 43 f. (5).

30 Ebd., S. 522 f (In: »Das griechische Musikdrama«).

31 Ebd., S. 47.

32 Ebd., S. 25.

33 KSA 7, 153.

Philosophische Kunst des Vorworts

1 BWA 5, 284.

2 KSA 1, 23.

3 Tagebucheintrag vom 3. Januar 1872, zit. nach: NuW II, 1171.

4 KSA 7, 166/ 7[117].

5 Ebd., S. 153/ 7[63].

6 Ebd., 7 [65].

7 KSB 4, 104 (Brief vom 20. Dezember 1872).

8 KSA 1, 754.

9 NuW II,1183 (Eintrag vom 1. bis 4. Januar 1873).

10 KSA 1, 758 (Erste Vorrede: »Ueber das Pathos der Wahrheit«].

11 Ebd., S. 767. Das Zitat geht weiter: »Hier liegt der Quell jenes Ingrimms, den die Kommunisten und Socialisten und auch ihre blasseren Abkömmlinge, die weiße Race der ›Liberalen‹ jeder Zeit gegen die Künste, aber auch gegen das klassische Alterthum genährt haben. Wenn wirklich die Kultur im belieben eines Vol-

kes stünde, wenn hier nicht unentrinnbare Mächte walteten, die dem Einzelnen Gesetz und Schranke sind, so wäre die Verachtung der Kultur, die Verherrlichung der Armuth des Geistes, die bilderstürmerische Vernichtung der Kunstansprüche m e h r als eine Auflehnung der unterdrückten Masse gegen drohnenartige Einzelne: es wäre der Schrei des Mitleidens, der die Mauern der Kultur umrisse; der Trieb nach Gerechtigkeit, nach Gleichmaaß des Leidens würde alle anderen Vorstellungen überfluthen.« (Ebd., S. 767 f.).

12 Ebd., S. 789.

13 Ebd., S. 647.

14 Ebd., S. 648.

15 Ebd.

16 Ebd., S. 649.

17 Ebd., S. 650.

18 Ebd.

19 Ebd., S. 676.

20 Vgl. Goethe, Werke HA 8, 154 ff. (Wanderjahre, Zweites Buch, Erstes Kapitel). Grundlegend zum Begriff der Ehrfurcht: Otto Friedrich Bollnow, Über die Ehrfurcht. In: Blätter für deutsche Philosophie 16 (1942/43), S. 345-369. Vgl. zu Goethe: Friedrich Ohly, Goethes Ehrfurchten. Ein ordo caritas. In: Euphorion 55 (1961), S. 113-145 und 405-448. Weiterführende Überlegungen, welche die Entheiligung der Ehrfurchten bedenken bei Jürgen Barkhoff, Goethes Ehrfurchtsgebärden in den Wanderjahren als Anthropologie vom Leibe her. In: Anthropologie und Literatur um 1800, Hrsg. v. Jürgen Barkhoff und Eda Sagarra, München 1992, S. 161-186.

21 Nietzsche KSA 1, 698.

22 Zit. nach Colli/Montinari, Chronik zu Nietzsches Leben, KSA 15, 39 (Brief vom 21. April 1872 an Arnold von Salis).

23 Goethe, Wanderjahre HA 8, 157.

24 KSB 4, 121 (Brief vom 31. Januar 1873).

25 KSA 7, 137 (7[1]), Notiz zwischen Ende 1870 und April 1871.

26 Ebd. 7[2].

27 KSA 1, 803.

28 Ebd., S. 816.

29 Ebd., S. 817.

30 Ebd., S. 831.

31 Ebd., S. 845.

32 Ebd., S. 869.

33 Ebd., S. 875.

34 KSA 6, 259 (»Ecce homo«, Vorwort 4).

35 Heide Schlüpmann, Friedrich Nietzsches ästhetische Opposition. Der Zusammenhang von Sprache, Natur und Kultur in seinen Schriften 1869-1876. Stuttgart 1977, S. 42. Schon Maria Bindschedler hat in ihrer kleinen Studie »Nietzsche und die poetische Lüge« (Berlin/New York 1966) den sprachkritischen Ansatz Nietzsches in einen weiteren ästhetischen Kontext gestellt und gezeigt, wie er die ›Lügenhaftigkeit‹ der Sprache als Voraussetzung des poetisch schönen Scheins der Dichtung definierte. Im Gegensatz zu Platon sah Nietzsche jedoch keinen Anlaß, die Kunst zu ›verbannen‹. Vielmehr stand er zu dieser ›Lüge‹ – genauer: er gestand sie (sich und anderen) ein und konnte sie deswegen bejahen.

36 KSA I, 888.

37 Ebd., S. 887.

38 Ebd., S. 879.

39 Diese Ansätze lassen sich allesamt auf die »Lehre vom Satz« (peri hermeneias) von Aristoteles zurückführen, der gleich zu Beginn seiner Abhandlung sagt: »Es sind also die Laute, zu denen die Stimme gebildet wird, Zeichen der in der Seele hervorgerufenen Vorstellung, und die Schrift ist wieder ein Zeichen der Laute.« In: Aristoteles, Kategorien. Lehre vom Satz. Übers. von Eugen Rolfes. 2. Aufl. Hamburg 1958, S. 95.

40 So genannt nach dem deutschen Physiker Ernst Chladni (1756-1827), der Klangfiguren entdeckte, die auf schwingenden Platten entstehen, wenn man diese mit feinem Sand bestreut. Sie machen die Lage der Schwingungsbündelungen und die Schwingungsbögen sichtbar.

41 KSA I, 879.

42 Ebd., S. 881.

43 Ebd., S. 884.

44 Ebd.

45 KSB 4, 157 (Brief vom 18. September 1873).

46 KSA 1, 882.

47 Stéphane Mallarmé, Sämtliche Gedichte. Französisch und Deutsch. Hrsg. u. übers. v. Carl Fischer. Nachwort von Gerhart Haug. Darmstadt 1984, S. 195 (»Toute Pensée émet un Coup de Dés«).

48 KSB 4, 157.

Unzeitgemäß werden

1   Zu den biographischen Hintergründen vgl. bes. Janz, a. a. O., I, 533.

2   So in einem Brief vom 18. Oktober 1873 an Gersdorff (KSB 4, 165).

3   Ebd., S. 224.

4   Vgl. dazu Ross, Der ängstliche Adler, a. a. O., S. 365.

5   KSB 4, 150 (Brief vom 5. Mai 1873).

6   Brief vom 10. Mai 1874, ebd., S. 225.

7   Brief vom c. 14. Mai 1874, ebd., S. 226.

8   KSA 7, 579.

9   Ebd.

10 Ebd., S. 580.

11 Brief an Wagner vom 18. April 1873 (KSB 4, 145).

12 Eintrag vom 20. August 1873, zit. nach: NuW II, 1186.

13 Brief an Carl Fuchs vom 28. April 1874. In: KSB 4, 220.

14 KSA 7, 604.

15 Ebd., S. 583 f.

16 Vgl. dazu u. a. Sommer, Der Geist der Historie…, a. a. O., S. 87 f.

17 Zit. nach: Propyläen-Ausgabe von Goethes Sämtlichen Werken in 45 Bänden. München 1909 ff. Bd. 26, S. 30 (›Zu brüderlichem Andenken Wielands‹).

18 KSA 1, 165.

19 Ludwig Tieck, Die geschichtliche Entwicklung der neueren Bühne. In: Tiecks Werke. Auswahl in sechs Teilen. Hrsg. v. Eduard Berend. Berlin/Leipzig/Wien/Stuttgart 1908. Teil 6, S. 39-65, hier: S. 46.

20 veröffentlicht unter dem Titel: Zukunftsphilologie I und II. Berlin 1872.

21 Text und Kommentar zu den Hintergründen u.a. bei Ross, Der ängstliche Adler, a. a. O., S. 323 ff. Zur objektiveren Bewertung dieser Komposition vor allem: Janz, a. a. O., I, 477 ff.

22 KSA 1, 159 f.

23 Ebd., S.163. Die ›Einheit‹ des Stils hob Nietzsche auch in seinen Notizen als Wesensmerkmal wirklicher Kultur hervor. In: KSA 7, 606.

24 In: Zu brüderlichem Andenken Wielands. In: Propyläen-Ausgabe,
a. a. O., Bd. 26, S. 33.

25 Zit. nach: KSA 1, 178 f.

26 Ebd., S. 188.

27 Ebd., S. 212.

28 So in seiner Erzählung »Horacker« (1876). In: Wilhelm Raabe. Meistererzählungen. Auswahl und Nachwort von Rüdiger Görner. Zürich 1998, S. 244 ff. Vgl. auch mein Nachwort ebd., S. 633 f.

29 KSA 1, 245. Volker Gerhardt hat darauf aufmerksam gemacht, daß
sich dieses Goethe-Wort nicht auf die Historie, sondern auf Kants
»Anthropologie« bezogen hatte (Brief an Schiller vom 19. Dezember 1798).

30 Friedrich Schiller, Was heißt und zu welchem Ende studiert man
Universalgeschichte? (1789). In: Ders., Sämtliche Werke in fünf
Einzelbänden. Hrsg. v. Benno von Wiese und Helmut Koopmann.
München 1978, Bd. 4, S. 707-720. Vgl. den Kommentar von Ger-
hardt, Pathos und Distanz. Studien zur Philosophie Friedrich
Nietzsches, a. a. O., S. 160 (Fußnote 12).

31 KSA 1, S. 246.

32 Ebd., S. 248. Bis heute hat die Zerstörung der Bibliothek von
Theodor Mommsen die Phantasie der Literaten erregen können.
Vgl. Heiner Müllers großes Gedicht »Mommsens Block« (Dezem-
ber 1992). In: Heiner Müller, Werke 1. Gedichte. Hrsg. v. Frank
Hörnigk. Frankfurt/Main 1998, S. 257-263.

33 Brief vom 18. Juli 1880 an Köselitz. In: KSB 6, 29.

34 KSA 1, 250.

35 Ebd., S. 296. Vgl. dazu neuerdings auch Katrin Meyer, Ästhetik der
Historie. Friedrich Nietzsches »Vom Nutzen und Nachteil der
Historie für das Leben«. Würzburg 1998.

36 Vgl. Volker Gerhardt, Leben und Geschichte. Menschliches Handeln und historischer Sinn in Nietzsches zweiter »Unzeitgemäßer
Betrachtung«. In: Ders., Pathos und Distanz, a. a. O., S. 133-162,
bes. S. 145.

37 KSA 1, 299.

38 Ebd., S. 323.

39 KSA 1, 279 f.

40 Zit. nach: Ebd., S. 315.

41 KSA 4, 215.

42 Vgl. dazu Gerhardt, Leben und Geschichte, a. a. O., S. 134 f. Vgl. auch: Luca Farulli, Burckhardt e Nietzsche. Edizioni Polistampa. Fierenze 1998.

43 In: Jacob Burckhardt, Werke. Gesamtausgabe in 14 Bänden. Stuttgart und Basel 1929 ff., Bd. 3, S. 342-381, hier: S. 357.

44 Ebd., Bd. 5, »Die Entwicklung des Individuums«, S. 95-123, hier: S. 99.

45 KSA 1, 302.

46 KSA 7, 608.

47 KSA 1, 334.

48 Brief an Rohde am Sylvestertage 1873/74. In: KSB 4, 188.

49 Brief an Carl von Gersdorff vom 18. Januar 1874. In: Ebd., S. 192.

50 Brief an Gersdorff vom 11. Februar 1874. In: Ebd., S. 200.

51 Ebd. Strauß hatte von Nietzsches vernichtender Kritik noch erfahren.

52 Ebd., S. 221 (Brief vom 8. Mai 1874).

53 Über den Einfluß Hölderlins auf Nietzsche vermerkte Cosima im Tagebuch am 24. Dezember 1873: »Malwida hat R. Hölderlin's Werke geschenkt. R. und ich erkennen mit einiger Besorgnis den großen Einfluß, den dieser Schriftsteller auf Pr. Nietzsche ausgeübt; rhetorischer Schwulst, unrichtig angehäufte Bilder (der Nordwind welcher die Blüten versengt u. s. w.), dabei ein schöner edler Sinn; nur, sagt R., könne er nicht gut an solche Neugriechen glauben, er erwarte immer, er würde plötzlich sagen: ich studiere in Halberstadt u.s.w.« In: NuW II, 1188 f.

54 Dazu Ross, Der ängstliche Adler, a. a. O., S. 398 f.

55 KSA 7, 804.

56 »Nachmittags spielen wir das Triumphlied von Brahms, großer Schrecken über die Dürftigkeit dieser uns selbst von Freund Nietzsche gerühmte(n) Komposition […] Am 15. August entfernte sich Professor Nietzsche, nachdem er Richard manche schwere Stunde verursacht.« Aus Cosimas Tagebuch, zit. nach: KSA 15, 59.

57 Brief vom 14. Juni 1874. In: KSB 4, 236.

58 Janz, a. a. O., I, S. 581.

59 NuW II, 1190 (Tagebucheintrag Cosimas vom 9. April 1874).

60 KSA 1, 341.

61 Ebd., S. 348.

62 Ebd., S. 351.

63 Ebd., S. 385.

64 Ebd., S. 382 f.

65 Ebd., S. 405.

66 Arthur Schopenhauer, Die Welt als Wille und Vorstellung. Text-kritisch bearbeitet und herausgegeben von Wolfgang Freiherr von Löhneysen. Zweiter Band. Frankfurt am Main und Leipzig 1996, S. 574.

67 KSA 1, 405.

68 In: Darstellung meines Systems der Philosophie. In: Schelling, Sämtliche Werke. Hrsg. v. K. Fr. A. Schelling. Stuttgart und Augsburg 1856 ff., Bd. IV, S. 107 ff. Vgl. dazu auch: Wolfgang Röd, Der Weg der Philosophie. Bd. II: 17. bis 20. Jahrhundert, München 1996, S. 238 f.

69 In: System des transzendentalen Idealismus. Schelling, Bd. III, S. 628.

70 Brief vom 2. Januar 1875 an Hans von Bülow. In: KSB 5, 3.

71 KSA 1, 433.

72 Dazu ausführlich das Kapitel über Steinabad bei Bonndorf in Janz, a. a. O., I, S. 614-620. Dazu auch Artur Riesterer, Wo der berühmte Philosoph Friedrich Nietzsche ›curte‹. In: Ortschronik Bonndorf 1996, S. 89-95

73 KSA 8, 136

74 Ebd., S. 180.

75 KSA 8, 129.

76 Ebd., S. 187.

77 Brief vom 21. Juli 1875. In: KSB 5, 86.

78 Brief an Gersdorff vom 26. September 1875, ebd., S. 114.

79 Brief vom 7. Oktober 1875, ebd., S. 119.

80 KSA 1, 432.

81 Ebd., S. 432 f.

82 Das ist ein Argumentationsmuster, dem noch Richard Strauss in seinem letzten Lebensjahrzehnt folgen sollte. Vgl. u. a. seinen Brief an Joseph Gregor vom 8. 1. 1935. In: Strauss/Gregor, Briefwechsel

1934-1949. Hrsg. v. Roland Tenschert. Salzburg 1955, S. 15: »Der Tristan ist die allerletzte Conclusion von Schiller und Goethe und die höchste Erfüllung einer 2000jährigen Entwicklung des Theaters. Und zwar durch die Erfindung des modernen Orchesters.«

83 KSA 8, 212.

84 KSA 1, 447.

85 Ebd., S. 452 (»Niemand, der am Leben leidet, kann diesen Schein entbehren, wie Niemand des Schlafes entbehren kann.«)

86 Ebd., S. 453.

87 Ebd., S. 455. Vgl. dazu bes. Schlüpmann, Nietzsches ästhetische Opposition, a. a. O., S. 150-165.

88 KSA 1, 458.

89 Ebd., S. 467.

90 Ebd., S. 474 f.

91 KSA 8, 189.

92 KSA 1, 485.

93 Ebd.

94 KSA 1, 486.

95 Cosima bezieht sich auf dieses Gespräch in einem Tagebucheintrag vom 1. November 1873. In: NuW II, 1188. Daß sich Wagner (noch) zu dieser Zeit intensiv mit diesen Fragen auseinandergesetzt hat, belegt auch Cosimas Verweis auf eine gemeinsame Lektüre von Herders Schrift »Über den Ursprung der Sprache«. In: Ebd., S. 1185 (Tagebucheintrag vom 5. Juni 1873).

96 »Unter anderem behauptet er [Nietzsche], keine Freude an der deutschen Sprache zu finden, lieber lateinisch zu sprechen…«. In: Ebd., S. 1192 (Tagebucheintrag vom 9. bis 22. August 1874).

97 KSA 1, 487.

98 Ebd., S. 491.

99 KSA 8, 218.

100 KSA 1, 498.

101 KSA 1, 493.

102 KSA 8, 243. Vgl. dazu u.a.: Franz Peter Hudek, Die Tyrannei der Musik. Nietzsches Wertung des Wagnerschen Musikdramas. Würzburg 1989.

103 Ebd., S. 245.

104 Alle Zitate KSA 8, 248.

105 Ebd., S. 266 f.
106 KSA 1, 501.
107 KSA 8, 266.

Stilfragen

1 KSB 2, 205 (Brief vom 4. April 1867 an Deussen).

2 Ebd., S. 208 (Brief vom 6. April 1867 an Gersdorff) und S. 214 (Brief vom 20. April 1867 an Mushacke).

3 KSB 3, 109.

4 Beide Zitate: KSB 4, 128 (Brief gegen Ende Februar 1873).

5 KSB 5, 172.

6 Ross, Der ängstliche Adler, a. a. O., S. 361.

7 KSA 8, 276.

8 Ebd., S. 279.

9 KSA 10, 646.

10 Ebd., S. 281 (alle übrigen Zitate: ebd., S. 282 f.).

11 Ebd., S. 286 (15[27]). Vgl. dazu auch den Vortrag von Hans-Martin Gauger: »Es ist nichts mit Schriftstellerei«. Zu Nietzsches Stil. Gehalten vor der Bayerischen Akademie der Schönen Künste am 11. Oktober 1994.

12 Ebd., S. 291 (16[20]).

13 Ebd., S. 300 (17[22]).

14 Ebd., S. 301 (17[26]).

15 Zuerst in: Ebd., S. 308 (17[72]). Später setzte er den Untertitel ›Gesellige Sprüche‹ hinzu (19[118]). Ab 18[12] setzt sich die Formel als eigentlicher Projekttitel in seinen Aufzeichnungen durch, wobei er nun auch dazu überging, seine Notate thematisch zu strukturieren.

16 Ebd., S. 290 (16[12]).

17 Max Stirner, Der Einzige und sein Eigentum (1844). Hrsg. und mit einem Nachwort versehen von Ahlrich Meyer. Stuttgart 1991, bes. S. 171-188. Auf die auffallende Nähe zwischen beiden kann hier nicht im einzelnen eingegangen werden. Vgl. dazu u. a.: Karl Löwith, Von Hegel zu Nietzsche. Der revolutionäre Bruch im Denken des neunzehnten Jahrhunderts. Stuttgart 4. Aufl. 1958.

18 In: Karl Philipp Moritz, Werke. Hrsg. v. Horst Günther. Dritter

Band: Erfahrung, Sprache, Denken. Frankfurt/Main, 2. Aufl. 1993, S. 581.

19 Brief vom 31. Januar 1873. In: KSB 4, 121.

20 Zuletzt von Johannes von Lüpke, Der Aberglaube der Vernunft. Zur Diagnose des Todes Gottes bei Hamann und Nietzsche. In: Oswald Bayer (Hrsg.), Johann Georg Hamann, »Der hellste Kopf seiner Zeit«. Tübingen 1998, S. 190-205.

21 In: Stefan Majetschak (Hrsg.), Vom Magus im Norden und der Verwegenheit des Geistes. München 1988, S. 176.

22 KSB 6, 243.

23 Dazu: Gauger, a. a. O.

24 Zit. nach Majetschak, a. a. O., S. 171.

25 Ebd., S. 176.

26 Zit. nach Bayer, a. a. O., S. 21.

27 KSA 2, 23.

28 Ebd., S. 31 (11).

29 KSA 8, 303 (17[33]).

30 KSA 2, 427 (117).

31 KSB 5, 341.

32 Ebd., S. 403 (Brief vom 5. April 1879).

33[1] Ebd., S. 404 (Postkarte an Franziska und Elisabeth Nietzsche vom 5. April 1879).

34 Ebd., S. 461 (Brief vom 5. November 1879 an Köselitz).

35 KSA 2, 604 (120).

36 KSB 6, 63.

37 Ebd., S. 287.

38 Ebd., S. 359 (Brief vom 6. April 1883 an Köselitz).

39 KSB 8, 244 (Brief an Josef Victor Widmann vom 4. Februar 1888).

40 Ebd., S. 246 (Briefentwurf).

41 Ebd., S. 247 (Brief vom 10. Februar 1888).

42 KSA 6, 154.

43 Ebd.

44 Ebd., S. 155.

45 In: Alfred Döblin, Bemerkungen zum Roman. In: Aufsätze zur Literatur. Hrsg. v. Walter Muschg. Olten 1963, S. 341.

46 KSA 6, 298.

47 Ebd., S. 301.

48 Vgl. dazu mein Kapitel ›Spuren ins Unwegsame. Notiz über das Absurde bei Nietzsche und Levinas‹. In: Rüdiger Görner, Mauer Schatten Gerüst. Kulturkritische Essays. Tübingen 1999, S. 148-166.

49 KSA 6, 302.

50 Ebd., S. 302.

51 Ebd., S. 304.

52 Ebd., S. 304.

53 Brief an Malwida von Meysenbug vom 4. Oktober 1888. In: KSA 8, 447.

54 Kurt Eisner, Psychopatia spiritualis. Friedrich Nietzsche und die Apostel der Zukunft. Leipzig 1892, S. 6.

Schattenbilder oder die Kunst der Freundschaft

1 Am übersichtlichsten von Janz, vor allem in Bd. 1 seiner Biographie. a. a. O.

2 Michel de Montaigne, Essais. Übersetzt von Hans Stilett. Die Andere Bibliothek. Hrsg. v. Hans Magnus Enzensberger. 2. Auflage, Frankfurt am Main 1998, S. 98.

3 Brief an Franziska und Elisabeth Nietzsche vom 30. Dezember 1870. In: KSB 3, 172.

4 Montaigne, Essais, a. a. O., S. 98.

5 Ebd., S. 99.

6 Ebd., S. 100.

7 Ebd. (Originalausgabe: Michel de Montaigne, Essais. Livre I. Introduction par Alexandre Micha. Paris 1969, S. 234.)

8 Ebd., S. 101.

9 Zur Datierungsfrage: Janz, a. a. O., I, S. 538. Er nimmt an, daß die dem Hymnus zugrundeliegende Canon-Skizze ›Lieber Freund‹ auf die Weihnachtstage 1872 in Naumburg zurückgeht.

10 KSB 4, 151. Janz, a. a. O., I, S. 538.

11 KSB 6, 317.

12 KSB 8, 353 (Brief vom 16. Juli 1888).

13 Zit. nach: KSA 15, 127.

14 KSB 6, 197 f. (Brief vom 28. Mai 1882).

15 Ebd., S. 199.

16 Vgl. Jochen Becker, ›Amor vincit omnia‹. On the closing image of Goethe's ›Novelle‹. In: Similous. Netherlands Quarterly for the History of Art. 4(1997), S. 152 f.

17 Montaigne, Essais, a. a. O., S. 100.

18 Brief vom 12. Juni 1882. In: KSB 6, 204.

19 Brief vom 21. März 1882. In: Ebd., S. 185.

20 Brief an Overbeck vom 31. Oktober 1880. In: Ebd., S. 43; ähnlich an Rée am gleichen Tag (ebd., S. 44) und am 7. November an Köselitz (ebd.).

21 KSA 9, 315 (6[451]).

22 In: KSA 2, 262 f. (376).

23 Vgl. zu diesem Komplex Janz, a. a. O., I, S. 601 ff.

24 Zit. nach Janz, ebd., S. 650.

25 KSA 2, 484 (231).

26 Ebd., S. 487 (242).

27 Vgl. dazu das wichtige Kapitel ›Im Spiegel neuer Freundschaften‹ bei Janz, a. a. O., I, S. 634-698 mit detaillierten Charakterisierungen der Freunde Nietzsches.

28 KSA 2, 487 (241).

29 KSA 12, 70.

30 KSB 5, 405.

31 KSA 2, 76 (57).

Denkkunst, morgenröthend und frohsinnig

1 Brief vom 18. Dezember 1879. In: KSB 5, 471.

2 Brief vom 5. Oktober 1879. In: Ebd., S. 450 f.

3 Dazu Goch, Franziska Nietzsche, a. a. O., S. 255 ff.

4 In: KSB 5, S. 471.

5 KSB 6, 3 f. und S. 6. (Briefe von Anfang und Mitte Januar 1880).

6 Ebd., S. 37 (Brief an Köselitz vom 20. August 1880).

7 Ebd., S. 5 f. (Brief vom 14. Januar 1880): »Hören sie Gutes von Wagner's? Es sind drei Jahre, daß ich nichts von Ihnen erfahre: die haben mich auch verlassen, und ich wußte es längst, daß Wagner vom Augenblicke an, wo er die Kluft unserer Bestrebungen merken würde, auch nicht mehr zu mir halten werde. Man hat mir er-

zählt, daß er gegen mich schreibe. Möge er damit fortfahren: es muß die Wahrheit auf jede Art an's Licht kommen! Ich denke in einer dauernden Dankbarkeit an ihn, denn ihm verdanke ich einige der kräftigsten Anregungen zur geistigen Selbständigkeit. Frau Wagner, Sie wissen es, ist die sympathischste Frau, der ich im Leben begegnet bin. – Aber zu allem Verkehren und gar zu einem Wiederanknüpfen bin ich ganz untauglich. Es ist zu spät.« In Bayreuth las man derweilen »Der Wanderer und sein Schatten« und fand das Buch widerlich nihilistisch. Tagebucheintrag Cosimas, zit. nach: NuW II, 1205 f.

8 NuW II, 1207 (6. April 1880).

9 Brief vom 20. März 1881. In: KSA 6, 73.

10 KSA 3, 11 f.

11 Ross, Der ängstliche Adler, a. a. O., S. 590.

12 Zit. nach: Ebd. S. 554.

13 Janz, a. a. O., II, S. 63 (aus dem Neuen Schweizer Lexikon).

14 KSA 9, 390.

15 KSA 3, 13 u. 16.

16 Ebd., S. 53 (48).

17 Ebd., S. 166 f. (193).

18 Ebd., S. 172 (197).

19 Ebd., S. 269 (441).

20 Ebd., S. 263.

21 So in seinem Entwurf ›Über das Tragische‹, der zu seinen Reflexionen über den ›Empedokles‹-Stoff gehört. In: Hölderlin, Sämtliche Werke, a. a. O., Bd. 2, S. 428 ff.

22 »In Allem wollt ihr verantwortlich sein! Nur nicht für eure Träume! Welche elende Schwächlichkeit, welcher Mangel an folgerichtigem Muthe! Nichts ist mehr euer Eigen, als eure Träume! Nichts mehr euer Werk! Stoff, Form, Dauer, Schauspieler, Zuschauer, – in diesen Komödien seid ihr Alles ihr selber!« In: KSA 3, 117 (128).

23 Ebd., S. 330 (573).

24 In: Jean Paul, Werke in drei Bänden. Bd. II, hrsg. v. Norbert Miller. Nachwort von Walter Höllerer. 4. Aufl. München 1986, S. 665 ff.

25 Ebd., S. 331 (575).

26 Ebd., S. 329 f. (568).

27 Auffällig ist hier die (Wahl-)Verwandtschaft zur Albatros-Metapher

in Baudelaires gleichnamigem Gedicht, das gleichfalls den Dichter mit dem Vogel identifiziert hatte: In: Charles Baudelaire, Les Fleurs du Mal/Die Blumen des Bösen. Übersetzung von Monika Fahrenbach-Wachendorff. Stuttgart 1980, S. 14 ff. (»Und jenem Wolkenfürsten gleicht der Dichter, / Der Schützen narrte, der den Sturm bezwang; / Hinabverbannt zu johlendem Gelichter, / Behindern Riesenschwingen seinen Gang.«)

28 In: Walter Benjamin, Gesammelte Schriften. Hrsg. v. Rolf Thiedemann und Hermann Schweppenhäuser. Bd. IV, 1. Frankfurt am Main 1972, S. 307-438. Dazu neuerdings: Christian Jäger, Karl Kraus' Aphorismen und die Denkbilder Benjamins und Blochs. In: Edward Timms/Gilbert Carr (Hrsg.), Karl Kraus und die Nachwelt (i. Vorb. zum Druck).

29 Ebd., S. 427.

30 Friedrich Schlegel, Lucinde. Ein Roman (1799). Hrsg. und mit einem Nachwort versehen von Karl Konrad Polheim. Stuttgart 1977, S. 31 f. Anders als im Falle Jean Pauls war Nietzsche mit den Werken der Schlegels eingehend vertraut. Über die Familie seiner Mutter war er mit dem Dichter, Johann Elias Schlegel, und dessen Söhnen, August Wilhelm und Friedrich, sogar verwandt. Dazu Janz, a. a. O., I, S. 32.

31 KSA 3, 345.

32 Ebd., S. 568 ff. (339/340).

33 KSA 9, 678.

34 Brief vom 16. April 1881. In: KSB 6, 84 (meine Hervorhebungen). Janz hat diese Stelle offensichtlich übersehen, wenn er behauptet (Janz II, S. 74), Nietzsche sei erst ein Jahr später auf Mayers Untersuchungen eingegangen. Er verweist nur auf Nietzsches Brief vom 20. März 1882 (KSB 6, 182 ff.) und seine dann ausführlicher dargelegten Einwände gegen Mayer.

35 Brief vom 17. Juni 1881 und vom Ende August 1881. In: KSB 6, 92 und 124.

36 Ebd., S. 85 (Äußerungen über die Harmonie der Sphären etwa stellt er neben die an Köselitz gerichtete Bitte, die »Badehosen nach Recoaro mitzunehmen«).

37 Brief an Overbeck vom 8. Juli 1881. In: KSB 6, 101.

38 Brief vom 14. August 1881, ebd., S. 112.

39 KSA 9, 494 (11[141]).

40 Vgl. dazu den wichtigen Aufsatz von Helmut Pfotenhauer, Zu Nietzsches ›Physiologie der Kunst‹. In: Jahrbuch der Deutschen Schillergesellschaft 22(1978), S. 518-551. Motivgeschichtlich gesehen, stellte sich Nietzsche damit in eine Tradition, die auf die dreißiger und vierziger Jahre des 19. Jahrhunderts und die französischen »Physiologies«, etwa Honoré de Balzacs und Henry Monnier, zurückgehen und die in Europa weit verbreitet waren; in Deutschland gehören die »Physiologies« zur journalistischen Rhetorik des Vormärz, beispielsweise bei Karl Gutzkow und August Lewald. Diesen Autoren ging es um eine möglichst lebensnahe Vermittlung von ›physiologischen‹ Eindrücken; man mag dieses Verfahren als ersten Schritt in Richtung Realismus deuten. Vgl. dazu: Martina Lauster, Semiology avant la lettre: German literary »Physiologies« of the 1830s and 1840s. (i. Vorb. zum Druck).

41 KSA 3, 421.

42 Ebd., S. 563.

43 Ebd.

44 Ebd., S. 538 (299).

45 Ebd., S. 524 (280).

46 KSA 9, 678 (19[12]).

47 KSA 3, 351 (4).

48 Brief vom 9. September 1882. In: KSB 6, 255.

49 KSA 3, 574 (343).

50 Ebd., S. 577.

51 Dazu Gerhardt, Pathos und Distanz, a. a. O., S. 46-71.

52 Zur Komplexität des Wissens- und Wissenschaftsbegriffs von Nietzsche vgl. u. a. Rüdiger H. Grimm, Nietzsche's Theory of Knowledge. Berlin/New York 1981. Dazu auch der wichtige Band von J. Simon / M. Djuric (Hrsg.), Kunst und Wissenschaft bei Nietzsche. Würzburg 1986. Darin vor allem: Günter Abel, Wissenschaft und Kunst, S. 9-25.

53 KSA 3, 608 f. (361).

1 KSB 6, 124.

2 KSA 9, 451 (11[23]).

3 KSA 10, 239.

4 KSB 6, 283.

5 Notiz vom 6. Februar 1884. In: Ebd., S. 476.

6 KSA 4, 372.

7 KSA 6, 377 ff.

8 Brief vom 22. Februar 1884. In: KSB 6, 479 f. (Rohde hat auf diesen Brief nicht geantwortet!)

9 Zit. nach Janz, a. a. O., II, 279.

10 Brief vom 3. September 1883. In: KSB 6, 445.

11 Schirnhofer, zit. nach: Janz, a. a. O., II, 280.

12 Ebd.

13 KSA 4, 397.

14 Ovid, Metamorphosen I, 1 (Proömium): In eine neue Gestalt verwandelte Wesen besingen / heißt mich das Herz.

15 KSA 5, 255.

16 Ebd., S. 255 f.

17 Friedrich Schlegel, Kritische Fragmente 27. In: Kritische Friedrich Schlegel-Ausgabe. Hrsg. v. Ernst Behler unter Mitwirkung von Jean-Jacques Anstett und Hans Eichner. Kritische Neuausgabe. München, Paderborn, Wien, Zürich 1958 ff. Erste Abtlg. Bd. 2, S. 149.

18 Ebd., S. 339.

19 Ebd., S. 350 f. und 356.

20 Zit. wird nach der deutschen Ausgabe: Antoine Arnauld, Die Logik oder die Kunst des Denkens. Aus dem Französischen übersetzt von Christos Axelos. Darmstadt 1972.

21 Ebd., S. 25.

22 KSA 11, 706 (44[5]).

23 KSB 6, 178 f. (Diesen Brief unterschrieb er denn auch standesgenau mit »weiland Prof. der klassischen Sprachen, insgleichen der Metrik«.)

24 KSA 3, 639.

25 Ebd., S. 648.

26 Ebd., S. 647.

27 Ebd., S. 649. Die erste Fassung dieses Gedichts entstand im Sommer/Herbst 1882 und ist mit »Portofino« überschrieben: »Hier sitz ich wartend – wartend? Doch auf nichts, / Jenseits von gut und böse, und des Lichts / Nicht mehr gelüstend als der Dunkelheit, / Dem Mittag Freund und Freund der Ewigkeit.« In: KSA 10, 107 f.

28 Vgl. dazu u. a. Hans Bänzinger, Augenblick und Wiederholung. Literarische Aspekte eines Zeitproblems. Würzburg 1999.

29 KSA 3, 367.

30 Nietzsche widmete die Dionysos-Dithyramben Catulle Mendès am 1. Januar 1889 mit folgenden Worten: »Indem ich der Menschheit eine unbegrenzte Wohltat erweisen will, gebe ich ihr meine Dithyramben. Ich lege sie in die Hände des Dichters der Isoline, des größten und ersten Satyr, der heute lebt – und nicht nur heute ... Dionysos«. In: KGB III/5, 571.

31 Ebd., S. 401 f. Das Lied lautet vollständig:

> Oh Mensch! Gieb Acht!
> Was spricht die tiefe Mitternacht?
> »Ich schlief, ich schlief –,
> Aus tiefem Traum bin ich erwacht: –
> Die Welt ist tief,
> Und tiefer als der Tag gedacht.
> Tief ist ihr Weh –,
> Lust – tiefer noch als Herzeleid:
> Weh spricht Vergeh!
> Doch alle Lust will Ewigkeit –,
> – will tiefe, tiefe Ewigkeit!«

Es macht ›tiefen‹ Sinn, daß in Nietzsches Todesjahr (1900) auf der kleinen Halbinsel Chastè im Silsersee eine Gedenktafel mit dem Text dieses Liedes angebracht wurde.

32 KSA 4, 144.

33 Ebd., S. 164 f.

34 Ebd., S. 166.

35 Ebd., S. 406.

36 Brief an Köselitz vom 25. Juli 1884. In: KSB 6, 515.

37 KSA 5, 202 f.

38 Ebd., S. 202.

1 KSB 5, 470 f. Zum Kapitel ›Nietzsche in Italien‹, das hier nicht auch nur annähernd ausführlich genug behandelt werden kann, vgl. neben Janz und Ross auch: Josef Nolte, Den Süden in sich selber entdecken. Nietzsches Italien – eine Welt aus Wille und Vorstellung. In: Frankfurter Allgemeine Zeitung (Bilder und Zeiten) vom 21. April 1990. Desgleichen: Maurizio Ferraris, Dieser blaue Himmel. Was tut Nietzsche in Italien? In: Du – Friedrich Nietzsche. Wendepunkt der Moderne, a.a.O., S. 78-79. Einem Sonderkapitel in Nietzsches ›Wanderungen‹ widmete sich Mazzino Montinari, Nietzsche in Cosmopolis. Französisch-deutsche Wechselbeziehungen in der europäischen Décadence. In: Frankfurter Allgemeine Zeitung (Bilder und Zeiten) vom 19. Juli 1986.

2 KSB 6, 95 f.

3 Brief vom 7. Juli 1881. In: Ebd., S. 98.

4 Ebd.

5 Karte vom 12. März 1880. In: Ebd., S. 11.

6 Brief vom 2. April 1880. In: Ebd., S. 15.

7 KSA 9, 78 (3[108]).

8 Ebd., S. 81 f. (3[118]).

9 In: KSA 6, 291.

10 Brief an Franziska und Elisabeth Nietzsche vom 8. Januar 1881. In: KSB 6, 56 f.

11 KSA 3, 259 f.

12 KSA 5, 118 (198).

13 Brief an Köselitz vom 3. Dezember 1882. In: KSB 6, 288.

14 KSA 2, 699.

15 Brief vom 25. Juli 1884. In: KSB 6, 516.

16 Zit. nach: Luzius Keller, Proust im Engadin. Frankfurt am Main und Leipzig 1998, S. 81 (meine Hervorhebung).

17 KSB 8, 423 f.

18 Ebd., S. 428.

19 Entwurf eines Briefes an Overbeck vom Anfang Dezember 1883. In: Ebd., S. 600 (Nachträge).

20 KSB 8, 249.

21 Brief vom 5. März 1888, ebd., S. 269.

22 Ebd.

23 KSB 8, 428.

24 »Der Herbst war hier ein Claude Lorrain in Permanenz«. In: Brief vom 14. November 1888 an Meta von Salis KSB 8, 472.

25 Brief an Emily Fynn vom 6. Dezember 1888, ebd., S. 506 f.

26 Brief vom 6. September 1885. In: KSB 7.

27 KSA 5, 169 (230).

28 So u. a. geschehen durch Brian Leiter, One health, one earth, one sun. Nietzsche's respect for natural science. In: Times Literary Supplement vom 2. Oktober 1998, S. 30-31.

29 Vgl. Günter Abel, Wissenschaft und Kunst, a. a. O.

30 Zit. nach Abel, ebd., S. 19.

31 Brief vom 24. November 1888 an Fleischmann. In: KSB 8, 485.

32 Ebd., S. 512 (Brief vom 8. Dezember 1888).

33 Brief vom 2. Dezember 1888 (an Köselitz), ebd., S. 498 f.

34 Vgl. die noch immer wichtige Arbeit von Erich Podach, Nietzsches Zusammenbruch. Heidelberg 1930.

35 An Meta von Salis schreibt er: »[…] meine Lage hat sich gegen die des Frühlings in einem unausrechenbaren Grade verbessert. – Von meiner Gesundheit wage ich gar nicht mehr zu reden: das ist ein überwundener Standpunkt.« Brief vom 14. November 1888. In: KSB 8, 472.

36 Brief vom 17. November 1888. In: Ebd., S. 476.

Macht aus Kunst

1 »[…] ich hüte mich weislich, mich irgendwie in diese Antisemiten-Unternehmung einzulassen« – so in einem Brief an Köselitz vom 20. Mai 1887. In: KSB 8, 79.

2 Brief vom 21. April 1886. In: KSB 7, 181.

3 Vgl. dazu den Artikel von Henning Ritter, Nietzsches guter Europäer. Vergleich der Literaturen: Georg Brandes und die Melancholie des neunzehnten Jahrhunderts. In: Frankfurter Allgemeine Zeitung (»Bilder und Zeiten«) vom 15. Februar 1992.

4 KSB 7, 241.

5 Vom 5. Juni 1887. In: Ebd., S. 82 und 85. Der Entwurf schließt mit

dem bemerkenswerten Satz: »Im Übrigen ist es meine ehrliche Überzeugung: ein Deutscher, der bloß daraufhin, daß er ein Deutscher ist, in Anspruch nimmt *mehr* zu sein, als ein Jude, gehört in die Komödie: gesetzt nämlich, daß er nicht ins Irrenhaus gehört.«

6 Brief an Malwida von Meysenbug, Ende Juli 1888. In: KSB 8, 379.

7 Nietzsche nahm darauf in seinem Brief an Brandes vom 2. Dezember 1887 bezug. In: KSB 8, 206.

8 Brief vom 16. August 1886. In: Ebd., S 231.

9 Vgl. dazu besonders die wichtige Studie von Walter Gebhard, Nietzsches Totalismus. Berlin/New York 1983, bes. S. 333-341.

10 Carl Friedrich von Weizsäcker, Wahrnehmung der Neuzeit, a. a. O., (Kap. ›Nietzsche‹), S. 74.

11 KSA 12, 19.

12 KSA 13, 642 (25[11]).

13 KSA 13, 644 (25[14]).

14 Eisner, Psychopatia spiritualis, a. a. O., S. 78. Eisner, schon damals ganz Ideologe, leitete für sich aus Nietzsches Denken die Verpflichtung ab, »Aristokratismus und Altruismus« miteinander zu versöhnen, also eben jene Kräfte, die er zu Recht in Nietzsches Schriften als Polaritäten erkannt hatte.

15 Döblin, Der Wille zur Macht als Erkenntnis bei Friedrich Nietzsche. In: Ders., Ausgewählte Werke, a. a. O. (Kleine Schriften I), S. 14 f.

16 Vgl. dazu vor allem: Ernst Nolte, Nietzsche und der Nietzscheanismus. Berlin 1990.

17 KSA 5, 38 (23).

18 KSA 11, 611 (38[12]).

19 Ebd., S. 624 (39[13]).

20 Ebd., S. 626 (39[15]).

21 Brief an Köselitz vom 19. November 1886. In: KGB III/3, S. 284 f.

22 KSA 6, 118 (11).

23 KSA 13, 521 (17[3]).

24 KSA 12,25 (1[58]).

25 Ebd., S. 24 (1[57]).

26 KSA 13, 300 f. (14[121]).

27 KSA 6, 418. Dazu ausführlich: Pfotenhauer, Zu Nietzsches ›Physiologie der Kunst‹, a. a. O., S. 518-551.

28 KSA 13, 301 (14[121]).

29 Dazu Pfotenhauer, a. a. O., S. 539. Desgleichen: Joachim Goth, Nietzsche und die Rhetorik. Tübingen 1970.

30 KSA 13, 25.

31 Ebd., S. 26 f.

32 KSA 5, 47 (28).

33 Karl Heinz Bohrer, Nietzsches Aufklärung als Theorie der Ironie, a. a. O., S. 712-730, bes. S. 722 f. Bohrer argumentiert, daß Nietzsches letztliches Festhalten an einem ›neuen Ernst‹ wider den alten Ernst‹ letztlich den ›Künstler‹ in ihm vereitelt habe und ihn statt dessen ›Philosoph‹ bleiben ließ. Diese These, so begründet sie ist, unterschätzt, daß Nietzsche im Denken *auch* einen Kunstakt gesehen hat und damit wiederholt seinen Anspruch begründet hat, als ›Artist‹, freilich anderer Art als jener Wagners, zu gelten. Was den ›Ernst‹ angeht, so finden sich wiederum genügend Stellen, wie so oft bei Nietzsche, die hinreichend das Gegenteil eines am Ernst orientierten Philosophierens beweisen. »Man muß dem borwirten ›deutschen Ernst‹ in der Musik das *Genie der Heiterkeit* entgegenstellen«, so Nietzsche an Köselitz am 10. November 1887 (ebd., S. 191). Und die ›Heiterkeit in der Musik‹ war für Nietzsche allemal ein Vorspiel für die Heiterkeit im Denken.

34 Sogar das ›gelato‹- Genießen wurde für ihn eine Metapher. In einem Brief an Seydlitz phantasierte er im September 1888 davon, daß man ihm mit künstlichen Eis-(und gelato-) Bildungen demnächst ein »kleines Sibirien construiren« werde, um ihn verbannen zu können. In: KSB 8, 424.

35 KSB 8, 295 f. (Brief vom 14. April 1888). Ähnlich äußerte er sich wenige Tage später seiner Mutter gegenüber (20. April 1888) über diese »alte Königs-Residenz«.

36 Vgl. dazu: Horst Baier, Die Gesellschaft – Ein langer Schatten des toten Gottes. Friedrich Nietzsche und die Entstehung der Soziologie aus dem Geist der Décadence. In: Nietzsche-Studien 10/11(1981/82), S. 6-22.

37 Dazu grundlegend: Volker Gerhardt, Macht und Metaphysik. Nietzsches Machtbegriff im Wandel der Interpretation. In: V. G., Pathos und Distanz, a. a. O., S. 72-97.

38 An Köselitz am 10. November 1887, KSB 8, 192.

39 Zit. nach Janz, a. a. O., III, S. 88.

40 KSB 8, 309.

41 Ebd., S. 341 (Brief vom 21. Juni 1888).

42 Ebd., S. 491 (Brief vom 26. November 1888).

43 Ebd., S. 503. Das stimmt mit Rohdes wichtiger Bemerkung über-
    ein, daß gerade der späte, gleichsam bereits im ›Umnachten‹ begrif-
    fene Nietzsche strukturierter, klarer, prägnanter dachte als zuvor.
    Sein Denken löste sich gerade nicht vorzeitig auf! Vgl. Janz, a. a. O.,
    III, S. 77.

44 Ebd., S. 502 (Brief an Brandes vom Anfang Dezember 1888).

45 Brief an Jean Bourdeau (etwa 17. Dezember 1888), ebd., S. 533.

46 So der zutreffende Ausdruck von Horst Baier (Baier, Gesellschaft,
    a. a. O., S. 19).

47 Dazu u. a. Günter Abel, Nietzsche contra ›Selbsterhaltung‹. Stei-
    gerung der Macht und Ewige Wiederkehr. In: Nietzsche-Studien
    10/11(1981/82), S. 367-384.

48 Grundlegend darüber: Walter Kaufmann, Nietzsches Philosophie
    der Masken. In: Nietzsche-Studien 10/11 (1981/82), S. 111-131.

49 Bohrer, a. a. O., S. 721 ff.

50 Briefentwurf an Wilhelm II., Anfang Dezember 1888. In: KGB III/
    5, 503.

51 KSA 5, 57 (40).

52 Bohrer, Nietzsches Aufklärung, a. a. O., S. 725.

53 KSA 5,58.

54 KSB 8, 338 f.

55 KSA 13, 643 (25[13]) – Notiz vom Dezember 1888/Anfang Januar
    1889 unter der Überschrift »Todkrieg dem Hause Hohenzollern«.

56 Ebd., S. 637.

57 KSA 2, 678 f. (284).

58 Ernst Nolte, Ein Ende und ein Anfang. Vor hundert Jahren: Fried-
    rich Nietzsches Zusammenbruch. In: Frankfurter Allgemeine Zei-
    tung vom 7. Januar 1989 (Bilder und Zeiten).

1 Brief vom 24. März 1887. In: KGB III/5, 48.
2 Die zu diesem Thema schärfste, für Nietzsche äußerst kritische Position hat André Glucksmann eingenommen in seinem polemischen Essay »Die Meisterdenker«.
3 In: KSA 13, 633 (24[5]).
4 Brief vom 29. August (bis 1. September) 1886. In: KSB 7, S. 237 f.
5 Bohrer, Nietzsches Aufklärung, a. a. O., S. 720.
6 Diesen Gedanken wiederholte Nietzsche übrigens in einem Brief an seine Mutter vom 19. September 1886: »Ich bedarf sehr der Erholung: es ist schlimm, daß ich gar keine Menschen mehr habe, die es verstünden, mich zu erholen.« In: KSB 7, 250. Gleichlautend an Köselitz einen Tag später: »Wo giebt es Menschen, die mich etwas zu erholen vermöchten!« (Ebd.).
7 KSA 2, 14.
8 Ebd.
9 KSA 1, 14.
10 Beide Zitate ebd., S. 19.
11 KSB 8, 12 f.
12 Ebd., S. 29 (Brief vom 23. Februar 1887).
13 Ebd., S. 154 (Brief vom 15. September 1887).
14 Brief an Fuchs von vermutlich Ende August 1888, ebd., S. 405.
15 Im Vorwort zu »Der Antichrist«. In: KSA 6, 167.
16 »Genealogie«, ebd., S. 82. Vgl. u.a. Günter Rohrmoser, Nietzsches Kritik der Moral. In: Nietzsche-Studien 10/11(1980/81), S. 328-351.
17 »Der Antichrist«, KSA 6, 215 (40/41).
18 Ebd. (42). Vgl. dazu bes. Freny Mistry, Nietzsche and Buddhism. Prolegomenon to a Comparative Study. Berlin/New York 1981.
19 Ebd., S. 219 (44).
20 Ebd., S. 251 (61).
21 Ebd., S. 169 (1).
22 So Giorgio Colli in seinem Nachwort zu KSA 6, 454.
23 Dazu Nolte, Ein Ende und ein Anfang, a. a. O.
24 KSA 6, 113 (4).
25 Dazu ausführlich: Hans Blumenberg, ›Mon Faust‹ in Erfurt. In: Ders., Goethe zum Beispiel. In Verb. mit Manfred Sommer hrsg. v.

Hans Blumenberg-Archiv. Frankfurt/M. und Leipzig 1999, S. 21-38, bes. S. 28 f.

26 KSA 6, 276.

27 Ebd., S. 374.

28 Ebd., S. 336.

29 Ebd., S. 288.

30 Ebd., S. 310.

Nachspiel mit Goethe

1 KSA 6, 152.

2 Ebd., S. 153.

3 KSA 13, 634 f. (24 [10]).

4 Vgl. dazu u. a. Rüdiger Görner, Parsifals Lehr- und Wanderjahre. Zum Goethe-Bild des späten Wagner. In: Jahrbuch des Wiener Goethe-Vereins. 89/90/91(1985/1986/1987), S. 241-255.

5 HA 6, 493.

6 Der ›Fürst‹ kommentiert dies verhaltenspsychologisch und das in einer Art, die an Bedeutsamkeit bis heute nichts eingebüßt hat: »»Es ist wunderbar‹ [= verwunderlich, R. G.], versetzte der Fürst, ›daß der Mensch durch Schreckliches immer aufgeregt sein will. Drinnen liegt der Tiger ganz ruhig in seinem Kerker, und hier muß er grimmig auf einen Mohren losfahren, damit man glaube, dergleichen inwendig ebenfalls zu sehen; es ist an Mord und Totschlag noch nicht genug, an Brand und Untergang: die Bänkelsänger müssen es an jeder Ecke wiederholen. Die guten Menschen wollen eingeschüchtert sein, um hinterdrein erst recht zu fühlen, wie schön und löblich es sei, frei Atem zu holen.‹« Ebd., S. 498.

7 Ebd., S. 507. Zur ausführlichen Deutung der »Novelle« vgl. u. a. Regine Otto, Johann Wolfgang von Goethe: »Novelle«. In: Bernd Leistner (Hrsg.), Deutsche Erzählprosa der frühen Restaurationszeit. Tübingen 1995, S. 26-65 sowie Wolfram Malte Fues, Goethes »Novelle«: Utopie einer befriedeten Welt? In: Goethe-Jahrbuch 114 (1997), S. 147-161. Fues versucht erstmals, das symbolische Erzählen in der »Novelle« als das Herstellen eines virtuellen Zeit-Raums, eines Cyberspace *avant la lettre* zu deuten.

8 HA 11, 352.

9 HA 6, 510.

10 Ebd., S. 508.

11 Vgl. dazu: Rüdiger Görner, Sinn der Wiederholung. Zur Morpho-
    logie einer erfahrenen Idee bei Goethe. In: J. Adler / T. J. Reed
    (Hrsg), Goethe at 250. München 2000 (i. Vorb. zum Druck).

12 Paul Valéry, Ist Geist ein Luxus? Oder die Notwendigkeit des
    Nutzlosen (1937). In: Ders., Werke. Frankfurter Ausgabe. Hrsg. v.
    Jürgen Schmidt-Radefeldt. Bd. 7. Frankfurt am Main und Leipzig
    1995, S. 135-238.

Verzeichnis der benutzten Literatur

Abel, Günter. Logik und Ästhetik. In: Nietzsche-Studien 16 (1987).

Abel, Günter. Nietzsche contra ›Selbsterhaltung‹. Steigerung der Macht und Ewige Wiederkehr. In: Nietzsche-Studien 10/11 (1981/82).

Andreas-Salomé, Lou. Lebensrückblick. Neu durchgesehene Ausgabe. Aus dem Nachlaß herausgegeben von Ernst Pfeiffer.

Aristoteles. Kategorien. Lehre und Satz. Übers. von Eugen Rolfes. 2. Aufl. Hamburg 1958.

Arnauld, Antoine. Die Logik oder die Kunst des Denkens. Aus dem Französischen übersetzt von Christos Axelos. Darmstadt 1972.

Baier, Horst. Die Gesellschaft – Ein langer Schatten des toten Gottes. Friedrich Nietzsche und die Entstehung der Soziologie aus dem Geist der Décadence. In: Nietzsche-Studien 10/11 (1981/82).

Ball, Hugo. Nietzsche in Basel. Eine Streitschrift (1909/1910). In: Ders., Der Künstler und die Zeitkrankheit. Ausgewählte Schriften. Hrsg. v. Burkhard Schlichting. Frankfurt am Main. 1984.

Bänzinger, Hans. Augenblick und Wiederholung. Literarische Aspekte eines Zeitproblems. Würzburg 1999.

Barkhoff, Jürgen. Goethes Ehrfurchtsgebärden in den Wanderjahren als Anthropologie vom Leibe her. In: Anthropologie und Literatur um 1800, hrsg. v. Jürgen Barkhoff und Eda Sagarra. München 1992.

Baudelaire, Charles. Les Fleurs du Mal/Die Blumen des Bösen. Übersetzung von Monika Fahrenbach-Wachendorff. Stuttgart 1980.

Becker, Jochen. ›Amor vincit omnia.‹ On the closing image of Goethe's ›Novelle‹. In: Similous. Netherlands Quarterly for the History of Art. 4 (1997).

Bindschedler, Maria. Nietzsche und die politische Lüge. Berlin und New York 1966.

Blumenberg, Hans. ›Mon Faust‹ in Erfurt. In: Ders., Goethe zum Beispiel. In Verb. mit Manfred Sommer. Hrsg. v. Hans Blumenberg-Archiv. Frankfurt am Main und Leipzig 1999.

Bohrer, Karl Heinz. Nietzsches Aufklärung als Theorie der Ironie. In: Sinn und Form 5 (1994).

Bollenbeck, Gerd. Tradition, Avantgarde, Reaktion. Deutsche Kontroversen und die kulturelle Moderne 1880-1945. Frankfurt am Main 1999.

Bollnow, Otto Friedrich. Über die Ehrfurcht. In: Blätter für deutsche Philosophie 16 (1942/43).

Borchmeyer, Dieter und Salaquarda, Jörg (Hrsg.). Nietzsche und Wagner. Stationen einer epochalen Begegnung. Frankfurt am Main und Leipzig 1994.

Colli, Giorgio und Montinari, Mazzino (Hrsg.). Friedrich Nietzsche, Sämtliche Briefe. Kritische Studienausgabe in 8 Bänden. München 1986.

Colli, Giorgio und Montinari, Mazzino (Hrsg.). Friedrich Nietzsche, Sämtliche Werke. Kritische Studienausgabe in 15 Einzelbänden. 2. durchges. Auflage, München 1988.

Dier, Oliver. Die Lehre des Absurden. Eine Untersuchung der Philosophie Nietzsches am Leitfaden des Absurden. Würzburg 1998.

Döblin, Alfred. Bemerkungen zum Roman. In: Aufsätze zur Literatur. Hrsg. v. Walter Muschg. Olten 1963.

Ebener, Dietrich (Hrsg.). Griechische Lyrik. Berlin und Weimar 1980.

Eisner, Kurt. Psychopatia spiritualis. Friedrich Nietzsche und die Apostel der Zukunft. Leipzig 1892.

Enzensberger, Hans Magnus (Hrsg.). Michel de Montaigne, Essais. Übersetzt von Hans Stilett. Die Andere Bibliothek. 2. Auflage Frankfurt am Main 1998.

Farulli, Luca. Burckhardt e Nietzsche. Edizioni Polistampa. Firenze 1998.

Fues, Wolfram Malte. »Novelle«: Utopie einer befriedeten Welt? In: Goethe-Jahrbuch 114 (1997).

Gauger, Hans-Martin. »Es ist nichts mit Schriftstellerei.« Zu Nietzsches Stil. Gehalten vor der Bayerischen Akademie der Schönen Künste am 11. Oktober 1994.

Gebhard, Walter. Nietzsches Totalismus. Berlin und New York 1983.

Gerhardt, Volker. Pathos und Distanz. Studien zur Philosophie Friedrich Nietzsches. Stuttgart 1988.

Goch, Klaus. Franziska Nietzsche. Ein biographisches Porträt. Frankfurt am Main und Leipzig 1994.

Goethe, Johann Wolfgang von. Sämtliche Werke in 45 Bänden. Propyläen-Ausgabe. München 1909.

Goethe, Johann Wolfgang von. Werke. Hamburger Ausgabe in 14 Bänden. Hrsg. v. Erich Trunz. München 1988

Görner, Rüdiger. ›Spuren ins Unwegsame. Notiz über das Absurde bei Nietzsche und Levinas.‹ In: Rüdiger Görner. Mauer Schatten Gerüst. Kulturkritische Essays. Tübingen. 1999, S. 148-154.

Görner, Rüdiger. Die Kunst des Absurden. Über ein literarisches Phänomen. Darmstadt 1996.

Görner, Rüdiger. Parsifals Lehr- und Wanderjahre. Zum Goethe-Bild des späten Wagner. In: Jahrbuch des Wiener Goethe-Vereins. 89/90/91 (1985/1986/1987).

Görner, Rüdiger. Sinn der Wiederholung. Zur Morphologie einer erfahrenen Idee bei Goethe. In: J. Adler/T. J. Reed (Hrsg.). Goethe at 250. München 2000 (i. Vorb. zum Druck).

Grimm, Rüdiger H. Nietzsche's Theory of Knowledge. Berlin und New York 1981.

Groth, Joachim. Nietzsche und die Rhetorik. Tübingen 1970.

Günther, Horst (Hrsg.). Karl Philipp Moritz, Werke. Dritter Band: Erfahrung, Sprache, Denken. Frankfurt am Main 2.Aufl. 1993.

Heller, Erich. Im Zeitalter der Prosa. Essays. Frankfurt am Main 1984.

Hudek, Franz Peter. Die Tyrannei der Musik. Nietzsches Wertung des Wagnerschen Musikdramas. Würzburg 1989.

Hughes, Ted. »The bright mirror I braved«. In: Ted Hughes, Der Tiger tötet nicht. Ausgewählte Gedichte. Auswahl, Übertragung und Nachwort von Jutta und Wolfgang Kaußen. Frankfurt am Main und Leipzig 1988.

Hunter, G. K. (Hrsg.). William Shakespeare, Macbeth. Penguin Books. Harmondsworth 1982.

Jäger, Christian. Karl Kraus' Aphorismen und die Denkbilder Benjamins und Blochs. In: Edward Timms und Gilbert Carr (Hrsg.). Karl Kraus und die Nachwelt (i. Vorb. zum Druck).

Janz, Curt Paul. Friedrich Nietzsche. Biographie in drei Bänden. München und Wien 1978.

Kaufmann, Walter. Nietzsches Philosophie der Masken. In: Nietzsche-Studien 0/11 (1981/82).

Keller, Luzius. Proust im Engadin. Frankfurt am Main und Leipzig 1998.

Lauster, Martina. Semiology avant la lettre: German literary »Physiologies« of the 1830s and 1840s. (i. Vorb. zum Druck).

Leiter, Brian. One health, one earth, one sun. Nietzsche's respect for natural science. In: Times Literary Supplement vom 2. Oktober 1998.

Löhneysen, Wolfgang Freiherr von (Hrsg.). Arthur Schopenhauer, Die Welt als Wille und Vorstellung. Zwei Bände. Frankfurt am Main und Leipzig 1996.

Löwith, Karl. Von Hegel zu Nietzsche. Der revolutionäre Bruch im Denken des neunzehnten Jahrhunderts. Stuttgart 4. Aufl. 1958.

Lüpke, Johannes von. Der Aberglaube der Vernunft. Zur Diagnose des Todes Gottes bei Hamann und Nietzsche. In: Oswald Bayer (Hrsg.). Johann Georg Hamann. »Der hellste Kopf seiner Zeit.« Tübingen 1998.

Majetschak, Stefan (Hrsg.). Vom Magus im Norden und der Verwegenheit des Geistes. München 1988.

Mallarmé, Stéphane. Sämtliche Gedichte. Französisch und Deutsch. Hrsg. u. übers. v. Carl Fischer. Nachwort von Gerhart Haug. Darmstadt 1984.

Mettke, Hans Joachim und Schlechta, Karl (Hrsg.). Friedrich Nietzsche, Jugendschriften in fünf Bänden. München 1994.

Meyer, Katrin. Ästhetik der Historie. Friedrich Nietzsches »Vom Nutzen und Nachteil der Historie für das Leben.« Würzburg 1998.

Miller, Norbert (Hrsg.). Jean Paul, Werke in drei Bänden. Bd. II. Mit einem Nachwort von Walter Höllerer. 4. Aufl. München 1986.

Mistry, Freny. Nietzsche and Buddhism. Prolegomenon to a Comparative Study. Berlin und New York 1981.

Montinari, Mazzino. Die neue kritische Gesamtausgabe von Nietzsches Werken. In: Literaturmagazin 12: Nietzsche. Hrsg. v. Jürgen Manthey u. a. Reinbek bei Hamburg 1980.

Montinari, Mazzino. Nietzsche in Cosmopolis. Französisch-deutsche Wechselbeziehungen in der europäischen Décadence. In: Frankfurter Allgemeine Zeitung (Bilder und Zeiten) vom 19. Juli 1986.

Müller, Heiner. »Mommsens Block« (Dezember 1992). In: Heiner Müller, Werke 1. Gedichte. Hrsg. v. Frank Hörnigk. Frankfurt am Main 1998.

Nietzsche, Friedrich. Sämtliche Werke. Kritische Studienausgabe in 15

Einzelbänden. Hrsg. v. Giorgio Colli und Mazzino Montinari. München 1988.

Nietzsche, Friedrich. Sämtliche Briefe. Kritische Studienausgabe in 8 Bänden. Hrsg. v. Giorgio Colli und Mazzino Montinari. München 1986.

Nietzsche, Friedrich. Jugendschriften Bd. 1-5. Hrsg. v. Hans Joachim Mette. München 1994.

Nietzsche und Wagner, Stationen einer epochalen Begegnung. Hrsg. v. Dieter Borchmeyer und Jörg Salaquarda. Zwei Bände. Frankfurt am Main und Leipzig 1994.

Nolte, Ernst. Ein Ende und ein Anfang. Vor hundert Jahren: Friedrich Nietzsches Zusammenbruch. In: Frankfurter Allgemeine Zeitung (Bilder und Zeiten) vom 7. Januar 1989.

Nolte, Ernst. Nietzsche und der Nietzscheanismus. Berlin 1990.

Nolte, Josef. Den Süden in sich selber entdecken. Nietzsches Italien – eine Welt aus Wille und Vorstellung. In: Frankfurter Allgemeine Zeitung (Bilder und Zeiten) vom 21. April 1990.

Ohly, Friedrich. Goethes Ehrfurchten. Ein ordo caritas. In: Euphorion 55(1961)

Otto, Regine. Johann Wolfgang von Goethe: »Novelle«. In: Bernd Leistner (Hrsg.). Deutsche Erzählprosa der frühen Restaurationszeit. Tübingen 1995.

Peters, H. F. Lou Andreas-Salomé. Das Leben einer außergewöhnlichen Frau. 6. Aufl. München 1964.

Pfabigan, Alfred. »Frühreif und früh alt«. In: Die Presse/Spectrum vom 8. Oktober 1994.

Pfeiffer, Ernst (Hrsg.) Lou Andreas-Salomé, In der Schule bei Freud. Zürich 1958.

Pfotenhauer, Helmut. Zu Nietzsches ›Physiologie der Kunst‹. In: Jahrbuch der Deutschen Schillergesellschaft 22 (1978).

Podach, Erich. Nietzsches Zusammenbruch. Heidelberg 1930.

Pöltner, Günther und Vetter, Helmuth (Hrsg.). Nietzsche und die Musik. Frankfurt am Main, Berlin, Bern, New York, Paris, Wien 1997.

Raabe, Wilhelm. Meistererzählungen. Auswahl und Nachwort von Rüdiger Görner. Zürich 1998.

Ritter, Henning. Nietzsches guter Europäer. Vergleich der Literaturen:

Georg Brandes und die Melancholie des neunzehnten Jahrhunderts. In: Frankfurter Allgemeine Zeitung (Bilder und Zeiten) vom 15. Februar 1992.

Röd, Wolfgang. Der Weg der Philosophie. Bd. II: 17. bis 20. Jahrhundert. München 1996.

Rohrmoser, Günter. Nietzsches Kritik der Moral. In: Nietzsche-Studien 10/11 (1980/81)

Ross, Werner. Der ängstliche Adler. Stuttgart 1980.

Schelling, K. Fr. A. Darstellung meines Systems der Philosophie. In: Schelling, Sämtliche Werke. Hrsg. v. K. Fr. A. Schelling. Stuttgart und Augsburg 1856.

Schiller, Friedrich. Was heißt und zu welchem Ende studiert man Universalgeschichte? (1789). In: Ders., Sämtliche Werke in fünf Einzelbänden. Hrsg. v. Benno von Wiese und Helmut Koopmann. München 1978.

Schlegel, Friedrich. Kritische Fragmente 27. In: Kritische Friedrich Schlegel-Ausgabe. Hrsg. v. Ernst Behler unter Mitwirkung von Jean-Jacques Anstett und Hans Eichner. Kritische Neuausgabe. München, Paderborn, Wien, Zürich 1958. Erste Abtlg. Bd. 2.

Schlegel, Friedrich. Lucinde. Ein Roman (1799). Hrsg. v. und mit einem Nachwort versehen von Karl Konrad Polheim. Stuttgart 1977.

Schlüpmann, Heide. Friedrich Nietzsches ästhetische Opposition. Der Zusammenhang von Sprache, Natur und Kultur in seinen Schriften 1869-1876. Stuttgart 1977.

Schmidt, Jochen (Hrsg.). Friedrich Hölderlin, Sämtliche Werke und Briefe in drei Bänden. Frankfurt am Main 1994.

Simon, J. und Djuric, M. (Hrsg.) Kunst und Wissenschaft bei Nietzsche. Würzburg 1986.

Sloterdijk, Peter. Der Denker auf der Bühne. Nietzsches Materialismus. Frankfurt am Main 1986.

Sommer, Andreas Urs. Der Geist der Historie und das Ende des Christentums. Berlin 1997.

Stein, Wilhelm. Nietzsche und die bildende Kunst. Berlin 1925. (Bibliothek für Philosophie, Bd. 28, Beil. zu Heft 1/2 des Archivs für Geschichte der Philosophie und Soziologie, Nr. 30)

Steiner, George. Nietzsche when young. In: Times Literary Supplement vom 2. Dezember 1994.

Stirner, Max. Der Einzige und sein Eigentum (1844). Hrsg. und mit einem Nachwort versehen von Ahlrich Meyer. Stuttgart 1991.

Strack, George J. Nietzsche und Emerson. An elective affinity. Ohio 1992.

Tenschert, Roland (Hrsg.) Strauss/Gregor, Briefwechsel 1934-1949. Salzburg 1955.

Tieck, Ludwig. Die geschichtliche Entwicklung der neueren Bühne. In: Tiecks Werke. Auswahl in sechs Teilen. Hrsg. v. Eduard Berend. Berlin, Leipzig, Wien, Stuttgart 1908.

Tiedemann, Rolf und Schweppenhäuser, Hermann (Hrsg.). Walter Benjamin, Gesammelte Schriften. Bd. IV, 1. Frankfurt am Main 1972.

Trunz, Erich. Johann Wolfgang Goethe, Hamburger Ausgabe. Bd. 12, München 1988.

Valéry, Paul. Ist Geist ein Luxus? Oder die Notwendigkeit des Nutzlosen (1937). In: Ders., Werke. Frankfurter Ausgabe. Hrsg. v. Jürgen Schmidt-Radefeldt. Bd. 7. Frankfurt am Main und Leipzig 1995.

Weizsäcker, Carl Friedrich von. Nietzsche. In: Wahrnehmung der Neuzeit. München/Wien 1983, S. 70-107.

Personenregister

Werkregister

Friedrich Nietzsche
im Insel Verlag

Also sprach Zarathustra
Ein Buch für Alle und Keinen. Thomas Mann:
Die Philosophie Nietzsches im Lichte
unserer Erfahrung
Leinen und it 145. 368 Seiten

Der Antichrist
Versuch einer Kritik des Christentums
it 947. 126 Seiten

Briefe
Ausgewählt von Richard Oehler.
Mit einem Essay von Ralph-Rainer Wuthenow
it 1546. 412 Seiten

Ecce homo
Mit einem Vorwort von Raoul Richter und einem
Nachwort von Ralph-Rainer Wuthenow
it 290. 164 Seiten

Die fröhliche Wissenschaft
Mit einem Nachwort von Ralph-Rainer Wuthenow
it 635. 318 Seiten

Die Geburt der Tragödie
Schriften zur Literatur und Philosophie der Griechen.
Herausgegeben und erläutert von Manfred Landfester
Leinen 697 Seiten.

NF 2/365/2.00

Die Geburt der Tragödie aus dem Geiste der Musik
Mit einem Nachwort von Peter Sloterdijk
it 1012. 219 Seiten

Gedichte
Nach den Erstdrucken 1878 bis 1908.
Herausgegeben von Ralph Kray und Karl Riha.
it 1622. 162 Seiten

Götzen-Dämmerung
oder Wie man mit dem Hammer philosophiert
Herausgegeben von Karl Schlechta
it 822. 123 Seiten

Jenseits von Gut und Böse
Mit der Streitschrift ›Zur Genealogie der Moral‹ und
einem Nachwort von Ralph-Rainer Wuthenow
it 762. 391 Seiten

Menschliches, Allzumenschliches
Ein Buch für freie Geister. Mit einem Nachwort
von Ralph-Rainer Wuthenow
it 614. 611 Seiten

Morgenröte
Gedanken über die moralischen Vorurteile.
Mit einem Nachwort
von Ralph-Rainer Wuthenow
it 678. 319 Seiten

NF 2/367/2.00